·侦查学系列教材·

刑事案件侦查

张鹏莉 ◆ 编著

中国政法大学出版社

2019·北京

声　明　1. 版权所有，侵权必究。
　　　　2. 如有缺页、倒装问题，由出版社负责退换。

图书在版编目（CIP）数据

刑事案件侦查/张鹏莉编著.—北京：中国政法大学出版社，2019.8（2024.1重印）
ISBN 978-7-5620-9151-6

Ⅰ.①刑…　Ⅱ.①张…　Ⅲ.①刑事侦查—教材　Ⅳ.①D918

中国版本图书馆CIP数据核字(2019)第176259号

出 版 者	中国政法大学出版社
地　　址	北京市海淀区西土城路25号
邮寄地址	北京100088 信箱8034分箱　邮编100088
网　　址	http://www.cuplpress.com（网络实名：中国政法大学出版社）
电　　话	010-58908435(第一编辑部) 58908334(邮购部)
承　　印	固安华明印业有限公司
开　　本	720mm×960mm　1/16
印　　张	16.25
字　　数	282千字
版　　次	2019年8月第1版
印　　次	2024年1月第2次印刷
印　　数	5001~8000册
定　　价	43.00元

作者简介

张鹏莉　女,经济学学士、法学学士、诉讼法专业法学硕士。现任中国政法大学副教授,侦查学研究所副所长、侦查学硕士研究生导师。长期从事侦查学、司法鉴定学、司法会计学的教学与研究工作,著有《刑事案件侦查》《司法会计研究》,并发表相关专业论文多篇。

编写说明

中国政法大学作为"211工程"重点建设高校和国家"双一流"建设高校，经教育部 2001 年批准设立了侦查学本科专业，凭借本校的法学教育资源优势为公安、安全、检察、海关、纪检监察、财政税务、金融保险、市场监督等部门培养了大量证据调查和侦查方面的专门人才。侦查学专业在教育部和学校的大力支持下建立了侦查学实验中心和网络犯罪侦查实验室，为侦查学专业的教学、科研工作提供了高水准的实验平台。多年来，侦查学专业紧紧依托本校法学专业的优势，以深厚的法学知识为基础，讲授侦查学基本原理，传授科学先进的侦查技能与方法，并以侦查学基本理论、侦查技术、侦查实践技能为核心构建了多学科相融通的课程体系。同时，结合侦查实践的急需，建立了以网络犯罪案件侦查为特色的侦查学理论教学和研究基地。为适应现代化侦查和满足经济全球化、社会信息化对证据调查和侦查人才培养的需要，根据国务院《国家教育事业发展"十三五"规划》和教育部《关于加快建设高水平本科教育全面提高人才培养能力的意见》，我们组织编写了侦查学专业本科系列教材。

侦查学专业自 2009 年以来陆续出版了《侦查学总论》《司法鉴定学》《现场勘查学》《刑事案件侦查》《职务犯罪案件侦查》《讯问学》等具有政法特色的教材。为适应培养具有创新精神和实践能力的新型高级专门人才的新形势需要，特别是适应国际法庭科学互证的需要，我们决定再次规划和修订《侦查学总论》《司法鉴定学总论》《中外侦查制度》《网络犯罪案件侦查》《刑事案件侦查》《经济犯罪案件侦查》《职务犯罪案件调查》《讯问学》《电子证据调查学》《司法摄影》《文件物证检验学》《痕迹检验学》《法医学》《司法精神病学》等 14 部教材，以展示我校教学、科研的最新成果。

本套规划和修订的教材，借鉴了国内外侦查学理论研究的新成果，吸纳了相关学科的前沿研究成果，反映了侦查实践中的新经验，注重介绍侦查学各门学科的基础知识，阐释基本理论，突出理论与实践的有机结合，力求达到科学性、系统性、新颖性、适应性的统一。

本套教材的编写和出版，得到了中国政法大学出版社领导、编辑的大力支持和热情帮助，对此我们表示诚挚的谢意！本套教材在编写过程中的疏漏、缺憾在所难免，恳请专家、学者及广大读者不吝指教！

中国政法大学刑事司法学院
2019 年 3 月

前　言

《刑事案件侦查》是中国政法大学侦查学专业的一门必修课。通过学习该课程，使学生掌握有关刑事犯罪案件侦查的基础知识和侦查方法，培养学生的侦查思维能力及其理论与实践相结合的能力。

本教材以最新修订的《中华人民共和国刑事诉讼法》、《中华人民共和国刑法》及修正案和相关法律、法规为法律依据，以培养侦查学专业学生理论与实践相结合的能力为指导思想，编写该教材内容。该教材共计十九章，前两章为总论部分，主要从侦查角度讲述了刑事案件的构成要素、侦查的任务、原则和案件侦查的一般步骤、方法；第三章到第十九章主要讲述有关刑事个案侦查的方法。对于现场比较明显的案件，按照案件的特点、现场勘查重点、侦查途径和取证措施的体例编排；对于现场不明显或无现场的案件，按照案件的特点和侦查方法或侦查途径及取证措施编排的，以便于平衡各章、节的内容。本教材中讲述的个案侦查，主要包括危害公共安全的案件、侵犯公民人身权利、民主权利的案件、侵犯财产案件、妨害社会管理秩序的案件的侦查。

在本教材的编写过程中，作者尽可能结合新时期我国刑事犯罪出现的新情况、新特点，注意吸收新形势下刑事案件侦查新经验和理论研究的新成果，在理论与实践相结合的基础上，力求达到理论性、应用性和系统性的统一。在本教材的编写过程中，参阅了自上世纪90年代至今众多的有关侦查学教材和专著，从中受益良多，有关参考书目已在本教材后列示，在此表示衷心感谢。本教材的编写和出版，得力于中国政法大学侦查学研究所的鼎力支持，非常感谢研究所和同事们的帮助。也非常感谢中国政法大学出版社和本书的责任编辑李闯及校对，非常感谢他们的辛勤付出。

由于编写者水平有限，本教材难免有疏漏和不妥之处，恳请读者批评指正。

编　者

2019年3月

目 录

第一章　刑事案件侦查绪论 …………………………………………………… **1**

　　第一节　刑事案件的概念及其特性 ………………………………………… 1
　　第二节　刑事案件的构成要素 ……………………………………………… 5
　　第三节　刑事案件侦查的概念、任务 ……………………………………… 9
　　第四节　刑事案件侦查的原则 ……………………………………………… 12

第二章　刑事案件侦查的一般步骤、方法 ……………………………………… **18**

　　第一节　立案 ………………………………………………………………… 18
　　第二节　分析判断案情，制定侦查计划 …………………………………… 24
　　第三节　查找犯罪线索，发现犯罪嫌疑对象 ……………………………… 29
　　第四节　确定重点嫌疑对象，查证犯罪嫌疑人 …………………………… 37
　　第五节　预审 ………………………………………………………………… 42
　　第六节　侦查终结、撤销案件和终止侦查 ………………………………… 46

第三章　杀人案件的侦查 ………………………………………………………… **51**

　　第一节　杀人案件的概念和特点 …………………………………………… 51
　　第二节　杀人案件现场勘查的重点 ………………………………………… 53
　　第三节　杀人案件的侦查途径和取证措施 ………………………………… 62
　　第四节　无名尸、碎尸案件的侦查 ………………………………………… 70

第四章　绑架案件的侦查 ………………………………………………………… **73**

　　第一节　绑架案件的概念和特点 …………………………………………… 73
　　第二节　绑架案件的案情分析及侦查指导原则 …………………………… 76
　　第三节　侦查途径的选择和开展侦查 ……………………………………… 78

第四节　解救人质 ·· 80

第五章　强奸案件的侦查 ··· 82

　　　第一节　强奸案件的概念和特点 ·· 82
　　　第二节　强奸案件的现场勘查重点 ··· 84
　　　第三节　强奸案件的侦查途径和取证措施 ·· 85
　　　第四节　侦查强奸案件应注意的问题 ·· 89

第六章　拐卖妇女、儿童案件的侦查 ·· 91

　　　第一节　拐卖妇女、儿童案件的概念和特点 ······································· 91
　　　第二节　拐卖妇女、儿童案件的侦查方法 ·· 94

第七章　盗窃案件的侦查 ··· 103

　　　第一节　盗窃案件的概念和特点 ·· 103
　　　第二节　盗窃案件现场勘查的重点 ··· 105
　　　第三节　盗窃案件的侦查途径和取证措施 ·· 108
　　　第四节　几类具体盗窃案件的侦查 ··· 110
　　　第五节　网络盗窃案件的侦查 ··· 122

第八章　抢劫案件的侦查 ··· 130

　　　第一节　抢劫案件的概念、分类和特点 ··· 130
　　　第二节　抢劫案件现场勘查的重点 ··· 134
　　　第三节　抢劫案件的侦查途径和取证措施 ·· 136
　　　第四节　对谎报抢劫案件的揭露 ·· 141

第九章　诈骗案件的侦查 ··· 144

　　　第一节　诈骗案件的概念和特点 ·· 144
　　　第二节　诈骗案件的侦查途径和取证措施 ·· 148
　　　第三节　电信诈骗案件的侦查 ··· 152

第十章　敲诈勒索案件的侦查 … **158**

第一节　敲诈勒索案件的概念和特点 … 158
第二节　敲诈勒索案件的侦查方法 … 160

第十一章　爆炸案件的侦查 … **164**

第一节　爆炸案件的概念和特点 … 164
第二节　爆炸案件的现场勘查 … 166
第三节　爆炸案件的侦查途径和取证措施 … 170

第十二章　投放危险物质案件的侦查 … **174**

第一节　投放危险物质案件的概念、分类和特点 … 174
第二节　投放危险物质案件现场勘查重点 … 178
第三节　投放危险物质案件的侦查途径和取证措施 … 182

第十三章　放火案件的侦查 … **185**

第一节　放火案件的概念和特点 … 185
第二节　放火案件现场勘查的重点 … 187
第三节　放火案件的侦查途径和取证措施 … 193

第十四章　重大责任事故案件的侦查 … **197**

第一节　重大责任事故案件的概念和特点 … 197
第二节　重大责任事故案件的侦查方法 … 199

第十五章　伪证案件的侦查 … **204**

第一节　伪证案件的概念和特点 … 204
第二节　伪证案件的侦查方法 … 207

第十六章　倒卖文物案件的侦查 … **210**

第一节　倒卖文物案件的概念和特点 … 210
第二节　倒卖文物案件的侦查方法 … 213

第十七章　招摇撞骗案件的侦查 ·· **216**

第一节　招摇撞骗案件的概念及特点 ·································· 216
第二节　招摇撞骗案件的侦查方法 ····································· 218

第十八章　毒品犯罪案件的侦查 ·· **222**

第一节　毒品犯罪的概念和特点 ·· 222
第二节　毒品案件的侦查途径和取证措施 ··························· 226

第十九章　黑社会性质组织犯罪案件的侦查 ··································· **234**

第一节　黑社会性质组织犯罪案件的概念和特点 ················· 234
第二节　黑社会性质组织犯罪案件的侦查途径和取证措施 ······· 236

主要参考文献 ·· **243**

第一章 刑事案件侦查绪论

第一节 刑事案件的概念及其特性

一、刑事案件的概念

刑事案件是指依照我国刑事法律规定,确有犯罪事实存在,需要追究刑事责任,由具有侦查权的机关或部门立案侦查或直接受理的案件。本书中所指的刑事案件主要包括:危害公共安全的案件、侵犯公民人身权利、民主权利的案件、侵犯财产案件、妨害社会管理秩序的案件。

二、刑事案件的特性

刑事案件是由刑事犯罪行为所产生的,它的形成和发展具有自身的本质属性。刑事案件的主要特性有:隐蔽性、客观性、复杂性、整体性和特定性。

(一) 隐蔽性

这是由刑事犯罪的本质决定的。每一起犯罪事件,不论其性质、规模如何,都必然造成恶性的社会结果,公民的权利被无端侵害,物质财富遭到损失,正常的社会秩序被破坏,犯罪行为的违法性将受到法律追究。因此,犯罪人既要实现其犯罪目的,又要逃避法律制裁,必然会想方设法隐蔽其犯罪活动,逃避侦查。犯罪人的犯罪隐蔽活动主要表现为:

1. 犯罪过程的秘密性。犯罪人为顺利达到犯罪目的,一般情况,都要对其犯罪过程进行精细的准备、周密的策划。他们物色犯罪目标、选择犯罪的时间、空间条件、准备犯罪工具、计划作案过程以及如何逃跑、赃物的处理、尸体的处理等。有的在作案前还要进行多次踩点,修正其犯罪计划,然后秘密实施犯罪。

2. 犯罪方式的多样性。犯罪人为达到逃避打击的目的,在犯罪方式上多变,有的利用通讯、交通的便利条件，流窜作案，甲地作案、乙地藏身、丙地销赃，加强其隐蔽性，增加打击难度；有的犯罪以严密的组织集团形式出现，犯罪有严格的人员分工，有的负责望风、有的负责实施犯罪、有的负责接应，所有与犯罪有关的活动都仅在其犯罪人间知晓；有的境内、境外勾结犯罪。

3. 犯罪手段的狡诈性。犯罪人为隐藏自己，利用更隐蔽的犯罪手段或转移侦查视线。如犯罪人利用网络、通讯工具犯罪；将犯罪嫁祸于人、伪装、伪造现场、毁灭证据、碎尸等；假冒身份，或化装蒙面；在犯罪后，又隐匿于公众之中，利用"合法"身份，伪装积极，制造谣言，转移视线。

4. 犯罪人的隐蔽性方式与其犯罪人个人特点密切相关。犯罪行为的隐蔽程度和犯罪人的年龄、职业、知识水平、生活经验、见识等条件紧密相关。低龄人、智力水平较低、见识少的人犯罪手段相对简单，相反，技能较高的犯罪人，犯罪手段诡秘性较强，从事不同职业的犯罪人，其职业特点也往往在掩饰犯罪手段中暴露出来。

（二）客观性

1. 犯罪行为的发生是客观存在的，不以人的主观意志为转移。客观性是刑事案件的基本特征，它是犯罪行为作用于一定客体上而形成的，犯罪行为是犯罪人内心起因的外化，任何犯罪行为必然以一定的物质形态存在于某空间，也必然会使某些客体的物质形态发生一定的变化。犯罪行为是客观的、物质的，犯罪行为引起的某些客体的变化也是客观的、物质的。这是一个客观的因果规律，是不以人的意志为转移的。

犯罪人已经实施了犯罪行为，又企图改变物质形态变化规律，是不可能的。犯罪行为具有隐蔽性，是指它的表现形式并不否认它的客观性。恰恰相反，任何隐蔽行为都是客观存在的一种物质现象，是运动着的物质形态。隐蔽性和客观性是辩证的统一，即使现代高科技技术被应用于犯罪，也改变不了犯罪事实的客观性，只是物质形态的表现形式不同而已。

2. 犯罪的客观性通过一定的方式表现出来，是可认识的。虽然刑事案件是客观存在的，但它是以一定的方式表现出来的，是能够被人们所认识的。犯罪行为虽然隐蔽、手段狡猾，但犯罪活动在群众中会有所暴露，案发前一些犯罪活动可能未引起群众注意，案发后群众会联系其以前看到、听到的一些可疑现象，为认识犯罪提供证据、线索。

在有现场可勘查的犯罪案件中，犯罪人的犯罪行为必然引起物质环境发生变化,并留下犯罪痕迹、物品,通过发现、收集、检验这些犯罪痕迹,查找现场遗留物,能帮助我们分析、认识案情,为侦查提供方向。

当然,对客观性的认识不可能都是同步的,要受到许多主客观条件的限制。人们还不能完全认识它、掌握它,这是常有的事,但它的客观存在性却是无疑的,随着人们认识水平的提高,揭示犯罪的手段会越来越多。

(三)复杂性

1. 案件性质的复杂性。由于每个刑事案件犯罪人的犯罪动机不同,犯罪案件的性质各异,表现为不同种类的刑事案件。即使是同一种类的案件,也会因犯罪人的具体动机各异而性质有所差异。如杀人案件根据犯罪人的动机不同,可分为图财杀人、强奸杀人、报复杀人等。有的案件由于犯罪人多种动机交织,侵犯多种客体,使案件的性质更为复杂,有时一时难以认定。

2. 犯罪主体的复杂性。根据我国刑法的有关规定,只要年满十四周岁,具有刑事责任能力的人都可以成为犯罪的主体。因此,犯罪成员的纷繁复杂就成了必然。但是,在一定阶段,每类犯罪主体的犯罪方式、犯罪特点、犯罪发展趋势是有一定规律可循的。如当今比较突出的青少年犯罪、女性犯罪、农民犯罪,各有其共同特点。

3. 犯罪手段的多样性。由于犯罪主体及其侵害客体的不一致,任何刑事案件的犯罪时间、地点和手法不可能完全相同。就杀人手段而言,有用暴力致人死亡的,也有用非暴力致人死亡的,其中,暴力致人死亡的方式又多种多样,有机械性窒息死亡、损伤性致死、电击致死等。

4. 犯罪结果的多样性。由于犯罪的性质各异,犯罪的结果具有多样性。首先,各种不同类型的犯罪有不同的危害结果,如杀人犯罪造成他人死亡,伤害犯罪造成他人身体健康的损害,强奸犯罪造成妇女人身权利的侵害。其次,同一类型的犯罪,其危害结果也有轻有重,据此,侦查实践将刑事案件分为特别重大案件、重大案件和一般案件。另外,犯罪的危害结果既有物质性的,如人身伤亡和财产损失;也有非物质性的,如政治影响、社会影响等;既有直接的,也有间接的。

(四)整体性

1. 刑事案件具有整体性,各个部分是相互联系的。整体性是刑事案件的一个重要特性。它要求从整体概念出发,将犯罪事件的各个构成部分看作是有机的统一体,相互之间不是孤立存在的,而是相互依赖、相互制约的,每一部分都是以其他各个部分的存在为前提的。离开一定的人、事、物，孤立的时间和空间对侦查犯罪来说是毫无意义的。同样，脱离特定的时间、空间及事和物，就无法查找犯罪人，也就不可能侦破案件。只有在各个部分的相互联系中，才能把握刑事案件的整体。

2. 在侦查中，把握案件中各个部分之间的本质联系。案件中有的是本质联系，有的是非本质联系；有的是必然联系，有的是偶然联系；有的是因果联系，有的则是非因果联系。必须逐一地分析各种联系的性质，研究各种现象之间的发展变化规律，才能确定每一现象在犯罪事件构成体系中的地位和作用。如果将现象之间联系的性质搞错了，就会迷失侦查方向，甚至会造成冤案。任何一个刑事案件都是一个完整的、有机的动态系统，是有规律、有秩序地发展和变化的。犯罪事件发生后，人们感官所触及的是富于各种载体的犯罪信息，这些信息是零散的、孤立的、静态的，只有立足于整体观念，才能透过各种现象把握案件本质，认识犯罪事件的全貌。

（五）特定性

刑事案件是由犯罪要素构成的，不同的犯罪活动的这些结构要素不可能完全相同。任何一起犯罪活动都因此而区别于其他犯罪活动，这就是犯罪活动的特定性。

犯罪案件构成的基本要素，是每一案件必然具备的。但特定的犯罪案件是由各种要素在特定的条件下综合构成的。这种特定的综合构成是不可重复出现的。换句话说，每个犯罪案件发生的时间、空间、犯罪工具、犯罪手段、犯罪动机、犯罪性质以及犯罪人的个体差异，是不可能在其他案件中作为整体再现的。不同的案件之间可能出现某些相似点，但这只是某一方面的类似，绝对不是同一案件的完全重复，因此，每一案件都是特定化的。案件特定化，是这一案件区别于其他案件的主要依据，是人们认识一个个具体犯罪案件，缩小侦查范围，揭露犯罪人的客观基础。

值得注意的是，刑事案件的构成要素在特定案件中的地位和作用，是不可能相同的。某个或某些要素在这一案件中是重要的构成部分，是确定犯罪案件特定性的主要根据；而在另一案件中，作为特定案件主要依据的则是另一要素和其他某些要素。

第二节 刑事案件的构成要素

每一起刑事案件都有一定的构成要素,构成要素的不同组合是区别不同案件的基础,也是我们分析案情、认识案件的关键环节,是侦查规格化、系列化、科学化的重要内容。从侦查学意义剖析,刑事案件的结构要素主要有何事、何时、何地、何物、何情、何故、何人七要素。

一、何事

何事就是指事件的性质。一个事件发生了,人们首先要弄清事件的性质是什么。事件的性质分为三个层次:第一个层次是犯罪事件或是非犯罪事件;第二个层次是犯罪事件的类型;第三层次是案件的特定性质。构成犯罪事件的即立案侦查。犯罪事件、意外事件和制造假案的种种迹象往往交织在一起,真伪相混,难以识别。性质各异的事件,某些表面现象可能极其相似,容易给人们以错觉。需要一定的专门调查工作,才能判定事件的性质。可有计划、有步骤地对当事人进行反复询问,通常可暴露其陈述的前后矛盾及虚伪性,弄清事件的本来面目。也可通过对事件的前因后果进行分析研究,如果事件的发展过程违反常规,各个环节之间相互矛盾,不成一体,即表明事件的现象与其本质不相一致。有时,还可将某个事件与其同类性质的事件加以对照。如果缺乏同类事件的共性特征,即表明其性质是不同的。

确定第一层次,是确定第二层次的前提。当一个事件确定为犯罪事件后,即要进一步确定犯罪事件的类型。如杀人案、投毒案、抢劫案、强奸案、放火案、盗窃案等。确定了第二层次以后,方能进一步确定第三层次,即事件的特定性质。如系杀人案,就要确定是图财谋杀、仇杀、情杀或流氓杀人;如系盗窃案件,就要确定是内盗、外盗或内外勾结作案等。确定事件性质的第三层次,可以大大缩小犯罪嫌疑人可能存在的空间,有时还可以迅速将犯罪人直接揭露出来。

二、何时

这是刑事案件的又一构成要素。犯罪时间表明犯罪行为的发展顺序和连续性,即表明犯罪的过程。任何案件都离不开时间,都是在一个或长或短的时间内发生的。脱离时间,案件就不可能发生。任何犯罪活动都要占有一定的时间。一般来说,一个人如果不具备犯罪时间,他在本案中就不可能成为犯罪人。

犯罪人对于实施犯罪的时间是经过精心选择的，他们把最易隐蔽自己，又最能达到犯罪目的的时间视为作案的最佳时间。另外，利用人们生活中的"时间空隙"实施犯罪是使犯罪企图得逞的一个重要秘诀。因为在这空隙时间内，人们往往疏于戒备，犯罪人有可乘之机。

在时间上玩弄伎俩是犯罪人逃避侦查惯用的防御对策。犯罪人为了表明其不具有作案时间，通常采用转换时间、推移时间和紧缩时间等种种手法，妄图改变犯罪时间的客观性。常用的手法有长途奔袭、幕后操纵、利用物品，推迟犯罪时间、冒名顶替、出示假证、利用他人作伪证等。

三、何地

何地是指犯罪空间，即实施犯罪活动的场所。依犯罪时间的先后，犯罪空间有预备犯罪的空间、实施犯罪的空间和处理赃物等罪证的空间之分。

犯罪空间是审查嫌疑对象的主要依据之一。任何案件不管案情简单或复杂，犯罪行为延续的过程长或短，总是在一定地域内发生的。脱离一定的空间位置，犯罪行为就不可能实施。一般而言，犯罪人要侵害一定场所的特定对象，必然要亲临一定的场所。现场上的痕迹物品、监控视频等和有关的证人证言证实某一个人曾到过犯罪现场，则可在一定程度上证明其有实施犯罪的嫌疑。在特定情况下，某人到过犯罪现场还可直接证明其犯罪的嫌疑。

犯罪空间是判明案件情况、开展侦查的重要依据。犯罪空间的选择、犯罪空间相互之间的联系都在一定程度上能反映出案件的某些情况，如不同的犯罪空间之间若存在特定的联系，此犯罪空间上遗留有彼犯罪空间上丢失的物品，几个犯罪空间上有同样的犯罪痕迹或反映出相同的实施犯罪的方式，则可判明是同一个或同一伙犯罪人实施的犯罪。此外，犯罪空间上出现的一些反常现象、遗留的犯罪痕迹或异常物质是侦查工作的重要依据和线索。

犯罪空间是推断犯罪人情况的基本依据。犯罪空间与犯罪时间等要素相结合，常常可以推断犯罪人是本地人、还是外地人、犯罪人的启程点和落脚点距犯罪空间的距离等。从犯罪空间的环境和内部状况等情况还可以分析犯罪人对犯罪空间的知情程度，判明是内部人员还是外部人员，或是内部人员和外部人员相互勾结实施犯罪等。

四、何物

何物是指犯罪人用作犯罪的工具。犯罪工具的来源，或是自有的，或是借来的，或是窃取他人的，或是将工作工具用于犯罪，或是就地取材等。

犯罪工具，其物理性质有固体、液体、气体。固体物质常遗留有反映形象的痕迹可供检验，如交通工具痕迹、破坏工具痕迹等。液体、气体物质遗留的痕迹，则需采用物理、化学检验方法鉴别，如作为引火物的汽油，为了杀人施放的毒气及投放的药物等。

犯罪工具是揭露和证实犯罪的重要证据。犯罪人进行犯罪，一般要借助一定的工具，利用工具破坏障碍物，利用工具实现其犯罪目的，这必然会在现场留下相应的痕迹。通过对痕迹的研究分析、鉴定，判断工具的种类，实现工具的同一认定。通过寻找犯罪工具，辨认工具，以物找人。

犯罪工具对刻画犯罪人、发现犯罪线索有重要意义。有的犯罪工具是犯罪人在工作中的工作工具，犯罪人常因自己擅长使用或认为使用其作案更有隐蔽性而作为犯罪工具，特别是一些技能性的工具，常常会成为一些犯罪人身份或可能从事的职业的标志。有的犯罪工具只有从事某种职业或有条件接触的人才有可能拥有，如炸药、毒药、危险化学物品等，如果用这些物品作为犯罪工具，犯罪人的查找范围会大大缩小。

五、何情

何情是指犯罪是在何种状态下进行的，包括犯罪的过程、活动的特点及方式。犯罪状态是犯罪事件的重要组成部分，它能反映出每个案件及作案人的许多特点。

案件过程是犯罪行为的客观记录。犯罪事件的形成是一个完整、系统的过程。每个案件都是作为一个独立过程而存在的，是有始有终、前后相继的。案件的过程有长有短；有简单的，也有复杂的。案件过程是犯罪行为顺序的真实记录，是犯罪行为实施状态的外在表现。从案件过程中可以看出犯罪人是如何预备犯罪，如何进入作案现场的，以及在现场的活动状态、顺序以及逃离现场的路线和方向。每个案件都是由若干个子过程构成的。子过程构成案件的统一整体，它能引导人们认识案件的复杂细节，扩大对案情认识的深度和广度。各个子过程之间合乎规律地相互制约着，案件的真实发展过程是前后协调一致的。犯罪人制造假象，人为地改变案件的客观过程，就会出现过程之间前后矛盾、相互对立的反常现象。比如将杀人现场伪装成自杀现场、纵火现场伪装成失火现场、监守自盗伪装成外盗等，经过伪装的现场，其先后过程之间必然具有明显的虚假性，前后不相衔接，违反案件发展过程的客观规律。案件过程的勘验与分析，也可以印证犯罪嫌疑人的供述真伪，供述的犯罪过程与现场勘验的犯罪过程是否一致，特别是犯罪嫌疑人供述的犯罪细节与现场勘查的犯罪过程不一致时，必须引起侦查人员注意，要综合案件其他证据分析产生不一致的原因，供述的犯罪嫌疑人是不是真正的犯罪嫌疑人，避免冤假错案的发生。

犯罪过程表明犯罪人的作案特点及作案方式。在犯罪人寻找目标、接近目标、侵害目标直至离开目标所遗留的系列性印迹中，载有丰富的犯罪活动状态的信息。犯罪活动的印迹，就像一组完整的"连环画"一样，清晰地反映着犯罪性状的有机联系过程，表明犯罪人的作案特点及作案方式。由此也可看出犯罪过程和犯罪事件是不可分割的。

六、何故

何故是回答犯罪人为什么犯罪，即犯罪的动机、目的。犯罪的动机、目的是推动犯罪人实施犯罪的内心起因。这种主观的犯罪起因通过客观犯罪行为表现出来即可为人们所认识掌握。判明犯罪动因，是寻找犯罪人的重要契机，它能指明犯罪人的所在范围及寻找的方向，有时能将犯罪嫌疑人限定在一个极小的范围内，能大大缩短侦查的过程。

刑事案件是复杂多样的。按照犯罪起因的不同由其产生的结果不同可分为以下几种类型。其一，单一因果型。这类案件的动因单一、外露，其犯罪动机甚为明显，一经观察分析，即可确定犯罪的动机、目的。如盗窃、抢劫、强奸一类案件。其二，多因一果型。这种因果关系不甚明显，犯罪的起因往往内隐，同样的结果可能为不同的原因所形成。如凶杀案例中人被杀死的结果，可能是由各种不同的动机所引起的。其三，多因多果型。同一案件，由多种原因造成多种结果。这种因果联系交错复杂，它主要发生在犯罪动机转化的案件中，犯罪动机的转化导致案件因果联系的转化。如果犯罪动机为谋财而盗窃，当犯罪人窃得财物后被当事人或目睹人发觉，这时犯罪动机可能向恶性转化，为灭口而杀死当事人或目睹人；杀人后为了毁尸灭迹，又纵火焚尸。这就构成盗窃、杀人、纵火多种原因造成多种结果的案件。

有的案件中，犯罪人与受害人之间并无直接的利害冲突，甚至互不认识，所以，在很多案件中，由于因果联系的复杂性，侦查不能仅局限于狭小的圈子之内，有时要注意案件的远因，注意因时间久远而被忽视的远因，注意可能雇佣他人犯罪的情况。

七、何人

何人是指谁是作案人，即侦查的主攻目标。在侦查过程中，对犯罪人特点的认识是不断深入、逐步逼近的。犯罪人的特点，除上述犯罪的动机、目的、手段、作案方式外，还包括犯罪人的性别、年龄、相貌、籍贯、文化程度、职业、爱好、生活习惯以及生理病理特点等。在侦查的起步阶段，因获得的犯罪信息是有限的，对犯罪人特点的刻画只可能是粗线条的，暂时从有限数量的信息中，可能获得犯罪人某一方面特点的确切材料，为侦查的起步打开局面。在侦查的展开阶段，随着各种侦查措施的运用，以及深入进行调查访问和轨迹追踪工作，侦查信息会源源不断而来，为犯罪人"画像"的素材愈益丰富，这些素材都可以用来勾画出犯罪人形象的基本模式。进入重点侦查阶段，根据所获得的犯罪人信息材料，可进一步修改、补充，使其完整化、特定化、形象化。犯罪人的人身形象掌握得越充分，对案件侦查越有利。

第三节 刑事案件侦查的概念、任务

一、刑事案件侦查的概念

刑事案件侦查是指具有法定侦查权的机关或部门，依照国家刑事法律规定的程序和原则，运用正确的思维方法，对刑事案件进行的收集证据、查明案情的工作和有关的强制性措施。侦查是一种法律行为，是刑事诉讼的重要程序。刑事案件侦查的含义包括四层意思：

（一）行使侦查权的机关是法定的

根据我国法律规定，有法定侦查权的机关或部门有公安机关、人民检察院、国家安全机关、中国海警局、军队保卫部门、海关及监狱的侦查部门。根据我国最新修订的《中华人民共和国刑事诉讼法》（以下简称《刑事诉讼法》）第4条的规定："国家安全机关依照法律规定，办理危害国家安全的刑事案件，行使与公安机关相同的职权。"第19条规定："刑事案件的侦查由公安机关进行，法律另有规定的除外。人民检察院在对诉讼活动实施法律监督中发现的司法工作人员利用职权实施的非法拘禁、刑讯逼供、非法搜查等侵犯公民权利、损害司法公正的犯罪，可以由人民检察院立案侦查。对于公安机关管辖的国家机关工作人员利用职权实施的重大犯罪案件，需要由人民检察院直接受理的时候，经省级以上人民检察院决定，可以由人民检察院立案侦查。……"根据《刑事诉讼法》第308条规定："军队保卫部门对军队内发生的刑事案件行使侦查权。中国海警局履行海上维权执法职责，对海上发生的刑事案件行使侦查权。对罪犯在监狱内犯罪的案件由监狱进行侦查。……"根据《公安机关办理刑事案件程序规定》第 27 条规定："海关走私犯罪侦查机构管辖中华人民共和国海关关境内发生的涉税走私犯罪案件和发生在海关监管区内的非涉税走私犯罪案件。"这些侦查主体依照法律、法规规定，对属于自己管辖的案件，依法进行侦查。

（二）侦查是侦查部门对刑事案件进行的收集证据、查明案情的工作和有关的强制性措施

侦查就是发现犯罪、收集证据、查明案情、揭露犯罪的过程。在侦查活动中，通过收集证据查明案件发生的时间、地点，犯罪嫌疑人犯罪的目的、动机、手段、过程，侵害、侵犯的对象和所造成的危害后果以及作案人作案时的年龄、精神状态（即是否符合刑事责任年龄、具备刑事责任能力）等。

收集证据的常规性侦查措施主要有勘验、检查、询问证人、询问被害人、侦查实验、侦查辨认、司法鉴定等。这些常规性侦查措施工作既有其特定的内容，又有其特定的方式，是收集证据的主要措施。在侦查中，有的案件案情复杂，犯罪嫌疑人的犯罪手段狡猾隐蔽，仅采用常规性的侦查措施收集的证据难以查明案情，还需要依法采取强制性的侦查措施收集证据。强制性措施除了《刑事诉讼法》规定的拘传、取保候审、监视居住、拘传、逮捕外，还包括带有强制性的措施，如技术侦查措施、控制下交付、查封、扣押、搜查等。无论是常规性的侦查措施还是强制性侦查措施，都属于侦查措施，只有特定的主体才能使用。此外，还可通过各种社会信息搜索引擎等途径和方法收集相关证据。

侦查人员在收集证据时，要对收集的证据的客观性、关联性和合法性进行审查。

（三）侦查具有严格的规范性

侦查是刑事诉讼中的一个重要阶段，整个侦查活动严格受法律的制约。侦查中必须严格依照刑法、刑事诉讼法和其他法律、法规、规章进行，不允许任何单位和个人滥用侦查权，严禁各种违法乱纪现象。

（四）刑事案件侦查是正确运用思维方法，查明案情的过程

通常情况下，查明刑事案件是一个逆向思维的过程，是从犯罪结果推知犯罪动因，查明案情，直至发现犯罪嫌疑人。在侦查初期，往往只能从少量的甚至是杂乱的信息入手，以认识论、辩证法、系统论等为指导，运用逻辑推理方法，通过调查访问等侦查措施，点、面结合，对获得的线索进行深入推进，对案情作出

正确判断，根据客观实际，采取相应的侦查方法、措施，查明案情。

二、刑事案件侦查的任务

（一）查明犯罪事实

所谓犯罪事实，是指作案人实施犯罪行为的时间、地点、目的、动机、手段、过程，侵害、侵犯的对象和所造成的危害后果以及作案人作案时的年龄、精神状态（即是否符合刑事责任年龄、具备刑事责任能力）等。

查明犯罪事实具体包括：犯罪行为是否存在；实施犯罪行为的时间、地点、手段、后果以及其他情节；犯罪行为是否为犯罪嫌疑人实施；犯罪嫌疑人的身份；犯罪嫌疑人实施犯罪行为的动机、目的；犯罪嫌疑人的责任以及与其他同案人的关系；犯罪嫌疑人有无法定从重、从轻、减轻处罚以及免除处罚的情节；其他与案件有关的事实。

（二）客观、全面地发现、收集、审查证据

客观、全面即实事求是、点滴不漏，无论是有罪证据还是无罪证据，无论是罪重证据还是罪轻证据，无论是此罪证据还是彼罪证据，都应认真收集，不得先入为主，各取所需。同时，必须对各种证据材料予以仔细审查并进行综合分析、研究，以鉴别其真伪，认识其与案件事实的内在联系，最终作出对全部案情的正确判断。

（三）查明并拘捕犯罪嫌疑人，收缴赃款赃物

作案人在作案之后，除少数投案自首外，大都千方百计地逃避侦查和打击，而及时将其查缉归案，并作为法定意义上的犯罪嫌疑人付诸起诉、审判，则是完成整个刑事诉讼任务的客观需要。因此，在查明作案人之后，为防止其逃跑、自杀或继续实施犯罪活动，应立即依法采取拘留、逮捕等强制性措施。

在一些涉财型案件（如盗窃、抢劫、诈骗等案件）中，作案人通常获取了数量不等的赃款赃物。在上述各类案件中，侦查人员应采取有效措施，对赃款赃物及时予以收缴，避免或减少给国家、集体或个人造成经济损失，赃款赃物也可作为诉讼证据使用。

（四）及时发现和制止重大预谋犯罪活动——尤其是严重暴力犯罪的预谋活动

为了使犯罪活动能够得以顺利、圆满完成，犯罪人实施犯罪活动，尤其是重大犯罪活动和严重暴力犯罪都需要进行一系列的预谋活动。侦查人员通过案件侦查工作，及时发现和制止这些预谋活动，则可以有效地遏制重大犯罪活动，尤其

是严重暴力犯罪活动，有效地避免其不可估量的社会危害后果的产生。

第四节　刑事案件侦查的原则

一、依靠群众原则

群众路线是党和政府一切工作的根本路线，当然也是侦查工作的根本路线，依靠群众是我国侦查工作的优良传统。

刑事犯罪是一种丑恶的社会现象，危害国家安全和社会公共安全，危害国家和人民群众的利益，侦查机关揭露犯罪和揭发犯罪人的侦查活动与人民群众的根本利益是一致的，犯罪为广大人民群众所厌恶和憎恨，人民群众具有同犯罪作斗争的积极性、自觉性、主动性。

获取犯罪线索和证据，人民群众是重要的依靠对象。犯罪活动是通过犯罪人的行为实施的，由于犯罪人日常混迹于人民群众之中，无论其活动多么隐蔽，手段如何诡秘都不可能完全避开群众的视线，难免露出一些蛛丝马迹，群众中蕴藏着大量的与犯罪活动有关的信息。侦查人员及时有效地开展群众工作，通过访问、开座谈会等形式，就有可能获取犯罪线索和证据，及时揭发犯罪人。

侦查过程中需要有关专家学者协助侦查机关解决疑难问题。由于犯罪活动的广泛性和复杂性，侦查中需要运用各门学科领域内各行业的知识和经验，其中许多是侦技人员力所不能及的，需要向有关专家和有经验的群众请教，帮助解决案件中涉及的专门问题和疑难问题。如侦查爆炸案、放火案需请化学专家、消防专家协助，侦查破坏动力设备案需请电学专家协助，侦查匿名信件案件需请语言学专家协助，侦查文物被盗或走私案件需请考古学家协助。随着网络的普遍应用，侦查中很多涉及网络的犯罪案件，需要请计算机方面的专家协助，现代侦查工作必须要有各行各业的专家支持与协助，才能保证及时、高效。

案件侦查的各个环节需要人民群众支持、配合与监督。侦查部门受理的大部分刑事案件都来源于人民群众和机关、团体、企事业单位的举报、检举和控告；许多刑事犯罪现场在实施勘查前需要群众保护；许多侦缉行动的实施需要群众协助参与（如围堵、拘捕犯罪人需要熟悉地形的群众带路）；在实施某些侦查措施时需要群众配合、掩护。许多侦查活动须由人民群众直接监督，如现场勘查、侦查实验等活动要请与案件无利害关系的群众做见证人，其目的是对侦查活动的合法性进行监督。

(一) 侦查工作依靠群众的形式

依靠群众原则，贯穿于侦查工作的各个方面。通常采用的形式有：依靠群众提供犯罪信息，检举、控告犯罪人；依靠群众发现线索、查证犯罪事实；依靠群众围捕、堵截犯罪人；依靠群众辨认物证、尸体和犯罪人；依靠群众收取鉴定样本；依靠群众控制阵地和犯罪嫌疑人；依靠各行各业专家提供技术咨询；依靠群众配合、掩护某些侦查措施的实施；依靠城乡治安保卫组织、小区物业公司为侦查破案和预防控制犯罪提供帮助；依靠新闻媒介宣传侦查工作成就，发布侦查信息和公布必要案情，激励群众士气，动员群众协助破案。

侦查工作在任何时候都必须遵守依靠群众这一根本原则。侦查中即使运用最先进的科学技术手段，仍然不能忽视群众的力量。因为先进的科学技术侦查手段同样需要人的活动相配合才能发挥应有的作用，其中也包括人民群众的支持与帮助。

(二) 侦查工作必须坚持群众路线与专门工作相结合

依靠群众原则，就是要坚持专门工作与群众相结合的侦查工作路线。侦查机关和侦查人员必须牢固树立相信群众、依靠群众、深入群众的信念，听取各方面群众的意见并积极动员组织群众支持、协助侦查活动，在专门机关的组织指导下发挥群众同犯罪作斗争的积极作用。同时又必须大力加强专门工作，将基础建设工作做扎实，用高、精、尖的现代科学技术武装侦查队伍，提高队伍素质，充分发挥专门机关的主导作用，现代侦查工作既不能脱离群众又不能轻视专门工作。

(三) 新形势下，依靠群众工作要与时俱进

随着科学技术的迅猛发展，人们的生活方式也发生了很大变化。网络的普遍化，使得信息的传播迅速快捷，人们的交往方式多样，交往辐射范围广泛，社会管理的参与度及对犯罪的感知能力提高。因此，在此种形势下，侦查中依靠群众工作也要与时俱进，侦查工作必须要借助现代先进科学技术进行群众路线方法创新。如借助现代先进的电子信息技术，大面积发动群众提供侦查破案线索和证据；借助现代先进的网络技术，大面积发动群众寻找犯罪嫌疑人和缉捕逃犯；等等。当前，微信、微博、各种公众号、网络平台等已发展成为人们表达思想、获取信息的主要渠道，与传统媒体相比，其具有不可比拟的优势。在侦查中，我们可以充分利用各种新媒体、网络平台，收集犯罪线索、犯罪证据，发现犯罪人。侦查机关可设立公众号、开设微博、微信，通过其发布犯罪信息，众多网民能够

借助各种方法从海量的网络信息中迅速"捕捉"到与案件有关的各种线索，进而实现对侦查机关的有力反馈。效率是侦查工作的生命，随着网络的普及率越来越高，网民的数量也在急速增加。当今侦查工作信息化、网络化是必然趋势，新媒体、网络平台将为侦查工作提供更多的帮助，如在案件协查、案件线索搜集、追缉逃犯等各方面发挥更大的职能和作用，提高侦查效率。因此，可以说，侦查上网、利用新媒体、网络平台，是侦查工作中的"群众路线"。网民可以在极短的时间和广阔的空间内，迅速完成海量的信息检索、搜集、分类、鉴别工作，同时通过不断转发与评论，相互交流，保证整个搜索过程不断向前推进，直到将犯罪线索集中起来。因此，利用新媒体为侦查破案服务，能够极大地节省侦查人力、物力、财力，加快侦查进程，实现破案效率和效益的最大化。侦查机关通过公安新媒体发布通缉信息、搜集案件线索大大降低了经济成本，使得一些情节相对较轻微的案件也能得到公众的注意，大大提高了社会群众参与案件线索的搜集、提供等的主动性和积极性。

通过新媒体和网络平台，也便于人民群众参与和犯罪作斗争的积极性和主动性，网络的便捷性和匿名性也给了举报群众很大的心理安全，有利于解除举报群众担心被犯罪人报复的心理负担。利用新媒体侦查机关也可以及时主动发现犯罪线索，及时打击犯罪。侦查机关通过媒体公众号及时发布犯罪信息动态，也有利于人民群众增强预防犯罪意识，提高对犯罪的认知能力。

在资金流、物流、信息流网络化的今天，侦查途径多元化，侦查取证可能面对的主体多元化，物流公司、购物平台、第三方支付平台、新媒体平台等都是我们要面对的对象，如何取得它们的配合、协助，保障侦查顺利进行，及时打击犯罪，提高群众的参与积极性，是新形势下侦查工作依靠群众路线要思考的问题。

二、实事求是原则

实事求是是中国共产党一贯坚持的思想路线，也是侦查活动必须坚持的原则之一。侦查工作坚持实事求是原则，要求侦查人员树立辩证唯物主义思想，克服唯心主义和形而上学的思想方法，侦查活动必须从案件的实际情况出发，以收集的证据为依据，研究具体的人与犯罪事实之间的联系，以判定其是否有罪和罪轻、罪重。

侦查工作坚持实事求是原则，是由侦查认识活动的特点和犯罪现象的复杂性决定的。在案件侦查中，认识活动的最大特点之一就是认识的逆向性。无论是"从事到人"开展侦查的案件还是"从人到事"开展侦查的案件，都是对"既往的犯罪事实"进行认识和查明。侦查人员首先接触到的是犯罪行为的结果，侦查活动只能以行为结果为依据，通过联想、假设、推理等方式"再现"犯罪的原因与过程，从而制定侦查计划，选用侦查措施与方法。而"再现犯罪"过程与原因的客观、准确的程度，是决定侦查活动正确的基础。认识的错误必然导致行动的错误。所以，侦查联想、侦查假设、侦查推理都必须建立在客观事实的基础上。犯罪活动千差万别，每一起案件的侦查都要涉及现象与本质、偶然与必然、特殊与一般等多种辩证唯物主义范畴，多数犯罪人还要制造假象、巧设圈套，矛盾错综复杂，侦查人员只有坚持实事求是，运用辩证唯物主义的认识方法，才能从复杂纷繁的现象中去伪存真，全面认识事物本质，及时调整侦查方向和范围，准确揭露犯罪人。

坚持实事求是原则，要求侦查人员必须依靠群众，重调查研究，以事实为依据，以法律为准绳，侦查工作遇到阻力和干扰要及时报告，侦查中发现差错和失误要立即纠正。出现错误，实行赔偿和追究。

三、遵守法制原则

侦查行为是执法行为，因此侦查工作严格遵守法制，做到依法办案，才能实现揭露犯罪、惩罚犯罪，保障国家安全和社会公共安全，维护社会主义社会秩序的宗旨。侦查人员是国家和人民利益的忠实保卫者，执行法律、维护法律的尊严是自己的神圣职责。侦查是刑事诉讼的第一道工序，侦查人员处在同犯罪作斗争的第一线，一切侦查活动都是执法、护法活动。侦查人员必须具备坚定的法制观念，侦查工作严格依法办事，才能及时揭露犯罪，有效地保护人民。侦查工作的中心任务是破案，破案的核心问题是收集证据，而证据的要素之一又是合法性，即必须由法律所规定的人员提供，必须依照法定的程序和方法收集，必须按法定程序和方式查证属实，才可以作为定案依据。侦查活动只有严格遵守刑事诉讼法中关于收集证据的一系列规定，才能取得合法证据，确保办案质量。

侦查活动遵守法制原则的基本要求是：

（1）侦查人员必须学法、懂法。每个侦查人员必须学习刑法、刑事诉讼法和其他相关的法律法规，掌握法律法规的基本内容和精神实质，精通各种侦查行为的性质、适用范围、实施的手段和方法，熟悉办理各类案件的法律程序。

（2）侦查主体要严格执行法律。侦查机关办理任何案件，都必须遵守刑法、刑事诉讼法和其他有关法规的规定。侦查人员在办案的各个环节上都必须严格执法。要严格按照立案条件和标准及管辖范围立案，要认真执行立案、破案、撤销案件和终止侦查等活动的管理制度和审批制度，侦查措施特别是秘密侦查措施的使用要切实遵守法律、法规，逮捕、拘留犯罪嫌疑人和使用其他强制性措施，绝对不能违背法律规定的范围和条件，讯问犯罪嫌疑人严禁刑讯逼供。

（3）对侦查活动中违反法律规定的行为必须严肃处理，坚持违法必究。侦查过程中，对徇私舞弊、贪赃枉法、不依法办案的侦查人员，对犯罪嫌疑人刑讯逼供，采用威胁、利诱、欺骗以及其他非法方式收集证据的行为要坚决纠正，依法处理直接责任人。我国《刑法》规定，国家机关工作人员实行刑讯逼供，以肉刑致人伤残、非法拘禁他人、非法剥夺公民人身权利，对受监管的人实行体罚虐待，均要追究刑事责任。

四、迅速及时原则

侦查活动坚持迅速及时原则是由刑事案件的特点决定的。刑事犯罪多数是直接的现行破坏，首先发现的是已经产生实际危害后果的犯罪事件，实施犯罪行为所需时间短暂，犯罪得逞后销赃与毁证及时，逃跑与隐匿迅速。针对犯罪的这些特点，侦查活动必须迅速及时，以快制快，不给犯罪人以喘息、逃跑、毁灭罪证和继续进行新的犯罪活动的机会。特别是对于侦破劫机、劫船、持枪抢劫、武装贩毒、武装走私、抢劫枪支等严重暴力案件和恐怖犯罪案件，必须"先发制敌，速战速决"，避免更大危害结果的发生。

侦查活动坚持迅速及时原则，首先要求树立抓住战机、积极侦查及时破案的指导思想。侦查中的战机主要表现为及时取得证据、侦缉犯罪人，就是要抓住案件发生不久，痕迹明显，群众记忆犹新，视频监控还保存着，犯罪人未及远逃，赃证尚未处理的有利时机，快查快办。积极侦查就是要科学分析案情，制定周密的侦查计划，迅速开展侦查活动，如迅速赶赴现场，及时进行勘验和调查，尽快采取侦缉措施发现线索、查明案情、取得证据。及时破案是侦查的目的，无论是已经实施的犯罪，还是正在预谋的犯罪，只要查明了犯罪的基本事实和调取主要证据，就应及时缉捕犯罪人，突破全案。但对有些重大犯罪案件和境外人员犯罪的案件，应从侦查工作的全局和长远考虑，积极而又灵活地掌握破案时机。

坚持迅速及时原则，侦查人员必须有高度的政治责任感和雷厉风行的作风。无论何时、何地发生案件，侦查机关接到报案必须迅速出击，及时开展侦查活动。如遇侦查工作处于停滞状态或陷入困境，侦查人员应坚韧不拔，沉着冷静，积极寻找案件线索和开辟侦查途径。

坚持迅速及时原则，侦查机关必须建立一支适应现代社会要求的快速反应侦查队伍，并有先进的物质保障。如调整侦查力量布局，改变作战方式，建立与健全侦查指挥系统与信息情报系统，配备现代化的交通工具和通讯联络设备等。

五、协同作战原则

国内侦查协作的形式，有横向协作、纵向协作、纵横交叉协作三种。横向协作是不同地区的侦查部门之间或侦查部门与其他部门之间的协作配合。如为了打击流窜犯罪实行并案侦查、联合侦查的需要所建立的协作区或临时性的单联协作关系。纵向协作是侦查机关上下级之间相互配合的联合侦查活动。因为参加侦查协作的侦查部门之间有的是隶属关系，有的是业务指导关系，有的在案件侦查管辖上属于主管和配合侦查关系。如侦查特别重大疑难案件和在较大的范围内开展缉捕行动，常常需要侦查机关上下级之间的密切配合。纵横交叉协作是上下级侦查机关之间、侦查机关之间，以及侦查机关与武警、军队、海关等之间的多层次、多方面的总体联合作战形式。

国内侦查协作的主要内容表现为组织破案战役、开展专项行动、组织联合侦查、互通犯罪情报、开展协查。侦查协作是一种业务工作制度，有的是必须办理的，如控制赃物、转发通缉、通报并落实其措施；有的是需要请求协助的，如协查等；有的是要签定协作协议的，如联合侦查，建立区域防范等；有的需要通过政府的组织动员。

除国内侦查协作外，我国侦查机关也存在国际协作。与国际刑警组织之间进行侦查协作的主要内容是：互通犯罪情报信息，协查缉捕国际犯罪分子，引渡已逃亡到成员国的罪犯，传授侦查业务技术，培训侦查人员等。

第二章 刑事案件侦查的一般步骤、方法

第一节 立案

一、立案的概念和条件

（一）立案的概念

刑事案件侦查中的立案，是指刑事侦查部门对接到的各种报案线索、材料，进行审查、初查后，认为确有犯罪事实存在，需要追究刑事责任，符合刑事案件立案标准，属于刑事侦查部门管辖范围时，将其立为刑事案件，以便开展侦查工作的程序。

立案的前提是对接报的线索、材料进行审查。一般情况下，其来源通常有以下几个方面：

1. 单位和个人的举报。

2. 事主或者被害人、被害单位的报案或者控告。

3. 作案人的自首或检举揭发。

4. 在案件侦查、调查工作或者在对犯罪嫌疑人的调查控制中所发现的犯罪事实或可疑情况。

5. 在对重点人口的管理和特种行业的管理工作中所发现的犯罪事实或可疑情况。

6. 国家监察、工商、市场管理、海关、税务、审计和边防部门提供的犯罪事实或可疑情况。

7. 国家权力机关或者上级主管部门交办，以及人民法院、人民检察院移送的有关材料。

8. 其他来源，如基层治安保卫组织、物业公司的小区保安、特种行业反映的可疑情况等。

（二）立案的条件

根据我国刑事诉讼法和相关法律规定，立案必须符合三个基本条件，即有犯罪事实发生、需要追究刑事责任和属于自己管辖。

1. 有犯罪事实发生。是指客观上某种危害社会的行为已经发生，根据刑法规定已构成犯罪。有犯罪事实包括两方面的意思：其一，必须划清罪与非罪的界限，必须是依照刑法规定，构成犯罪的行为已经发生，才能立案；对不构成犯罪的行为，不能立案。其二，必须有足以证明犯罪事实发生的材料作为立案的证据。

2. 需要追究刑事责任。是指根据刑法规定，需要对实施犯罪的行为予以刑事处罚。

需要追究刑事责任也分两种情况：其一，虽有犯罪事实发生，但犯罪事实显著轻微，按照法律规定不需要追究刑事责任的，不予立案；其二，根据《刑事诉讼法》规定，犯罪已过追诉时效期限的，或根据刑法规定告诉才处理的犯罪，没有控告人的，以及被告人死亡的，或者根据法律、法令规定免予追究犯罪人刑事责任的，都不应当立案。因此，只有有犯罪事实发生，并且需要追究刑事责任的时候，才应当立案。实践中，对案件的立案应遵照法律、法规、司法解释的具体标准。

3. 属于自己管辖。公安机关对拟立案的案件必须是自己有管辖权的案件，审查案件是不是由公安机关管辖的范围，首先要依据《刑事诉讼法》和《公安机关办理刑事案件程序规定》的案件管辖范围审查，其次要审查其地域管辖和级别管辖。

根据《公安机关办理刑事案件程序规定》，刑事案件由犯罪地的公安机关管辖。如果由犯罪嫌疑人居住地的公安机关管辖更为适宜的，可以由犯罪嫌疑人居住地的公安机关管辖。犯罪地包括犯罪行为发生地和犯罪结果发生地。犯罪行为发生地，包括犯罪行为的实施地以及预备地、开始地、途经地、结束地等与犯罪行为有关的地点；犯罪行为有连续、持续或者继续状态的，犯罪行为连续、持续或者继续实施的地方都属于犯罪行为发生地。犯罪结果发生地，包括犯罪对象被侵害地、犯罪所得的实际取得地、藏匿地、转移地、使用地、销售地。几个公安机关都有权管辖的刑事案件，由最初受理的公安机关管辖。必要时，可以由主要犯罪地的公安机关管辖。居住地包括户籍所在地、经常居住地。经常居住地是指公民离开户籍所在地最后连续居住1年以上的地方。公安机关内部对刑事案件的管辖，按照刑事侦查机构的设置及其职责分工确定。

县级公安机关负责侦查发生在本辖区内的刑事案件。设区的市一级以上公安机关负责重大的危害国家安全犯罪、恐怖活动犯罪、涉外犯罪、经济犯罪、集团犯罪案件的侦查。

法律、司法解释或者其他规范性文件对有关犯罪案件的管辖作出特别规定的，从其规定。对管辖不明确或者有争议的刑事案件，可以由有关公安机关协商。协商不成的，由共同的上级公安机关指定管辖。对情况特殊的刑事案件，可以由共同的上级公安机关指定管辖。

二、立案的一般步骤

（一）受理案件的程序

受理案件也称受案，是公安机关立案的初始环节，也是进入刑事程序的起始。受案是公安机关的法定权力，也是法定义务。受案不受管辖限制。

1. 制作报案笔录。公安机关对于公民扭送、报案、控告、举报或者犯罪嫌疑人自动投案的，都应当立即接受，问明情况，并制作笔录，经核对无误后，由扭送人、报案人、控告人、举报人、自动投案人签名、捺指印。必要时，应当录音或者录像。扭送人、报案人、控告人、检举人如果不愿公开自己的姓名，在侦查期间，应当为他保守秘密。

2. 登记、制作报案证据材料清单。公安机关对扭送人、报案人、控告人、举报人、自动投案人提供的有关证据材料等应当登记，制作接受证据材料清单，并由其签名。必要时，应当拍照或者录音、录像，并妥善保管。

3. 制作受案登记表。公安机关接受案件时，应制作受案登记表，并出具回执，以便于报案人查询。

（二）受理案件要注意的问题

1. 向控告人、举报人说明法律责任。公安机关接收控告、举报的工作人员，应当向控告人、举报人说明诬告应负的法律责任。但是，只要不是捏造事实、伪造证据，即使控告、举报的事实有出入，甚至是错告的，也要和诬告严格加以区别。

2. 公安机关应当保障扭送人、报案人、控告人、举报人及其近亲属的安全。

3. 扭送人、报案人、控告人、举报人如果不愿意公开自己的身份，应当为其保守秘密，并在材料中注明。

此外，在对立案材料进行受理时，应当根据实际需要，及时采取必要的紧急措施，以免延误侦查战机，保障扭送人、报案人、控告人、举报人及其近亲属的安全，避免犯罪危害后果的继续蔓延和扩大。这些紧急措施大致包括：救助重伤人员；排除险情，清除隐患，抢运财物；援救围困在现场（主要指爆炸、火灾现场）中的人员，疏散受到威胁的老、弱、病、残者；看管、监控尚未潜逃的作案人或者犯罪嫌疑对象；对业已潜逃，并且具备追缉、堵截和通缉、通报的条件者，实施追缉、堵截，发布通缉令和通报材料；对现场周围进行搜索，以发现和缉获犯罪嫌疑对象，发现和收取作案人遗留的犯罪痕迹及其他物证；收集群众反映、登记在场人证等。

（三）受案审查和初查

立案材料审查是指公安机关依照法律规定，对已经接受的控告、检举和犯罪人自首的材料或案件线索，在作出是否立案前所进行的审核和初查。

1. 受案审查。《公安机关办理刑事案件程序规定》第171条第1款规定，"对接受的案件，或者发现的犯罪线索，公安机关应当迅速进行审查"，主要审查报案、控告、检举和自首材料或线索是否真实；是否确有犯罪事实发生；是否符合法定的立案材料；是否属于自己管辖的范围。经审查，如果符合立案条件，就可以履行立案手续；如果不符合立案条件，就应当进行初查。

2. 初查。根据《公安机关办理刑事案件程序规定》，对于在审查中发现案件事实或者线索不明的，必要时，经办案部门负责人批准，可以进行初查。初查过程中，公安机关可以依照有关法律和规定采取询问、查询、勘验、鉴定和调取证据材料等不限制被调查对象人身、财产权利的措施。

（1）现场勘查。对报案材料所涉及的事件有现场的，要从现场勘查入手。通过现场实地勘验，发现、固定、提取有关证据，通过现场访问，收集有关证言，了解有关案件情况。查看现场出入口或周围的监控视频，分析图像视频资料，发现涉案车辆、嫌疑人员活动轨迹，为采取相应措施提供依据。

（2）调查询问。对没有明显案件现场的报案材料，要从询问调查入手。对被害人、报案人、检举人、控告人及其他有关人员进行调查询问；对重大案件，对案发时的通讯信息、网络信息截取分析，从中发现可疑人或目击证人进行调查询问。

（3）讯问。对投案自首或者群众扭送的现行犯罪嫌疑人，从进行讯问入手。必要时，还需要使用侦查实验、调查访问等专门调查方式进行审查。有需要采取紧急措施的情况，应当依法采取紧急措施，及时发现和收集与犯罪有关的痕迹、物品及其他物证，控制赃物、赃款，扣押物证、书证和封存会计资料等。

通过对受理案件材料进行审查，主要目的是判明受理材料所指向的事件是否是犯罪案件，是否需要立案侦查。因此，通过审查受理案件材料，判明事件性质至关重要。一般情况下，事件的性质有犯罪案件、治安案件、假案、自然灾害事故和技术事故导致的意外事件、其他意外事件。

在分析判定事件性质时，要从以下几方面研究：

第一，研究现场所处的位置和周围环境的关系。

第二，研究事主、被害人及其亲属的陈述是否符合犯罪案件发生、发展的一般规律，是否与实地勘验揭示出来的现象相一致、相吻合。

第三，研究实地勘验中所揭示出来的各种现场现象的实质，以及这些现象之间的内在联系是否符合刑事犯罪案件发生、发展的一般规律。

第四，若遇命案，则需研究死者伤痕的部位、分布、排列状况、轻重程度、数目，结合现场上是否存在搏斗痕迹，尸体上是否存在抵抗伤痕，判断致死原因，确定事件性质。

第五，研究现场周围群众对事件的反映。

第六，通过侦查实验，研究在某种特定条件下，某一事件能否发生。其发展过程是否与所报事件发展过程相一致、相吻合。

3. 审查的期限。《公安部关于改革完善受案立案制度的意见》规定，行政案件受案审查期限原则上不超过24小时，疑难复杂案件受案审查期限不超过3日。刑事案件立案审查期限原则上不超过3日；涉嫌犯罪线索需要查证的，立案审查期限不超过7日；重大疑难复杂案件，经县级以上公安机关负责人批准，立案审查期限可以延长至30日。法律、法规、规章等对受案立案审查期限另有规定的，从其规定。

（四）分不同情况作出处理

1. 立案。公安机关接受案件后，经审查，对认为有犯罪事实发生，并需要追究刑事责任而属于自己管辖范围的，应当立案侦查。对决定立案侦查的案件，应当填写《刑事案件立案报告表》，报请公安机关主管负责人审批。

对行政机关移送的案件依法决定立案的，应当书面通知移送案件的行政执法机关。

2. 不予立案。通过审查，认为没有犯罪事实，或者犯罪事实显著轻微不需要追究刑事责任，或者具有其他依法不追究刑事责任情形的，经县级以上公安机关负责人批准，不予立案。对有控告人的案件，决定不予立案的，公安机关应当制作不予立案通知书，并在 3 日以内送达控告人。

对行政执法机关移送的案件，依法不予立案的，应当说明理由，并将不予立案通知书送达移送案件的行政执法机关，退回相应案件材料。

3. 其他处理方式。

（1）移送管辖。公安机关经过审查，认为有犯罪事实，但不属于自己管辖的案件，应当立即报经县级以上公安机关负责人批准，制作移送案件通知书，移送有管辖权的机关处理。

对于不属于自己管辖又必须采取紧急措施的，应当先采取紧急措施，然后办理手续，移送主管机关。

（2）行政处理。公安机关经过审查，对于不够刑事处罚需要给予行政处理的，依法予以处理或者移送有关部门。

（3）告知自诉。经过审查，对告诉才处理的案件，公安机关应当告知当事人向人民法院起诉；对被害人有证据证明的轻微刑事案件，公安机关应当告知被害人可以向人民法院起诉；被害人要求公安机关处理的，公安机关应当依法受理。

三、立案的法律救济

（一）申请复议

控告人对不予立案决定不服的，可以在收到不予立案通知书后 7 日以内向作出决定的公安机关申请复议；公安机关应当在收到复议申请后 7 日以内作出决定，并书面通知控告人。

移送案件的行政执法机关对不予立案决定不服的，可以在收到不予立案通知书后 3 日以内向作出决定的公安机关申请复议；公安机关应当在收到行政执法机关的复议申请后 3 日以内作出决定，并书面通知移送案件的行政执法机关。

（二）申请复核

控告人对不予立案的复议决定不服的，可以在收到复议决定书后 7 日以内向上一级公安机关申请复核；上一级公安机关应当在收到复核申请后 7 日以内作出决定。对上级公安机关撤销不予立案决定的，下级公安机关应当执行。

（三）可不申请复议直接向人民法院起诉

《刑事诉讼法》第 210 条第 3 款规定，被害人有证据证明对被告人侵犯自己人身、财产权利的行为应当依法追究刑事责任，而公安机关或者人民检察院不予追究被告人刑事责任的案件，被害人有权向人民法院直接起诉。被害人死亡或者丧失行为能力的，被害人的法定代理人、近亲属有权向人民法院起诉，人民法院应当依法受理。

（四）人民检察院立案监督

根据《刑事诉讼法》第 113 条规定，人民检察院认为公安机关对应当立案侦查的案件而不立案侦查的，或者被害人认为公安机关应当立案侦查的案件而不立案侦查，向人民检察院提出的，人民检察院应当要求公安机关说明不立案的理由。人民检察院认为公安机关不立案理由不成立的，应当通知公安机关立案，公安机关接到通知后应当立案。

对人民检察院要求说明不立案理由的案件，公安机关应当在收到通知书后 7 日以内，对不立案的情况、依据和理由作出书面说明，回复人民检察院。公安机关作出立案决定的，应当将立案决定书复印件送达人民检察院。

人民检察院通知公安机关立案的，公安机关应当在收到通知书后 15 日以内立案，并将立案决定书复印件送达人民检察院。

人民检察院认为公安机关不应当立案而立案，提出纠正意见的，公安机关应当进行调查核实，并将有关情况回复人民检察院。

第二节　分析判断案情，制定侦查计划

一、分析案情

（一）分析案情的意义

分析案情是指对正在侦查的案件的有关情况进行综合研究和剖析。分析案情是侦查主体对案件情况逐步认识的过程，对案情分析是否透彻，认识正确与否，不仅关系到侦查活动能否正确地开始，而且能影响整个侦查进程和结局。因此，分析案情是制定和充实侦查方案、进行侦查部署的基础，是侦查破案的重要环节。

分析案情贯穿整个侦查过程，也是侦查主体对案件这一客观事物认识的不断

提高、不断深化的过程。在侦查的不同阶段,分析案情的重点有所侧重。在侦查开始阶段,侦查主体依据控告、检举材料、现场勘验和访问材料以及调查中获取的其他材料等,对案情进行分析研究,判断其是否是犯罪事件,是否需要立案侦查。立案后,根据所占有的材料,分析确定侦查方向,划定侦查范围。在侦查过程中,对处于不同阶段的重点问题、关键问题,应当及时研究,作出判断,保证侦查工作沿着正确的方向前进。侦查主体能否深入、透彻地分析案情,合理解疑,对案件形成正确认识,固然与占有材料多少有关。一般来说,拥有的材料多,分析的根据充分,得出结论的准确性就高。但也不可忽略侦查人员主观能动性的发挥。正确分析案情还要取决于侦查人员能否进行正确的思维,能否运用辩证唯物主义的认识论、方法论去研究所获得的有关案件材料。

对案情的分析判断伴随着侦查始终,随着通过一系列侦查、调查工作所获得的与犯罪案件有关的材料的不断充实、丰富和更新,还必须对案情进行反复的分析、判断,此种分析、判断可简称为案情复析。案件侦查工作的具体方案及其部署,应当根据案情初析所获得的结论拟定,还应当依据案情复析所获得的结论而不断进行调整,直至侦查终结。因此,分析、判断案情绝不仅仅是现场勘查的任务,它应当贯穿侦查终结之前的案件侦查工作过程的始终。

(二) 对案件性质的分析、判断

立案后的案件性质分析主要是指分析案件所属的罪名性质、种类,包括犯罪人动机不同、作案人身份类型等的不同导致的同一罪名案件下不同的犯罪性质,如杀人案件中的侵财杀人案件、仇杀案件、强奸杀人案件等;盗窃案件中的内盗、外盗、内外勾结盗窃、监守自盗等。案件性质的分析主要从以下方面进行:通过研究被侵害的对象分析作案目的、动机,从而判断案件性质;根据事主、被害人及亲属、知情人来分析作案目的、动机,从而推断案件性质;从现场上反映出的各种现象与被害人、事主的陈述,对照分析研究。

(三) 对犯罪时间的分析判断

时间具有一维性和不可逆转性,作案时间是判断是否是嫌疑对象的一个重要要素,因此,对犯罪时间的分析判断要从多角度进行,互相印证。一般依据以下方面进行判断:根据事主、被害人和知情群众提供的情况进行判断;根据现场遗留的各种痕迹及其变化情况进行分析判断;根据现场上物品的状况分析判断;根据现场上有时间标志的物品判断;根据尸体现象和胃内消化物等进行判断;根据被害人的生活习惯判断;根据视频中的被害人影像记录的时间判断;根据被害人电话最后通话时间、微博、微信朋友圈动态、QQ等的最后聊天记录、网络显示的最后的上网时间等判断。

（四）对犯罪地点的分析判断

通过研究现场上的反常情况；研究现场上的犯罪痕迹；研究尸体或尸体附近的异常物质；研究现场上有无其他移尸迹象等分析判断犯罪地点是原始现场还是变动现场。

（五）对犯罪手段方法的分析判断

通过研究现场上遗留的犯罪工具；研究犯罪工具痕迹和被害人的创伤；研究犯罪人遗留在现场上的其他痕迹和物证；研究死亡原因和现场环境；研究事主、被害人和其他知情人员提供的情况等对犯罪手段方法进行分析判断。

（六）对犯罪活动情况的分析判断

研究现场外围的痕迹物证及通道情况，判断犯罪人有无预伏以及进入现场的部位和方法；研究犯罪人在中心现场活动的情况，判明实施犯罪行为的先后顺序。研究现场外围的脚印、交通工具痕迹和遗留物品，判断犯罪人逃离现场的方向、路线。

（七）对犯罪人的分析判断

对犯罪人的分析判断主要包括对犯罪人人身形象及年龄的分析判断；对犯罪人的社会职业、文化程度、语言习惯的分析判断；对犯罪人人数的分析判断；对犯罪人的思想基础和目的的分析判断；对犯罪人反常现象的分析判断。

1. 犯罪人人身形象及年龄阶段的分析判断。一是根据事主、被害人、目睹人的陈述刻画犯罪人的人身形象及年龄；二是根据遗留在现场的手印、脚印和其他痕迹判断；三是根据犯罪人遗留的衣物、随身物品、犯罪的方式等判断其人身形象及年龄。

2. 对犯罪人的社会职业、文化程度、语言习惯的分析判断。犯罪方式的选择往往反映犯罪人的阅历、职业、文化程度，有的以自己工作中拥有的技能或便利条件作为犯罪手段，因此，实践中从犯罪人的作案手段、作案工具、作案方式等方面判断犯罪人的社会职业、文化程度。对犯罪人的语言习惯的判断可从录音、视频和被害人联系时的文字表达以及被害人的陈述判断。

3. 犯罪人人数的分析判断。犯罪人的人数的多少通常由犯罪的目的、被侵害对象的情况而定，可依据被侵害对象的人数、财物的数量判断；根据现场犯罪工具或痕迹的种类判断；根据遗留现场的足迹、手印判断；根据被害人、目击者的陈述判断；根据案发现场附近的监控视频中发现的可疑人人数判断。

4. 对犯罪人的犯罪思想基础和目的分析判断。根据现场被侵害对象和现场呈现的状态判断犯罪嫌疑人的犯罪目的，判断犯罪嫌疑人的思想基础，判断其是不是惯犯，是否有前科或之前有不良行为。

5. 对犯罪人反常现象的分析判断。反常现象是犯罪人的生理、心理的外在表现，通过研究其反常现象，能够比较具体地推断出犯罪人的心理状态。

二、制定侦查计划

(一) 制定侦查计划的意义

1. 侦查计划是开展侦查活动的总体规划和具体部署，制定侦查计划有助于使侦查工作获得明确方向。侦查活动是侦查主体和侦查对象之间的较量，是一场错综复杂的过程。侦查过程中投入的人力、物力多，涉及的范围广，情况复杂，各方面的工作关联性强，必须从整体出发，系统规划，协调各方面的工作，充分发挥整体功能，才能使侦查有条不紊地进行，达到预期的目的。在尖锐激烈的侦查对抗中，如果没有科学筹划、周密安排，侦查工作是难以取胜的。因此，对决定立案侦查的重大和特别重大案件，都应当拟定侦查计划。

2. 侦查计划是开展侦查活动的依据和行动指南。有了全面周密的侦查计划工作方案，可以使侦查活动有步骤、有秩序地进行，有助于侦查人员了解侦查部署，熟悉任务，紧张而有秩序地工作，减少无序性，克服忙乱性。有了切实可行的侦查计划，能够合理地使用人力、物力和采取各项侦查措施，有利于侦查指挥和对侦查活动的督促和指导。

(二) 侦查计划的内容

侦查计划主要包括以下内容：

1. 立案侦查的理由。简要说明案情，包括案件发生的时间、地点，造成的损失和当事人情况；说明线索来源，经过立案审查，查明材料的可靠程度，涉嫌范围，提出决定立案侦查的意见。

2. 对案情的初步分析判断。根据已掌握的材料，对案件性质、犯罪实施过程、特点及犯罪人的个性特征，排查犯罪嫌疑人应具备的条件等方面的分析判断，确定侦查方向，划定侦查范围。

3. 侦查任务和措施。根据案件情况，提出侦查工作的总体任务和各个阶段的具体任务。确定每个阶段要查明哪些问题，达到什么要求以及为完成每项任务拟采取的侦查措施。

4. 侦查力量的组织与分工。侦查计划中应当写明专案侦查的人员组成、人员配备、具体分工、总指挥人员和各负责人姓名；需要哪方面的配合；各个环节如何衔接；如何相互协调；等等。

5. 必须遵循的制度。要求上下级、个人与领导之间必须建立严格的请示报告制度和工作进展情况汇报制度，以及完成任务应遵守的纪律等。

6. 提出应急预案。预测侦查进程中可能出现的意外情况和问题，提出应急方案和措施，力求主动，以防不测。

（三）制定侦查计划的要求

1. 既要全面安排，又要突出重点。侦查计划是开展侦查活动的指南，因此，侦查工作都应当作出全面安排，不留空隙，防止侦查疏漏。同时，要突出重点，对重要线索、重点范围、重点单位和重点嫌疑对象，要投入较多的人力、物力，确保重点工作的需要，确保侦查工作向纵深发展。对面上的工作也要合理安排，不留死角，使点、面有机地结合起来。特别是对侦查方向还不够明确的案件，更不能忽视面上的工作。在制定侦查方案时，要考虑多种可能，采取相应的保证措施，随时掌握新的情况，防止侦查工作走弯路，延误更多的时间。

2. 侦查计划要有针对性。侦查计划要根据不同案件的规律、特点制定，针对不同类型、不同性质的案件，制定切实可行的侦查方案，采取相应的侦查措施和手段。根据犯罪人的职业、技能和反侦查能力，采取相应的侦查方法，获取犯罪证据。

3. 适时调整侦查计划。虽然侦查计划是侦查活动的总体部署，是开展侦查活动的指南，但也不是一成不变的。因为侦查是对已经发生的案件进行逆向思维，试图再现案件发生过程的活动，或对处于预谋阶段的案件，根据掌握的情况，预测其发展趋势，力求遏制其发生危害结果的过程。侦查中可变因素多，可控性小。虽然制定方案时要求尽可能做到客观、全面、针对性强，但在侦查进程中，一成不变的情况是不可能的，必须紧紧把握案情的发展变化，根据侦查中遇到的新情况、新问题，适时调整侦查计划和补充原来的方案，使其不断适应侦查活动的需要，指导侦查活动。

第三节　查找犯罪线索，发现犯罪嫌疑对象

一、犯罪线索的主要来源

侦查中的犯罪线索是指侦查中发现的与犯罪相关的迹象材料。是发现嫌疑对象的先导，是查明案件事实和获取证据的重要途径。

尽管犯罪线索是零乱、片段、不系统的，且带有不确定性，但它能从各个方面，以不同的方式为侦查提供信息，为进一步查明案情，深入开展侦查直至破案都有很大作用。犯罪线索可来源于四面八方，但概括起来主要来源于以下几个方面：

（一）被害人、证人的陈述

这是发现犯罪线索的主要途径，一起刑事案件的发生、发展和终止，往往只有被害人、事主最能提供犯罪行为的具体情况；证人只能提供其所看到、听到的某一行动的具体情况或某一片段。被害人、事主有时能提供案情的基本情况，有时能凭借与犯罪人的一段正面接触的时间提供犯罪人的特征，机智的被害人还能从犯罪人身上取得某一证据。赃物的具体标志和特征是被害人、事主最容易提供的，因此详细耐心询问被害人、事主，能得到有价值的犯罪线索。

（二）审查被害人的背景，发现因果关系

"查犯罪人先查被害人"，对被害人的背景进行深入调查，查清被害人当前的经济情况、现实表现、工作生活规律、社交活动、社会交往关系及因果矛盾、矛盾的程度、被害人住处的内外情况等，这都有助于了解案件发生的起因，是发现犯罪线索的重要途径。

（三）查明谁是案件的实际受益者

这是提供犯罪线索的一个重要方面。特别在凶杀、投毒、放火等案件中更为突出。如凶杀、投毒等案件中为侵吞财产、夺取遗产、占妻杀夫、杀妻另娶，纵火案中烧毁账册、为贪污者毁证等，都是以谁是实际受益者的角度去发现犯罪线索。

（四）作案的手段、方式以及惯用的手法特征

作案的手段是指犯罪分子作案时使用的具体方法，选择某一种方式实施犯罪行为就称为作案方式。犯罪人作案得逞后，在以后的作案中经常会保留某一具体

方法特征，这在作案现场上经常出现，所以也是一个发现重要的侦查线索的途径。

（五）犯罪关系

犯罪关系是指犯罪人和犯罪同伙之间的关系。当判明案件是一起犯罪人合伙实施的犯罪时，从犯罪人的关系中寻找案件线索就成为一个特别突出的途径。团伙犯罪是由两种因素构成，一是犯罪目的的一致性，二是犯罪行为实施中的协作性。犯罪目的的一致性决定了犯罪同伙只能在了解信任的人中物色，犯罪行为的协作性是指基于犯罪人个人条件能力和技能等方面不能胜任某一犯罪行为时，需要物色认为可以信赖而且具备某一必要的技能、装备的人合伙进行。这种犯罪的合伙关系必然是亲属、同乡、同学、同监和朋友等中的一员，从这些人员着手进行调查，也是发现侦查线索的途径之一。

（六）从挖赃入手先发现犯罪线索

挖赃是一个长期运用又行之有效的发现犯罪线索的途径，有赃物可查的案件都可通过控制销赃渠道发现犯罪线索。

（七）从表现反常的人中发现犯罪线索

案件发生后在侦查范围中注意发现表现反常的人。反常的生活、反常的状态、反常的行为是犯罪分子作罪后处于紧张戒备情况下流露出来的。主要的反常表现为"关心"案件、避开群众借故外出、生活规律异于往常、突然大手大脚或到处向别人借钱或谎报丢失钱财等。这些异于常态的表现，都是值得注意和发现犯罪线索的重要途径。

（八）通过群众的举报、秘密情报和阵地控制等途径发现线索

依靠群众是侦查工作的基本原则，犯罪行为人不管如何隐蔽，总会在群众中有所暴露。侦查机关要充分利用现代信息技术，设立网络举报平台、官方微博、微信公众号，以便于群众举报犯罪。同时要完善秘密情报系统和加强阵地控制，发现犯罪线索。

（九）寻找有关证人

犯罪人虽用极为隐蔽的方法实施犯罪，但犯罪行为总要接触人和物。这种接触碰撞的结果，除了形成痕迹和遗留物证外，还会在预谋、实施和完成犯罪行为的全过程中，不可避免地在某些人的听觉、视觉、嗅觉中留下偶然或巧合的印象，特别是居住密度高的大城市里，更有可能被过路人、过路车辆及路边店主、顾客以及附近居民从住处的窗口、门边、阳台、走廊里看到、听到、嗅到。这些

人就成为能提供有关情况和线索的证人。在现代社会，监控视频系统的发达也为寻找证人提供了有利条件。因此，案发后寻找有关的证人，取到有关的证词是侦查工作中必不可少的一个环节，也是发现案件犯罪线索的重要途径。

（十）从公安机关的信息网络平台及案件中发现线索

随着信息化的发展，各地公安机关都建立了信息平台，与案件有关的信息等都录入到信息系统中，可能在日常的网络平台巡逻和比对中发现犯罪线索。

二、发现犯罪线索的基本途径

（一）公布案情，发动群众提供线索

依靠群众是侦查的一项基本原则，也是经实践证明行之有效的方法。因此，发动群众提供犯罪线索是一条重要途径。公布案情，就是把简要案情和排查犯罪嫌疑对象的条件向群众公布，让群众根据犯罪嫌疑条件的内容提供线索。公布案情的作用有二：一是通过公布案情，对广大群众进行一次治安形势教育、法制观念教育，鼓励他们同刑事犯罪作斗争，提供疑人疑事，并自觉做好预防犯罪的工作；二是宣传党的政策和国家法律、制造舆论攻势，迫使作案人处于惊恐之中而露出马脚，或者在周围环境的影响下投案自首。但是，公布案情这种方法，并不是任何案件都可以采用的，也不是任何犯罪情节都可以公布的，必须有目标、有领导、有控制地进行。

有目标，就是在作案人可能隐藏的范围内公布。因此，在公布案情前要对侦查范围作出比较准确的判断。但有些特大案件，虽然一时还没有明确具体的侦查范围，但为了广泛发动群众提供线索，也可以在较大范围内公布案情。

有领导，是指向群众公布案情要经过领导批准。领导在审批时，要根据案件的具体情况，考虑公布案情是否会泄露机密，是否有利于侦查破案以及对群众是否有教育意义等。

有控制，是指案件的性质、情节等哪些可以向群众公布，哪些不可以向群众公布，应当有所选择，而不能不问案件的性质和情节全部予以公布。否则，就可能暴露侦查工作秘密，损害受害人名誉，导致作案人毁灭证据等严重后果。

公布案情以后，要有计划、有准备地向群众调查了解，采用座谈会和个别走访相结合的方法，引导群众回忆案发前后的疑人疑事，让群众把自己的所见所闻毫无保留地提供给侦查机关。对于具体对象的检举揭发，应当在会后个别进行，以免泄露或引起矛盾。对于群众反映的与本案无关的其他犯罪线索，侦查人员也应采取认真的态度，积极追查，争取在侦破本案的同时，扩大战果。

（二）寻找、发现知情人，发现犯罪线索

知情人，是指直接或间接了解案件有关情况的人。做好他们的工作，有时是获取重要线索和罪证，乃至及时破案的关键。因此，首先要在广泛发动群众的基础上去发现知情人。一般来说，发现知情人有以下几种途径：①根据现场情况和作案人的行走路线，在现场周围和作案人来去沿途发现耳闻目睹犯罪活动的群众，同时可以借助视频监控发现、寻找知情人；②根据案件性质和特点，在具有同样犯罪前科的人及与他们有密切联系的人员中调查寻找；③在广泛发动群众以后，从群众提供的情况中去发现知情人。其次要区分对象，采取不同的工作方法。对于一般群众，要查明其与犯罪嫌疑人有无利益关系，然后根据具体情况进行耐心细致的思想教育，消除顾虑，鼓励他们大胆地揭发犯罪情况。对有前科劣迹的对象，要进行法制宣传，说明利害关系，迫使其检举揭发。对于因各种原因不肯反映真实情况的知情人，应摸清原因，有的放矢地进行工作，以求突破而获取情况。

（三）依靠基层组织，收集、排查犯罪线索

刑侦部门依靠的基层组织包括公安派出所、企事业单位的保卫组织、街道的居民委员会、居民小区的物业公司、农村的村委会、治保会等。这些基层组织直接与群众打交道，与群众的关系十分密切，对周围的地理环境、风土人情和每户、每人的情况都很熟悉，一些犯罪嫌疑人、重点人口及流动人口的居住活动情况都在他们的视线之内，因此，依靠基层组织对侦查工作十分有利。

犯罪嫌疑人生活在群众之中，其一言一行都逃不过群众的眼睛，通过基层组织深入到群众之中，广泛了解情况，就可以及时发现诸如：行动鬼祟、行为反常的人；无正当职业、经济收入反常、挥霍无度的人；昼伏夜行、交往关系复杂的人；讲不清缘由而身上带伤的人；吸毒成瘾、赌博成癖、经济潦倒的人；劳改释放、徒刑缓期、监外执行的人；等等。同时，他们对辖区内人员的职业、体貌特征、社区表现等都较为熟悉，结合具体案情，他们可以提供各种犯罪线索。在此基础上，依靠基层组织进行小范围排查，找出具备嫌疑条件的人。

（四）利用隐蔽力量，实施定向侦查

刑事犯罪的应受惩罚性决定了犯罪活动的隐蔽性，但是，任何犯罪活动从预谋、实施到处理赃物罪证，都不可能是完全封闭的，也许他们可以在某一起或某几起案件中神不知鬼不觉地完成作案过程，但作案前需要寻找同伙，作案后需要他人帮助销赃，有的人即使是独来独往，但也需要与他人交流，因此，隐蔽是相

对的，在他们的活动圈子内其实并不隐蔽，这就为我们利用隐蔽力量侦查提供了条件。

1. 根据具体案件中的嫌疑条件，结合犯罪活动规律、作案手段等，利用隐蔽力量，在特定的活动圈子内，刺探情报，寻找符合作案条件的对象。

2. 根据案件中失物的品种、数量，结合作案人的销赃渠道和销赃手法，利用隐蔽力量，在特定的行业和区域观察了解，发现可疑物品和犯罪线索。

3. 当在侦查工作中发现具体的嫌疑对象后，利用隐蔽力量的特殊身份，主动贴靠，取得信任，通过交往活动套取情报，证实或否定嫌疑。

（五）利用情报信息中心，检索与案件有关的线索

刑事犯罪活动一般都具有习惯性、连续性的特点，作案过程中，他们常常将自己生活中的习惯、工作中的技能带入犯罪活动，而一旦采用某种犯罪手段获得成功，则会强化其犯罪动机，并沿袭同一种手法连续作案。正因为如此，我国各地公安机关相继建立了刑事犯罪情报信息中心，将犯罪人员、各类痕迹、失物、案件等各种资料加以搜集、分析、储存，并在侦查实践中加以利用。当前，随着信息技术的发展，公安机关也正在建立和完善动态数据库，数据库是分析、检索、碰撞犯罪线索的重要阵地。

利用情报信息中心，通过检索情报中心储存的人员资料，发现相同或相似的对象；通过检索情报中心储存的案件资料，发现同类型并具有共同特点的案件，为进行并案提供线索；通过检索情报中心的失物资料，可以认定该物品是否是赃物，为侦查提供线索。通过检索、分析动态的情报数据库，依据不断更新的数据库信息，发现与犯罪有关的线索。

（六）通报案情，在刑侦协作中获取犯罪线索

现代社会中，人、财、物的流动非常频繁，尤其是经济发达的地区和大、中型城市，日益成为人、财、物的集散地，自然也就成了刑事犯罪活动的目标。流窜犯罪十分猖獗，即使是本地人作案，大多也采取了跨区跨县、城乡跳跃的方式。因此，刑侦部门要加强相互协作，打击犯罪。案发地刑侦部门要在准确分析案情的基础上，及时向周边及有关地区公安刑侦部门通报案情，接到通报的刑侦部门要结合本地区的情况，发现与案件有关情况后，及时反馈犯罪信息和线索。

三、发现犯罪嫌疑对象的主要途径

（一）从作案动机入手

无论何种类型的刑事案件，无论是惯犯、偶犯，单独作案或团伙共同作案，

都是在特定目的支配下、特定动机指导下实施的犯罪行为。犯罪动机有的时间较长、有的时间较短。一般而言，预谋案时间较长、激发性案件时间较短。动机必然会反映到行为中，犯罪过程是动机支配下的行动。犯罪动机是无形的，要根据现场的形态变化，留下的痕迹物证和有关证人的陈述，运用逻辑推理进行分析判断，找出其中的关联性。不管犯罪动机如何隐蔽，在犯罪行为产生和留下的痕迹物证中都储存着犯罪动机的信息。犯罪动机信息通常表现为：①犯罪嫌疑人事先造舆论。扬言要报复，故意制造关系紧张，或寻找异常接近机会。②疑有前科。从现场勘查发现犯罪嫌疑人作案手法熟练，疑是惯犯。③有因果关系。被害人与人有仇，或财物外露等。④有预谋迹象。犯罪人在实施犯罪行为前进行各种准备，如准备工具、踩点等。因此，在侦查中，要根据发现的犯罪嫌疑线索，重点排查具有犯罪动机的人。

（二）从时间、空间条件入手

犯罪时间是构成刑事案件的要素之一，它具有排他性和一维性。没有作案时间的人就可否定其嫌疑，当然幕后操纵、提供情况作案者例外。

犯罪空间也同样是构成刑事案件的要素之一，在某一时间条件下，一个人只能在一个地方从事某一种事。因此是否具备作案的时空条件是判断犯罪嫌疑人的重要依据。

（三）从知情条件入手

任何刑事案件的发生，总是与犯罪人对犯罪对象的不同程度的了解有关，了解犯罪对象的程度，称为知情度。犯罪人由于直接或间接原因会了解犯罪对象的具体情况，因而会出现知之不多、知之甚多、只知过去不知现在等三种情况。在刑事案件现场勘查和现场访问中，不少信息反映了犯罪人是否具备知情条件以及知情的深浅。是否具备这种知情条件，也是确定犯罪嫌疑对象的一个重要依据。

（四）从犯罪技能入手

某些犯罪需要具备一定的技能，如组装爆炸装置、扒窃、撬保险箱等，都是一种特殊的技能。这些案件只有具备这种技能的人才能得逞。技能有高低，技能有特征，如扒窃中有地窃、车窃、割包割衣扒等。某些手艺技能会明显地反映在犯罪现场，寻找发现谁具有这些作案技能是重要的侦查途径，也是确定嫌疑对象的重要依据。

（五）从作案工具入手

犯罪人往往借助工具或物品实施犯罪行为，以实现其某种犯罪目的。凶杀案有凶器；投毒案有毒物；爆炸案有爆炸装置；撬窃案有撬窃工具；放火案有引火物及助燃物；碎尸案除了刀、斧、利器外，还必须有绳索、包裹物；等等。有些工具和物品具有明显的行业特点和特殊特征，如金属工具有其特定腐损特征。因此，犯罪人在作案中使用的工具和物品，就成为寻找嫌疑对象的条件和依据。

（六）从现场遗留物入手

犯罪人在实施犯罪行为的过程中，由于各种因素的影响，往往会在现场遗留一些物品。特别在一些凶杀、抢劫、强奸等暴力犯罪案件中，由于被害人的挣扎、争夺、扭打甚至搏斗，更会造成属于犯罪嫌疑人所有的物品散落遗留在现场。这类遗留物种类繁多，大小不一。大的如凶器，以及犯罪人本人随身携带的物品；小的如钮扣、烟蒂、打火机、鞋带、纸片、布片，这些东西都或多或少地具备这样或那样的辨认特征。有些遗留物还沾有被害人的血迹、体液，或犯罪人的精斑、血迹，通过司法鉴定可以进行人身同一认定。因此，现场任何与犯罪行为有关的遗留物，都是搜寻和确认嫌疑对象的一个条件依据。

（七）从赃物入手

涉及赃物的刑事案件种类较多，无论是公有或私有的赃物，一般都具有辨认特征，如质料、款式、颜色、牌号、尺寸、新旧程度等。有些物品的失主事先曾做过较为隐蔽的特殊记识，有的在使用过程中被污染、损伤、磨损，也会形成极为特殊的标志，经失主详细陈述是能掌握和辨别的。赃物是物证，凡持有这种特定赃物的人，一般都与案件有关联。因此，通过控制赃物的销赃途径去搜寻赃物，是发现嫌疑对象和认定嫌疑对象的条件依据。

（八）从外貌条件入手

犯罪嫌疑人在作案过程中不少是被人看到的。这些人员有被害人、目睹者等。这些人常常可以提供犯罪嫌疑人的年龄、性别、身高、体态、习惯动作、走路姿势、说话口音、发型、面部和头部特征、衣裤鞋帽式样、颜色、品牌和新旧程度等。有时根据现场的痕迹物证情况也可判明外貌的某些特征。如通过指纹、足迹可以判断其性别、体形、身高、年龄、体力等。犯罪人的外貌特征是寻找和确认嫌疑对象的重要依据。

（九）从现场痕迹入手

现场上发现的有关指印、鞋袜印、撬窃痕迹、破坏痕迹、分离痕迹、交通车辆痕迹等都能提供进行同一认定的痕迹。具有现场实体物的人，就能确认为嫌疑对象。因此，留在现场的犯罪痕迹是寻找和确认嫌疑对象的依据。

（十）从反常特征入手

犯罪人在犯罪得逞之后，就会立即转入以隐蔽自己为中心的各种反侦查的防御行动。本身也留下了自己犯罪行为的记忆，这些记忆既是犯罪人在破案逮捕后能供认的依据，也是在罪后反常的原因。罪后反常特征可从以下几个方面去观察：

1. 物质生活上的反常特征。如侵财犯罪，犯罪人得逞后物质生活上的反常通常较为明显，大吃大喝、购物还债、挥霍送友等均异于往常。

2. 精神上的反常特征。从预谋到实施犯罪行为是第一动机促成的，一直考虑如何实施，这是进攻性的。一旦得逞，第一动机就消失，从进攻性转为防御性。防御性一消失又要转为进攻性，也就是继续犯罪，这两者是互相衔接的。如扒窃犯罪这种衔接更快，扒窃得手后两三分钟又去扒窃了。第二动机防御性的表现特征是多方面的，如工作上考虑失常，精神不能集中，终日惶惶不安等。

3. 行动上的反常特征。犯罪人为了逃避侦查隐蔽保护自己造成行动上的反常。例如：原来不喜爱外出的主动要求出公差或旅游；原来工作消极变成积极；原来话多的变得沉默无言；原来只顾自己不爱与人交谈的变成经常反映某人可疑并好打听此案等。

这些反常特征都是由于罪后的心理一直处于变化和不安的状态中，在具体的神态和行动上就会有所流露。因此，具备罪后反常表现的可作为确认嫌疑对象的依据。但对这种反常表现特征应慎重对待，必须查有实据，切忌主观臆断、累及无辜，把侦查引入歧途。

（十一）从与犯罪有关的信息入手

当今信息技术的发展，也为侦查开辟了信息化侦查的途径。与犯罪有关的信息主要包括监控视频信息、通讯信息、网络信息、物流信息、资金流信息、车辆运行轨迹信息、住宿登记信息等。侦查中要根据实际情况充分利用这些信息，结合技术手段，追踪犯罪嫌疑人的轨迹，发现嫌疑对象。

另外，社会在不断发展，犯罪手段、方法也在发生变化，侦查也要与时俱进，充分吸收新的科技知识，针对案件特点选择多样的侦查途径，发现犯罪嫌疑对象。实践中，除了上述主要侦查途径外，根据案件情况，还可从排查具有犯罪劣迹、结伙条件的人中发现犯罪嫌疑对象。

第四节 确定重点嫌疑对象，查证犯罪嫌疑人

一、综合分析，确定重点嫌疑对象

侦查工作全面启动后，侦查线索便会从各个渠道源源不断而来。但是，其中有真实的，也有虚假的；有有用的，也有无用的。因此，首先要对这些线索进行调查核实，追根求源。在此基础上，再进行综合研究分析。在综合分析时，首先要根据前期工作中确定的嫌疑条件，即时间条件、空间条件、作案工具或凶器条件、现场遗留物条件、赃物条件、痕迹条件、作案因素条件、特殊技能与习惯条件、知情条件、体貌特征条件及反常条件等，分门别类加以对照，将所有符合其中一个以上条件的人都列入嫌疑范围。其次，在嫌疑范围内，将符合嫌疑条件较多的人筛选出来。最后再分析这些人员哪些人符合本质的核心条件，哪些人只符合非本质的一般条件，将符合本质的核心条件的人列为案件中的重点嫌疑对象，其余的则作为一般嫌疑对象备用。

确定重点嫌疑对象有三个基本条件，或者称为"三要素"，即时间、因素、证据三个条件。

（一）时间条件

即犯罪人作案自始至终的时间区间。任何人作案都要选择一定的时间，并在一定的时间内完成。犯罪时间是构成任何犯罪案件的不可缺少的客观条件。而时间的一维性原理又使得每一个人在特定的时间内只能占有一个空间，因此，只有具备作案时间的人才可能成为犯罪嫌疑人。为了正确运用时间条件去审查嫌疑对象，必须在确实可靠的事实基础上，进行"三定"，即定时、定人、定位，查明嫌疑对象在案发这一段时间内的活动情况和所在位置。

审查时间的方法，通常采用：侧面调查；正面谈话；座谈了解；查询记录（出勤卡、出差报销单、生产活动记录等）；也可以查询其消费记录、上网记录、交通记录等。通过查证，把特定的人同特定的时间及特定的地点统一起来，从而确定嫌疑上升还是趋向否定。

（二）因素条件

因素条件是构成犯罪的主观条件。任何故意犯罪行为，总是受一定的犯罪动机所支配。犯罪心理产生犯罪行为，犯罪行为产生犯罪结果，这是一条必然规

律。无论犯罪行为是由于犯罪人的品德恶劣、私欲膨胀、道德败坏和经济窘迫等原因，还是受外界某些客观因素的影响，或与他人发生某些利害冲突，都可能促使犯罪动机产生。

审查嫌疑对象有无作案因素，要根据不同案件的具体实际而定，通过有关组织和群众对嫌疑人的政治思想、道德品质、生活作风、经济状况、工作表现等有关情况进行深入细致的调查研究，判断有无作案因素。如对盗窃案件的嫌疑对象，主要审查：经济上是否有特殊需要；生活上有无腐化行为；有无赌博活动；道德品质如何；历史上有无劣迹或犯罪前科；现实表现如何；平时与哪些人交往；经济上是否反常；是否昼伏夜出、行迹诡异；等等。但在审查有无作案因素时，不能被一些表面现象迷惑，要善于透过现象看本质。

（三）证据条件

犯罪证据是犯罪行为本身所形成的客观事实。犯罪嫌疑人只要实施犯罪，就必然会留下一定的证据。作案前的踩点、窥测、预谋策划，作案中的行为活动，作案后的销赃毁证、反常现象等，必然会在一定范围内有所暴露。不管犯罪嫌疑人如何狡猾，总有一些他自身不能克服的矛盾：一是主观上逃避侦查的企图与犯罪行为产生的客观变化，留下侦查线索的矛盾；二是犯罪行为的隐蔽性与危害结果的公开暴露性的矛盾；三是犯罪嫌疑人的自我心理控制与做贼心虚、言行反常的矛盾。这些矛盾，正是我们侦查部门揭露、证实犯罪可以利用的条件。证据是证实犯罪、揭露犯罪人的主要依据。因此，侦查工作中肯定或否定嫌疑都必须要有证据。

审查证据主要从以下几个方面进行：其一，审查证据与案件的内在联系；其二，审查证据之间有无矛盾；其三，审查证据的来源是否可靠，提取及鉴定的方法是否科学；其四，审查证据在侦查中的价值。

上述三要素不是孤立的，而是互相联系，不可分割的整体，因此，要把时间、因素、证据三方面有机地联系起来，进行综合判断。凡具有这三个条件的，都应列为重大嫌疑对象。当然，在侦查启动阶段，由于种种原因，这三个条件常常难以在一名嫌疑对象身上同时得到查证确定，例如，查明了具有作案时间和因素，但暂时未能取到证据；具有作案因素和部分间接证据，而是否具有作案时间暂时未查清；具有部分犯罪证据，而作案时间和因素条件暂时未查清；等等，但凡具有这些情形的，原则上都应列为重大嫌疑对象，进行重点侦查。

二、综合运用侦查措施收集犯罪证据

在重点嫌疑对象突出以后,侦查工作中敌我双方的态势发生了根本性的变化,犯罪嫌疑对象已从暗处被推到了明处,处于孤立、被动的境地。而侦查工作可以集中优势力量,有针对性地采取各种侦查措施,获取犯罪证据,揭露、证实犯罪。

(一)严密控制犯罪嫌疑对象

众所周知,任何犯罪行为人都不会轻易地缴械投降。当侦查对象逐步明朗化时,犯罪行为人常常会千方百计地掩盖罪责、逃避侦查,施展各种反侦查伎俩,负隅顽抗。有的故作镇静、积极伪装,主动向侦查人员反映情况,提供线索,以此干扰侦查;有的疑神疑鬼,到处打探消息,言行上显得反常;有的采用小恩小惠的方法拉拢群众,唆使他人作伪证,妄图割断其与案件的联系;有的自知罪行即将暴露,干脆一走了之,潜逃隐匿;有的团伙成员相互联络,进行串供,共同商量对付侦查的方法;有的情知不妙,立即销毁罪证,转移赃款赃物,或抛出赃款赃物;有的自以为作案手段高明,侦查工作经过一段时间后并未破案,就得意忘形,再次实施犯罪活动;也有个别的自知法网难逃,便铤而走险,制造恶性案件,伤害无辜,将矛头指向社会。因此,严密地控制犯罪嫌疑对象,一方面可以掌握嫌疑对象的行为动态,分析其心理活动,预测其可能进行的活动,进而采取对策,掌握侦查的主动权;另一方面,可以防止嫌疑对象逃跑和实施新的犯罪活动。

对犯罪嫌疑对象的控制,要紧紧依靠所在地各级党政组织和群众的支持,充分发挥基层公安、保安组织的作用,同时,也要运用一些专门手段,如外线监控、视频监控、内线侦查、侦听、监视等,公开与秘密相结合,严密控制,为侦查取证创造条件。

(二)综合运用侦查措施,获取证据

在有效控制侦查对象的基础上,根据具体案情,认真研究侦查对象的特点和弱点,选准突破口,灵活运用各种侦查措施,获取犯罪证据,为破案做好充分的准备。由于刑事案件种类繁多,性质各异,侦查对象的特点不同,所要获取的证据也千差万别,因此,在什么情况下采取何种措施,没有一个固定的模式,必须因案因人而异,在国家法律允许的范围内和遵守侦查工作原则的前提下,灵活运用各种侦查措施。一般情况下,根据案件实际情况,先组合运用常规侦查措施侦查取证。在常规侦查措施难以取证的情况下,可采用特殊侦查措施取证。

通常使用的特殊侦查措施和手段主要有以下几种：

1. 辨认。某些案件中的犯罪行为人在作案过程中人身形象有明显的暴露，如强奸案、抢劫案、传统诈骗案等，被害人与犯罪行为人有过正面的接触，对犯罪人的体貌特征有较深刻的记忆，或者有时犯罪行为人的作案过程被周围群众目睹，群众对犯罪人的特征记忆犹新，在这种情况下，可以采取辨认的措施，组织被害人、目睹人，运用守点辨认、化装辨认、窥视辨认、照片辨认等多种形式，确定侦查对象是否为作案人。为保证辨认结论的可靠性、准确性，在辨认时要将被辨认人进行混杂陪衬，参加辨认的人必须单人进行辨认。同时，辨认结论还需得到其他证据材料的印证，才能作为确认或否定犯罪嫌疑的依据。

2. 密搜密取。某些案件中的侦查对象的犯罪嫌疑突出，各方面的情况显示其住处或工作场所极有可能隐藏赃物罪证或极有可能是杀人第一现场、碎尸现场时，应创造条件，进行秘密搜查，获取犯罪证据。某些案件，在现场勘查过程中提取到具有鉴定价值的痕迹、物证，如手印、鞋印、笔迹、血迹、毛发等，应进行侦查设计，创造十分自然的取证条件，如填表格、体检等，在嫌疑对象不知不觉中密取侦查对象的检验样本，进行技术鉴定，确认或否定嫌疑。但密搜密取一定要掌握政策，精心设计，做到万无一失。

3. 跟踪监视。某些案件发生以后，侦查对象活动频繁，有明显的反常表现，为防止侦查对象进行转移、变卖赃物、销毁罪证，或为了扩大侦查线索，发现犯罪同伙，或为了防止侦查对象逃跑、行凶、继续作案等，应采取跟踪手段，监视侦查对象的外部活动情况，伺机获取证据，必要时可进行24小时全天候的监视，严密控制。但跟踪手段和方式须选准时机，不可长期单一使用，如案情需要，可间断进行。如果一旦决定使用，应步跟、车跟及建点监视、视频监控、网络监控、通讯监控紧密配合，力争在短时间内发现情况，获取证据，打速决战。

4. 密捕突审。对于团伙犯罪案件，为搞清内幕情况，掌握主要犯罪事实，以便将犯罪成员一网打尽，应对视线范围内的侦查对象进行全面的分析研究，选择罪行较轻、知情较多、又便于我们控制的对象进行密捕并突击审讯，通过政策教育、法律教育和有的放矢的讯问策略，迫使侦查对象在短时间内如实供述，检举揭发他人，为破获全案打下良好的基础。但使用密捕手段时，必须做好充分的准备，周密筹划，全面掌握侦查对象的情况，抓住弱点，使密捕有依据，并且要有一举突破的信心。同时要考虑到，万一不能突破，要有合情合理的退路，并且不能暴露我们的侦查意图，做到进退自如，牢牢掌握侦查的主动权。

5. 守候伏击。有些案件中，犯罪行为人的作案规律具有特定性，如作案地点集中在某一处或某几处，或相对较小的区域，或侵犯对象指向特定的人等，而在对侦查对象通过常规方法的调查难以获取证据的情况下，可以针对侦查对象的活动规律，采取跟踪监视与预伏守候相结合的方法，在侦查对象继续作案时，将其现场抓获，通过审讯，破获积案。

6. 特情侦查。对于重特大刑事案件的侦查对象，当某些问题运用其他侦查措施和手段难以查清时，可以物色选建专案特情，设法贴靠侦查对象，实施内线侦查，发现线索，获取证据。但在选用专案特情进行侦查时，要特别注意：①选准对象，事先要做好充分的调查，摸清底细，选择既有贴靠与获得侦查对象信任的条件，又有一定的活动能力，且具有为侦查工作服务的愿望或具有控制使用条件的人；②周密计划，正确指挥。要根据案情、侦查对象的特点及侦查的进程，精心设计特情侦查的方案和谋略，循序渐进，逐步深入，做到既积极又稳妥；③保护特情。在指挥特情侦查的过程中，既要积极侦查，想方设法获取线索和证据，又要注意在侦查的各个环节上保护特情的安全。

在综合运用侦查措施，获取证据的过程中，要注意各种措施的相互配合，对获取的材料要相互印证。采取秘密侦查措施获取的证据材料，应根据刑事诉讼法规定的程序取证，及时转换成公开的证据；对采用公开侦查措施获取的证据，在条件允许的情况下，应采取秘密侦查措施加以核实和印证。

三、缉捕犯罪嫌疑人

通过各种侦查措施收集证据，确定了案件的犯罪嫌疑人后，要及时对犯罪嫌疑人进行缉捕，防止其逃跑、毁灭证据或继续犯罪。

（一）对尚未逃跑的犯罪嫌疑人的缉捕

犯罪嫌疑人尚未逃跑的，要根据犯罪人的人数、活动情况、落脚点等制定缉捕方案、策略，防止打草惊蛇，要做好人员分工与配合，争取一举抓获全部犯罪嫌疑人。

（二）对已潜逃的犯罪嫌疑人的缉捕

对漏网或已潜逃的犯罪嫌疑人，要及时展开追捕。如果未来得及远逃的，要及时追击、堵截；对已经远逃的，要及时寻找其踪迹，充分利用现代信息技术和手段、运用秘密力量布控，进行追踪，通过网上追逃、通缉等多种措施，发现并缉捕犯罪嫌疑人归案。当然，也可通过做其亲属工作，规劝其投案自首。

第五节 预审

一、预审的概念和任务

（一）预审的概念

预审是指侦查机关经过侦查，对有证据证明有犯罪事实的案件，通过讯问和其他侦查措施，审查核实证据，查明案件全部事实真相，对案件作出移送起诉或其他处理的决定，以终结侦查程序的活动。预审是侦查阶段的重要环节。预审的含义包括以下几个方面：

1. 预审的性质和主体。预审是侦查程序的重要组成部分，对于核实证据，查清案件全部事实真相，保障诉讼活动的正常进行具有重要的意义。预审的主体是依法具有侦查权的机关的专门人员。

2. 预审的对象。预审的对象具有一定的特殊性，是经过前期侦查，有证据证明的刑事案件。具体来讲，预审的对象应具备以下条件：一是经过前期侦查，有证据证明有犯罪事实；二是有证据证明犯罪事实是犯罪嫌疑人实施的，并且一般情况下犯罪嫌疑人已归案；三是依法应当追究犯罪嫌疑人的刑事责任。

3. 预审的方法、目的。预审的目的是通过讯问和采取其他侦查取证措施对前期侦查收集的证据进行审核，在此基础上，进一步查明全部案件事实真相，以决定将案件移送起诉或撤销案件。

4. 预审的诉讼功能。通过预审，最终终结案件的侦查程序。从侦查程序的角度看，预审是前期侦查的继续和深化；从诉讼的角度看，预审是对公安侦查的案件进行"预备性审理"，发挥审查和把关的作用，提高侦查的质量，使刑事案件达到诉讼的要求，实现侦查和起诉、审判程序的衔接，保障诉讼顺利进行。

（二）预审工作的任务

1. 及时、准确地查明案件的全部事实。进入预审的案件，是经过前期侦查，有证据证明有犯罪事实的案件。也就是说，犯罪案件是犯罪嫌疑人实施的，犯罪嫌疑人现已归案。虽然前期侦查收集了犯罪嫌疑人犯罪的主要证据，但并未查清案件全部事实，还有待进一步查证。预审人员在对已查获的证据审核的基础上，对案件进行研判，抓紧时机对犯罪嫌疑人进行讯问，采取针对性的侦查措施收集其他证据，进一步全面收集证明案件事实的证据，同时也要收集与量刑有关的证据，查明案件全部事实。

查明案件事实不仅要迅速及时，而且要准确，注重案件有关细节，对案件发生、发展及结果中每一过程涉及的证据材料都要客观、详尽地收集、查明，注意他们之间的关联性。这对准确查明案情、准确定性都具有非常重要的作用。如有的案件可能涉及的罪名相近，也有的可能是正当防卫、紧急避险、不可抗力等，最后案件性质的准确认定，完全依靠查明的案件事实、收集的证据支撑。

2. 深挖犯罪，扩大成果。预审工作，不仅要审核前期侦查工作发现的犯罪证据材料，查明全部犯罪事实，而且还要通过预审工作追查犯罪嫌疑人的同案犯和其他犯罪活动，追清犯罪嫌疑人知道的犯罪线索，查破积案和隐案，扩大侦查成果。积案是指公安机关已立案而未破获的案件；隐案是指犯罪事实已经发生，但由于被害人已死亡或未报案等原因，还未被公安机关掌握的案件。深挖犯罪是预审工作中一项紧迫而艰巨的任务。

经过前期侦查，在共同犯罪中，归案的犯罪嫌疑人的同伙有一部分还未归案，有的隐藏得很深，还在继续犯罪，有极大的社会危害性；有的犯罪人除了这次被发现的犯罪外，还隐藏着未被发现的犯罪，心怀侥幸。除此之外，犯罪嫌疑人还可能和其他犯罪人有联系，知道其他一些人的犯罪情况。由于前期侦查不能公开接触犯罪嫌疑人，是背靠背的侦查，导致各种条件的限制，未能发现其他犯罪或无法查清楚，还需要在预审工作中完成，这是一项艰巨的工作。

3. 保障无罪的人不受刑事追究。保障无罪的人不受刑事追究，是我国《刑事诉讼法》第2条规定的重要内容，《公安机关办理刑事案件程序规定》第2条也作了规定，这是保障公民合法权利的重要体现。预审作为侦查的最后一个阶段，对侦查的刑事案件起着审查、把关的作用，代表公安机关提出是否将案件移送检察院起诉还是将案件进行其他处理的意见。侦查的案件也有可能没有犯罪事实发生，存在某些不追究或免除刑事责任的情形等，这就需要预审工作准确查明全部案件事实，作出正确处理，保障无罪的人不受刑事追究。

4. 审查完善证据。依据我国《刑事诉讼法》第116条的规定："公安机关经过侦查，对有证据证明有犯罪事实的案件，应当进行预审，对收集、调取的证据材料予以核实。"据此规定，预审阶段审查完善证据是侦查工作的重要任务。

预审阶段，对前期侦查收集到的证据材料要进行核实，对每一个证据的真实性、合法性和证明力都要审查，分析各证据之间是否存在矛盾，现有证据是否达到确实、充分。然后对有关证据查缺补漏，有针对性地采取侦查措施，进一步收集相关证据，对非法证据依法予以排除，最终使案件证据达到确实、充分。

二、预审工作的一般方法

（一）对前期侦查案件研判，找到预审的工作方向和相应对策

预审人员首先要对前期的侦查案件材料进行全面审阅，了解案情和侦查情况，了解证据材料收集情况，明确下一步调查工作和收集证据的方向；对犯罪嫌疑人的特点、案件类型、作案手段、方法进行研究，判断犯罪嫌疑人作案规律，找到讯问的切入点和深挖余罪的侦查措施。

（二）讯问犯罪嫌疑人

讯问犯罪嫌疑人是指侦查人员依照法定程序以言词方式向犯罪嫌疑人查问案件事实和其他与案件有关的情况的一种侦查行为。讯问犯罪嫌疑人是预审的重要环节，犯罪嫌疑人一般是案件的亲历者，对犯罪的过程最为清楚。预审人员通过讯问犯罪嫌疑人，查明案件性质、发生的时间、地点、动机、作案工具、作案人数、作案过程、造成的危害结果等事实，和前期侦查收集的证据相印证，分析是否存在矛盾，犯罪嫌疑人交代的犯罪过程是否和现场勘查相一致，如果不一致，要进一步调查。通过讯问及时去取证，完善案件证据链，准确地查明案件全部事实真相。讯问过程也是斗智斗勇的过程，预审人员通过适当出示证据、利用矛盾、政策教育等方法瓦解犯罪人的对抗心理，使其自愿陈述。

在预审中对可能有余罪或知道其他犯罪的犯罪嫌疑人进一步审讯，深挖犯罪。深挖犯罪一般从两方面研判：一方面，根据犯罪嫌疑人、犯罪团伙的生活状况、地缘、血缘关系，随身携带物品特点，判断其作案是否有职业性、习惯性、系列性等；另一方面，根据犯罪嫌疑人涉案的类型、作案的时间、地点选择、侵害的目标选择、作案的手法判断其是否有隐案、积案。对研判有可能有积案、隐案的犯罪嫌疑人审讯时，一是要注意观察其反应，结合外围调查情况，深入审讯；二是利用公安信息化平台，快速查询、比对有关犯罪信息，掌握相关讯息后，有针对性地讯问；三是通过同案犯供述的差异和矛盾，深入追查，扩大侦查战果。当然，并非所有犯罪嫌疑人都有余罪，深挖犯罪要本着客观的判断、科学的分析态度进行。

（三）运用其他侦查措施收集证据

预审中，既要及时讯问犯罪嫌疑人，也要综合运用各种调查措施收集证据，全面查明案件事实真相，使案件达到事实清楚、证据确实充分的程度。预审中查证的措施主要有询问证人、被害人，勘验、检查，侦查实验，搜查、扣押、鉴

定、辨认、技术侦查等。

1. 询问证人、被害人。预审中,不仅要对前期侦查阶段所作的陈述进行核实,而且要深入询问有关事实、情节的详细情况。为查清案件全部事实真相,排除案件中的矛盾、疑点,还需要寻找新的证人,查证案情。

2. 勘验、检查。预审中,发现新的犯罪线索或情况,需要勘验、检查的,要及时勘验、检查,收集证据。侦查过程往往涉及案件现场的复析,需要对现场再次进行勘验、检查,对案件再认识。

3. 侦查实验。预审中,为验证案件中某些事实情节是否可能发生,是如何发生的,或者为印证犯罪嫌疑人供述、被害人陈述、证人证言中的某些事实是否真实,可通过侦查实验验证。对已实施过的侦查实验结果有疑问的,也可重新进行侦查实验。

4. 搜查、扣押。预审中,根据犯罪嫌疑人的交代或查证,需要对犯罪有关的物品、场所、人身搜查的,要经批准后及时搜查,对有关犯罪物品需扣押的,要制作扣押清单,依法扣押。

5. 司法鉴定。需要解决案件中某些专门性问题时,应当指派、聘请有专门知识的人进行鉴定。预审中的司法鉴定,主要是指对新发现的需要进行检验鉴定的专门性问题或事项,或者发现了新情况需要补充鉴定或者具有重新进行鉴定的事由,需要重新鉴定。

6. 辨认。为证实犯罪嫌疑人或者某物、某场所与案件确实存在联系,可以对需要辨认的人、物或场所组织辨认。

7. 技术侦查措施。为了查清犯罪嫌疑人及其同伙的关系,所涉的犯罪事实,有时需要采取技术侦查措施,查清犯罪嫌疑人及其同伙的犯罪轨迹,犯罪的具体组织结构,犯罪人在犯罪中的地位、作用等。

(四)审查判断证据

审查判断证据,主要是指侦查人员对收集到的证据材料进行分析、鉴别,确定其是否客观真实,与案件事实具有何种客观联系,是否属于合法证据,以确定其是否能够证明案件全部事实的活动。

1. 审查判断证据是否真实、客观。作为案件证据的客观物质痕迹和主观知觉都是已发生的案件事实的客观遗留和客观反映,是不以人的主观意志为转移的客观存在。客观性要求证据所反映或包含的内容真实可靠,符合实际情况,并经得起经验和逻辑的验证,具体表现为以下两个方面:一是作为证据有自己存在的客观形式,并且这种形式能为人的认识所感知到;二是证据所反映的案件事实必须是客观真实的,是不以人的意志为转移的。

2. 审查判断证据与待证事实之间的关联性。关联性是指证据必须与案件事实有实质性联系并对案件事实有证明作用,它是案件事实作用于客观世界以及有关人员的主观知觉所产生的。此属性表明证据事实同案件事实之间的联系是客观的,而不是办案人员的主观想象和强加的联系。预审中要审查收集的证据对待证事实是否具有证明力,对同一待证事实是否用尽了所有取证手段揭示其关联性,如对无名尸体,除了亲属辨认外,还要对尸体进行 DNA 鉴定,从不同方面揭示印证其关联性,防止片面关联导致错案。在审查中,既要重视证明有罪、罪重的证据,又要重视无罪、罪轻的证据,对证据与其待证事实进行全面审查。

3. 审查判断证据的合法性。合法性是指一定的证据材料是否符合法律规定的采证标准。审查判断证据的合法性是审查判断收集证据的主体是否合法,收集证据的形式、程序、方法是否合法。如果证据来源不合法,违背法定程序或法律手续不完备,收集的证据有的就需要依法补正,有的就必须依法予以排除,不能作为证据使用。

4. 审查判断全案证据是否具有一致性。除了对每一个体证据审查判断外,还要对全案证据予以审查,判断其是否具有一致性。分析各证据之间有无矛盾,证明方向是否一致,只有各证据间能互相补充、互相印证,符合案件发生、发展的客观规律,证据和案件事实协调一致,才能查明全部案件事实。

5. 审查证据是否充分。就是要审查所收集的证据能否充分证明案件事实的构成要素,是否有足够证据证明本案事实;是否有充分证据证明此案是该犯罪嫌疑人所实施的。如果不能达到充分的程度,就需要进一步收集补充相关证据。

第六节 侦查终结、撤销案件和终止侦查

一、侦查终结

(一)侦查终结的概念

侦查终结是侦查工作的终止和结束。它是侦查的最后一道工作,是刑事诉讼的程序之一。侦查终结是指公安机关经一系列侦查活动后,认为已查明有关案件事实,证据确实充分,依法足以认定犯罪嫌疑人和所涉罪名并应当对其追究刑事

责任，决定结束侦查，依法对案件提出处理意见的一项诉讼活动。

（二）侦查终结的条件

1. 案件事实清楚。案件事实主要是指行为人实施犯罪的事实、情节和没有实施犯罪的事实、情节。行为人实施犯罪的事实、情节，包括经过侦查已查明行为人构成犯罪的事实、情节和与定罪量刑有关的事实、情节。犯罪事实、情节清楚，不仅要求查明犯罪嫌疑人，而且对其犯罪的时间、地点、手段、过程，犯罪的动机、目的和危害后果都要查清。与定罪量刑有关的事实、情节，主要是指犯罪嫌疑人是偶犯或惯犯，还是累犯，以及在共同犯罪中所处的地位，是主犯还是从犯等。对没有实施犯罪或者不应追究刑事责任的事实和情节，也应当查清楚，及时终止侦查。

2. 证据确实、充分。这是侦查终结的重要条件。证据确实是指认定的案件事实都有证据证明；认定案件事实的证据均经法定程序查证属实；综合全案证据，对所认定的事实已排除合理怀疑。证明案件事实、情节的证据，都要经过法定程序查证属实，准确无误，科学可靠，经得起时间和实践的考验，每一份证据都对其客观性、合法性、关联性进行了查证。证据充分是指证明犯罪事实、情节的所有证据，协调一致，能形成完整的证据体系，且具有唯一性和排他性。

3. 犯罪性质和罪名认定准确。犯罪性质是指犯罪人的犯罪行为是属何类、何种罪的根本属性。犯罪性质认定正确与否，直接关系着犯罪人处罚轻与重的问题，必须依照刑法规定予以正确认定。罪名是指根据刑法对某一犯罪行为所规定的名称。正确认定罪名，对于划清罪与非罪，此罪与彼罪的界限，正确定罪量刑都有重要意义。

4. 法律手续完备。侦查终结时，要求各种法律手续和制作的法律文书必须齐全、完整，并符合刑事诉讼法的要求。法律手续主要包括：立案手续、勘查、检查、扣押、拘留、逮捕、询问、讯问、鉴定等的批准、执行手续及各种法律文书。法律手续是否完备，直接反映了办案的质量问题，关系到侦查活动的各个环节是否合法的问题；关系到侦查取证是否合法，是否符合证据的形式要件和实质要件，在审查起诉和审判程序中，是否经得起审查和质证。因此，侦查终结时，一定要做到法律手续完备，如果不完备，要及时补充。

5. 依法应当追究刑事责任。根据已查明的犯罪事实，结合刑法有关犯罪构成要件的规定，应当追究犯罪嫌疑人的刑事责任。

以上五个条件是彼此相关、紧密联系的，必须同时具备上述条件，才能终结侦查。

(三) 侦查终结的程序

根据我国《刑事诉讼法》和《公安机关办理刑事案件程序规定》，侦查终结应当遵循以下程序：

1. 制作侦查终结结案报告。侦查终结的案件，侦查人员应当制作结案报告。结案报告应当包括以下内容：

(1) 犯罪嫌疑人的基本情况；

(2) 是否采取了强制措施及其理由；

(3) 案件的事实和证据；

(4) 法律依据和处理意见。

2. 侦查终结的批准。侦查终结案件的处理，由县级以上公安机关负责人批准；重大、复杂、疑难的案件应当经过集体讨论。

3. 装订立卷。侦查终结后，应当将全部案卷材料按照要求装订立卷。向人民检察院移送案件时，只移送诉讼卷，侦查卷由公安机关存档备查。

4. 移送检察院审查起诉。对于犯罪事实、情节清楚，证据确实充分，犯罪性质和罪名认定正确，依法应当追究刑事责任的，应当制作起诉意见书，经县(市) 以上公安机关负责人批准，连同案卷材料、证据一并移送同级人民检察院审查决定；同时将案件移送情况告知犯罪嫌疑人及其辩护律师。犯罪嫌疑人自愿认罪的，应当记录在案，随案移送，并在起诉意见书中写明有关情况。

共同犯罪案件的起诉意见书，应当写明每个犯罪嫌疑人在共同犯罪中的地位、作用、具体罪责和认罪态度，并分别提出处理意见。

被害人提出附带民事诉讼的，应当记录在案；移送审查起诉时，应当在起诉意见书末页注明。

5. 对查封、扣押的犯罪嫌疑人的财物的处理。对查封、扣押的犯罪嫌疑人的财物及其孳息、文件或者冻结的财产，作为证据使用的，应当随案移送，并制作随案移送清单一式两份，一份留存，一份交人民检察院。

对于实物不宜移送的，应当将其清单、照片或者其他证明文件随案移送。待人民法院作出生效判决后，按照人民法院的通知，上缴国库或者依法予以返还，并向人民法院送交回执。人民法院未作出处理的，应当征求人民法院意见，并根据人民法院的决定依法作出处理。

二、撤销案件和终止侦查

（一）撤销案件的概念和条件

《刑事诉讼法》第 163 条规定："在侦查过程中，发现不应对犯罪嫌疑人追究刑事责任的，应当撤销案件；犯罪嫌疑人已被逮捕的，应当立即释放，发给释放证明，并且通知原批准逮捕的人民检察院。"

撤销案件是指侦查机关对立案侦查的案件，在侦查中发现不存在犯罪事实或具有某种法定情形，而主动终结案件侦查的诉讼行为。侦查也是一种认识活动，随着侦查的深入，发现原来认为的犯罪事实不存在或不应当追究刑事责任，赖以立案的条件发生改变而不应当立案，就应及时撤销案件，将被追诉的犯罪嫌疑人及时从诉讼中解脱出来，免受不必要的追究，也可以防止司法资源浪费，体现刑事诉讼的公正和效率价值。

根据《公安机关办理刑事案件程序规定》之规定，经过侦查，发现具有下列情形之一的，应当撤销案件：

1. 没有犯罪事实的；
2. 情节显著轻微、危害不大，不认为是犯罪的；
3. 犯罪已过追诉时效限制的；
4. 经特赦令免除刑罚的；
5. 犯罪嫌疑人死亡的；
6. 其他依法不追究刑事责任的。

（二）终止侦查

1. 终止侦查的概念。终止侦查是指经过侦查，发现本案的犯罪事实不是原确定的犯罪嫌疑人所为，应当对该犯罪嫌疑人结束侦查。

《公安机关办理刑事案件程序规定》第 183 条第 2 款："对于经过侦查，发现有犯罪事实需要追究刑事责任，但不是被立案侦查的犯罪嫌疑人实施的，或者共同犯罪案件中部分犯罪嫌疑人不够刑事处罚的，应当对有关犯罪嫌疑人终止侦查，并对该案件继续侦查。"终止侦查将案件中原确定的犯罪嫌疑人排除嫌疑，终结对其侦查，但案件继续侦查。

2. 终止侦查的情形。

（1）犯罪嫌疑人未实施犯罪行为。经过立案侦查，发现确定的犯罪嫌疑人并未实施被指控的犯罪，应及时对其结束侦查，使其免受追究。但该犯罪案件确实存在犯罪事实，需要追究刑事责任的，还需继续侦查。

（2）共同犯罪案件中，部分犯罪嫌疑人不够刑事处罚的。这主要指共同犯罪中，存在某些犯罪嫌疑人情节显著轻微，不需要追究刑事责任的情形而停止侦查。但该案件和其他犯罪嫌疑人继续侦查。如果是单独犯罪案件，嫌疑人不够刑事处罚的，则撤销案件。

（三）撤销案件和终止侦查的程序

1. 呈报和批准。需要撤销案件或者对犯罪嫌疑人终止侦查的，办案部门应当制作撤销案件或者对犯罪嫌疑人终止侦查的报告书，报县级以上公安机关负责人批准。

2. 送达和告知。公安机关作出撤销案件决定后，应当在3日以内告知原犯罪嫌疑人、被害人或者其近亲属、法定代理人以及将案件移送机关。公安机关作出终止侦查决定后，应当在3日以内告知原犯罪嫌疑人。

3. 释放在押犯罪嫌疑人。公安机关决定撤销案件或者对犯罪嫌疑人终止侦查时，原犯罪嫌疑人在押的，应当立即释放，发给释放证明书。原犯罪嫌疑人被逮捕的，应当通知原批准逮捕的人民检察院。对原犯罪嫌疑人采取其他强制措施的，应当立即解除强制措施；需要行政处理的，依法予以处理或者移交有关部门。

4. 对查封、扣押的财物及其孳息、文件，或者冻结的财产，除按照法律和有关规定另行处理的以外，应当解除查封、扣押、冻结。

需要撤销案件的，办案部门应当制作撤销案件报告书，报县级以上公安机关负责人批准。公安机关决定撤销案件时，原犯罪嫌疑人在押的，应当立即释放，发给释放证明书。原犯罪嫌疑人被逮捕的，应当通知原批准逮捕的人民检察院。对原犯罪嫌疑人采取其他强制措施的，应当立即解除强制措施；需要行政处理的，依法予以处理或者移交有关部门。

（四）重新启动侦查程序

公安机关撤销案件以后又发现新的事实或者证据，认为有犯罪事实需要追究刑事责任的，应当重新立案侦查。

对于犯罪嫌疑人终止侦查后又发现新的事实或者证据，认为有犯罪事实需要追究刑事责任的，应当继续侦查。

第三章 杀人案件的侦查

第一节 杀人案件的概念和特点

一、杀人案件的概念

杀人案件是指故意非法剥夺他人生命的案件,是严重侵犯公民人身权利的重大刑事犯罪行为,杀人案件往往还同时伴有盗窃、抢劫、强奸、诈骗等犯罪行为,杀人案件手段残忍,性质恶劣,后果严重,对我国社会治安秩序和公民生命财产具有极大的危害性。

二、杀人案件的特点

(一) 多有预谋

实施杀人犯罪行为之前,犯罪人为迅速达到犯罪目的,保全自己,一般都有较长时间的准备和策划过程。

1. 确定杀害对象,选择接近被害人的方式。犯罪人依据其目的和动机物色侵害对象并选择接近被害人的最方便可靠的方式,通常包括:暗中尾随被害人伺机作案;秘密潜入被害人房间;提前潜伏于预定的杀人场所;以欺骗的手段进入或者强行侵入被害人所在的房间;等等。虽然这些活动是秘密进行的,但也会暴露犯罪人的一些蛛丝马迹。

2. 策划杀人的手段、方法。犯罪人往往根据实施杀人犯罪活动的当时、当地的有关情况,被害人各方面的具体特点和他自己所具备的、可以运用于杀人犯罪活动的知识、技能和其他有关条件,悉心选择杀人手段并尽全力付诸实施。

3. 准备杀人的杀人凶器。犯罪人用于杀人犯罪行为的凶器,通常有:犯罪人在日常生活、工作中使用的工具;作案前专门借来、买来或偷来的工具;现场附近或前往现场的途中就地取得的；等等。

4. 选择杀人的时机和地点。犯罪人在实施杀人犯罪行为之前，往往要对被害人的起居等生活规律暗中进行窥测，或者利用其和被害人的特殊关系，对被害人各方面有关情况进行了解、掌握，从而选择和确定对实施杀人犯罪行为最为有利、恰当的时机和地点，以使其犯罪活动进行得更加隐蔽顺利。

（二）多有尸伤可验

杀人案件多有尸伤可验，通过对尸体和伤痕的检验，可判断死亡的原因、性质和案件性质；死者的性别、年龄、体貌特点等个性特征；推断被害人死亡时间；推断作案地点；判断杀人工具和手段；分析杀人过程和动机；等等，为发现案件线索及确定侦查方向提供客观依据。

（三）多有因果关系可查

一般情况下，犯罪嫌疑人实施犯罪，均有其动机、原因，动机不同，杀人案件的案情性质就不同。案情性质就不同，则会形成具有不同特点的杀人现场。根据杀人现场不同的具体形态，可分析、判断、确定杀人案件的案情性质，进而可判断杀人的动机、凶犯与被害人之间的因果关系，正确划定侦查范围。常见的杀人动机有私仇杀人、报复杀人、谋财杀人、奸情杀人、婚姻恋爱杀人、家庭纠纷杀人等。

（四）现场遗留的痕迹、物证较多

杀人案件的犯罪人在现场出入口、中心现场及逃离路线上都会留下一定痕迹物证。这是因为犯罪人必须采取一定的方式接近被害人或其住所，在袭击被害人之前往往要进行一定的周旋，遭到被害人的竭力反抗，因此会留下较多的足迹或其他印迹以及被害人撕扯下来的钮扣、头发等遗留物品；有时在作案过程中还伴有抢劫、强奸等犯罪活动，会留下除抵抗、搏斗痕迹之外的破坏工具痕迹、翻动痕迹以及毛发、精斑等痕迹物证。有的犯罪人有比较强的反侦查意识，为逃避打击，往往作案后对案件现场进行伪装，又会留下新的痕迹。此外，由于犯罪人作案时高度紧张，在作案或逃跑过程中有时会留下自身携带的物品，或留下移尸工具、痕迹等。

第二节 杀人案件现场勘查的重点

一、杀人案件现场的实地勘查

杀人案件现场应当以尸体为中心展开全面勘验。

（一）对尸体的勘验

1. 观察、研究尸体的状态与现场痕迹、物品的关系。对尸体躺卧的位置、姿势、四肢状态详细勘验，仔细观察研究。尸体在现场处于什么位置，尸体和其周围物体、痕迹之间的位置关系，应仔细勘验并准确测量和记录；尸体的具体形态，四肢屈伸状况，有无挣扎、搏斗迹象和反常情况，均要细致勘验。

2. 检验死者的衣着状况、鞋帽特征及附着物。此项检查应当按照从上到下、从前到后、从外到内的顺序进行。在检查过程中应当注意观察衣着的数量、质料、颜色、规格、款式、新旧程度、各层衣着内外的异物、异迹、异态及其分布位置、形状、颜色和面积，以分析判断死者的身份、职业、职务、爱好、生前的活动过程和死亡的经过以及作案人的犯罪动机。

3. 检验死者生理、病理的一般状况和尸体变化。死者生理、病理的一般状况主要是指其身高、体态、有无畸形、疾病及特殊标志等，对于女性受害人，要注意检查其是否被强奸并收集相关证据。注意测量尸温、观察尸僵的部位和程度、尸斑的部位、颜色和程度、尸体腐败的程度等。

4. 检验尸体外部伤痕。会同法医和技术人员对尸体的伤痕、伤势以及尸体现象进行全面、细致的检查。详细查明伤痕的部位、数量、形状、长宽深度，以及是几种凶器形成的伤痕。注意区分生前伤和死后伤，注意发现尸体上的细小伤痕和针眼。必要时应当由法医按照有关规定进行尸体解剖检验。

5. 检查身体的隐蔽部位有无异物，有无反常现象。检查尸体的隐蔽部位如毛发内、口腔、鼻腔、耳道、腋下、阴部、指甲缝内等有无异物，这有助于分析、推断死者的死亡原因、被害经过和案件性质，甚至为侦查提供明确的侦查方向和范围。

（二）详细勘验现场的血迹

对于室内杀人现场，应将墙壁、地面、被褥、凶器、家具、陈设以及其他与犯罪活动有关或可能有关的部位或物品作为重点，注意发现陈旧血迹。对于室外现场，应注意发现尸体周围的砖石、棍棒、树叶、花草上是否有血迹。在现场勘查血迹时注意观察、研究血迹与尸体伤痕的关系，血迹分布与死亡过程有无矛盾，有无移尸现象。

（三）勘验现场遗留的痕迹、物品和周围监控视频

注意寻找凶器并对凶器上的附着物进行提取；提取现场遗留物，认真审查其是否为犯罪嫌疑人所留，并根据其特点为案件侦查提供线索。要从犯罪人作案过程中可能接触过的客体和部位上发现并提取如手印、足迹、弹头、枪弹痕迹及交通工具等痕迹，认真研究和分析其形成的原因、时间，判明其与案件的关系，发掘痕迹中寓存的犯罪信息，为侦查提供更多的客观思考依据。同时查看、提取现场周围的监控视频，判断发案时或发案前、后的可疑迹象。

二、现场访问的重点

勘查杀人现场，主要应访问报案人、发现人、死者家属、知情人和现场周围的群众。现场访问应着重查明以下问题：

（一）案件发现过程和现场保护情况

尸体发现的时间、地点和经过；发现后是否采取了保护措施；有无人进入过现场，是否触动过现场物体；现场与周围环境有何变动。

（二）被害人情况

包括死者生前的历史、政治态度、生活作风、经济状况、社会交往关系、人缘关系及最后的行踪。

（三）与案件有关的可疑情况

案发前有无可疑人路过现场或在现场附近徘徊；发案时间内是否听到过搏斗呼救声或其他异常声响；发案后是否有可疑人从现场离去；有谁在何时何地最后看到过死者；等等。

（四）财物损失、短少情况

短少财物的种类、数量及具体特征、存放的位置和谁有可能知道财物存放情况等。

（五）及时询问被害人

如果被害人还幸存，要在医生的配合下抓住时机询问犯罪人特征、遭遇过程、犯罪人逃离的路线、方向等情况。

三、现场分析的重点

（一）对死亡事件原因的分析

1. 根据尸体外表检验和尸体解剖检验所获得的资料，同时结合现场特点和死者个人情况进行分析判断。如果经过尸体外表检验还不能判断死因或死亡性质时，还应按照有关规定，由法医进行尸体解剖检验。

2. 判明死亡性质。导致死亡的原因通常有病理性死亡、意外事故、自杀、自然死亡、他杀等。死亡性质主要根据现场环境和痕迹物品的分布、伤痕的数量、分布和特征、致伤工具的种类和性状、死者生前表现情况进行判断。死亡性质的判断是决定是否立案的依据。

（1）现场环境和痕迹物品的分布。通过研究现场环境，分析犯罪人或受害者本人有无到达、进入现场的可能；研究现场内部环境状况，分析是否是他杀；研究血迹的分布，分析是否符合他杀的特征。他杀现场一般陈设零乱，多有抵抗、搏斗迹象；死者衣着不整齐，有的衣着上留有与损伤相一致的痕迹；室内现场常有明显的进出口，箱柜有翻乱痕迹，财物有缺失，在尸体附近有非死者本人遗留的手印、足迹、毛发、气味，或者遗有死者本人根本不能实现的行为；自杀现场比较完整，无搏斗痕迹，致伤工具多失落在尸体附近，通常门窗从内关闭，现场痕迹系本人所留。

（2）伤痕的数量、分布和特征。他杀案件，伤痕可能出现在身体的任何部位，受害者四肢常有抵抗伤。如果是伪装成上吊自杀的，死者颈部勒、扼痕迹明显，或出现两种不同形状的索沟，其中一种索沟生活反映较弱，且呈马蹄形；如伪装成落水死亡，则无生前入水征象；如为掩盖杀人现场而纵火焚尸，则死者呼吸道、肺内不会出现异常现象。自杀死亡轻伤多、重伤少，大多数只有一处致命伤，伤痕较集中、方向较一致，伤痕多集中分布在死者双手能够到达的地方。

（3）致伤工具的种类和性状。犯罪嫌疑人杀人多选择攻击性较强的凶器，行凶后带走或抛到距离尸体较远的地方，自杀者多用匕首、水果刀、菜刀、剃须刀等，致伤工具多抛落于尸体近旁或血泊之中。

（4）死者生前表现情况的调查。了解死者生前有无自杀因素，自杀者一般有引起自杀的近因，如久病不愈、婚姻恋爱受挫、精神失常、迷信邪教等。这些原因往往在其亲友面前流露过，或在其生前的微博、QQ空间、微信、日记、邮件中曾流露过自杀念头，甚至留有遗书。通过询问死者亲属和检查死者上述日记、邮件等，一般即可发现这方面的因素。他杀死者没有这些自杀因素，但有被害的因果联系。

（二）对杀人时间的分析判断

由于时间具有一维性、排他性，或称不可逆转性，因而在侦查实践中，作案时间是不可毁灭的客观证据。准确地判定犯罪人实施犯罪的时间，有助于正确判定、逐步缩小侦查范围，肯定或否定嫌疑对象，印证其口供的真伪。因此，在分析杀人案件时，应最大限度地将作案时间误差缩至最小，使侦查少走弯路，工作更具有针对性，提高破案效率。分析、判断犯罪人实施犯罪活动的时间的主要依据和方法为：

1. 根据被害人死亡时间推断。在多数杀人案件中，被害人死亡时间与杀人时间是一致的，因此，判明被害人死亡时间即可确定杀人时间。死亡时间主要依据尸体现象、胃内容物消化程度、尸体上的寄生物情况进行推断。

2. 根据现场能表明时间的物品推断杀人时间。有些痕迹物品的变化和时间长短密切相关，例如，根据犯罪人遗留在现场的手印、足迹的新鲜程度；血迹、精斑的颜色及干湿程度；排泄物、呕吐物、分泌物的气味、颜色和干湿程度；现场能表明时间的车、船票、报刊；现场日历停翻、钟表停摆的情况；被害人的物品陈放情况；等等。也要根据现代人的生活方式了解被害人上网情况、微博更新、微信朋友圈动态、消费支付记录、邮件发送、通讯记录、交通记录等，判断案件发生时间。

3. 根据案发前后自然气候变化情况推断杀人时间。如现场存在着雨、雪、风、霜形成的痕迹，根据现场这些自然现象痕迹形成于案前案后的时间，判断犯罪人实施杀人犯罪行为的时间。根据室外尸体上的雨露、霜雪、粘附的灰尘等，可判定被害人遇害的大致时间。

4. 根据被害人家属和群众提供的情况推断杀人时间。如上述人员提供的被害人外出或失踪的时间；可疑人员进出现场的时间；听到枪声、爆炸声、呼救声的时间；等等。

5. 根据现场所处环境和现场附近群众的活动规律推断杀人时间。有些杀人案件的被害人，其生活规律很强，犯罪人可能根据其生活规律选择作案时间。

（三）对杀人地点的推断

杀人地点是指犯罪人实施犯罪的场所。对杀人地点的分析主要是判断发现尸体的地点是主体现场还是关联现场。如果是关联现场，还应进一步寻找主体现场。发现尸体的地点是否为主体现场，应根据尸体所处的客观环境、尸体的位置、姿势或状态及其与有关痕迹、物证的关系等来判断。如果出现下列情况，则说明是移尸现场（关联现场）。分析判断杀人地点的方法是：

（1）尸体以碎尸块状态散落于现场或被放置于包裹里，而现场没有碎尸痕迹，或现场为繁华场所，不具备杀人碎尸条件。

（2）通往发现尸体现场的道路上有滴落血迹、拖拉尸体痕迹或留有移尸工具痕迹。

（3）被害人尸体上有开放性伤口，而尸体附近没有出现应有的血泊或大量流淌血迹、喷溅血迹。

（4）被害人尸体上留有明显的挣扎、搏斗、抵抗伤痕，但尸体所在场所并无搏斗痕迹。

（5）被害人的身上沾附有或者尸体所在现场散落有与该现场物质属性不同的异常附着物（应排除附着物由其他活动造成的可能性）。

（6）被害人有被强奸迹象，而尸体所在现场没有相应的躺卧印压痕迹。

（7）来去现场的足迹十分明显，但无被害人的足迹或者其脚底没有沾附现场附近地面的粉尘与泥土。

（8）其他一些移尸迹象。对于在水中发现的尸体，应结合水的流向、流速和尸体的状态及变化情况，结合有关物证和调查所获情况，分析推断落水点或落水点所在的区域。

确定尸体所在现场为移尸现场之后，应注意根据移尸时所形成的拖拉痕迹、尸体上的附着物，结合移尸现场的具体环境，推测杀人的主体。

（四）对杀人手段、方法的分析

杀人手段、方法是指犯罪人实施杀人犯罪行为所使用的工具、凶器、药物、计谋和杀人具体行为方式的总称，它是与犯罪的目的、动机紧密联系的。杀人的手段、方法，可以反映出犯罪人具有或获取相应凶器、工具、药物的条件、犯罪人与被害人之间的某种关系、二者在犯罪现场各自所处的状态，同时还可以反映出犯罪嫌疑人的智力、体力、犯罪人的职业特点和社会经验等多方面的情况，这对于明确侦查方向和侦查范围具有重要意义。

1. 研究遗留在现场上的可疑器械物品。如果现场上遗留有可疑器械物品，应先查明其是否是犯罪嫌疑人所留，再根据尸体伤痕特点，分析是否为该物所形成，从而确定杀人凶器。如果现场上没有发现杀人凶器，应根据尸体的姿势、损伤的部位和伤痕的形状、数量及深浅等，分析判断属于何种工具造成。同时还应当研究使用工具的方法、手法是否熟练，能否反映某种职业特征，是否有某种专业技能和专业知识，作案工具是否是某种社会职业所专用。

2. 研究遗留在现场的其他物证。犯罪人采取投放毒物、设置炸弹等手段杀人的案件，现场常常遗留有毒药、毒物及其包装物，被害人吃剩的食物、呕吐物、爆炸残留物等。通过对这些物品的检验、研究，一般可以推断出杀人手段和方法。

3. 研究死亡原因和现场环境。有的杀人案件，必须把死亡原因和现场所处的环境和条件结合起来进行研究，才能判明犯罪人杀人的手段和方法。例如，有的犯罪人事先诱骗、挟持被害人至杀害地点，或预伏在被害人必经之处，突然袭击，将其推入坠崖、水中，致被害人坠死、溺死。如果不联系现场的具体环境和条件进行研究，难以判明犯罪人杀人的手段和方法。此外，对杀人手段和方法的分析，还应研究知情人员提供的情况。

4. 杀人过程的分析判断。杀人过程，是指犯罪人实施杀人行为的过程。其内容包括实施杀人前的预伏，进入现场的部位和方式，接近被害人的方式和在现场的活动顺序，处置尸体和逃离现场的手段、方法。判明杀人过程，对于分析案件性质、确定侦查方向和鉴别犯罪人口供真伪等都有重要的意义。分析判断的依据，主要是现场痕迹物品的分布情况以及相互之间的关系，现场的具体环境等情况。分析杀人过程的方法有：

（1）根据现场情况分析犯罪人进入现场的部位和方法。进入现场途径，是指通向现场中心的路线和出入口。确定犯罪人进入现场的路线和方式，可以根据通道留下的痕迹进行分析判断。如果犯罪人采取破坏门窗、墙壁、屋顶、地面等方式入室杀人，现场必然会出现破坏的地方，留下破坏痕迹，可据此判明犯罪人的出入口及方法；如果犯罪人采取预伏室内伺机杀人，可以根据现场能否事先潜入，室内有无预伏的条件和痕迹及其他物证进行判断；犯罪人预伏等待时机实施杀人，一般都在现场外围，并且会在预伏的位置留下坐卧痕迹、吃剩食物、烟头、排泄物等痕迹物品；如果室内房屋四周没有破坏的迹象，应当考虑有溜门、敲门入室的可能；如果是室外现场，应了解被害人的行踪、生活习惯、活动规律，结合现场的环境、遗留的足迹、坐卧痕迹等，判断犯罪人进入现场、接近被害人的方式。

（2）根据现场中心犯罪对象所呈现的种种现象，判明实施犯罪的顺序。杀人案件的现场中心，是指杀死被害人的位置。要根据尸体的位置、姿势、伤痕的轻重、致命伤的数量、特征、现场痕迹、血迹的分布等，判明犯罪人采取何种方式接近被害人、实施何种手段置被害人于死地等杀人的具体过程。

（3）根据现场中心的遗留物品和其他迹象，判明犯罪人实施杀人行为后的活动情况。有的案件被害人被杀死，现场的洗脸盆或水池里出现血水，同时现场还有血衣、血手套，现场的衣物出现短缺等，说明犯罪人杀人后有洗手、洗脸、更换衣物的过程。有的有清洗现场的情况或将他杀伪装成自杀、不幸事故等，这一般是在杀人以后进行的。

（4）根据现场外围的痕迹物品，判明犯罪人逃离现场的方向和路线。犯罪人在逃离现场时往往会有意无意地将随身携带的物品、犯罪工具、凶器以及部分赃物遗留在现场外围。根据这些物品一般可以判明犯罪人逃跑的方向和路线。有的犯罪人在逃离途中会留下足迹、交通工具痕迹，可据此判明犯罪人逃跑的方向和路线。有的杀人案件中，可以根据现场附近的环境、现场所在地的交通运输情况等，判明犯罪人可能逃跑的路线和方向。

（五）对杀人动机的分析

杀人犯罪动机是指驱使犯罪人实施犯罪的内心驱动力。一般来说，在侦查杀人案件时，杀人动机的明确与否对于确定侦查方向、缩小侦查范围具有重要意义。一般的杀人案件动机有报复杀人、强奸杀人、情杀、图财杀人、恋爱、婚姻纠纷杀人及流氓斗殴杀人。不同动机的杀人案件，现场现象具有不同的特征。

1. 报复杀人：这类案件是犯罪人为报仇泄恨而杀人，包括政治性杀人和私仇报复杀人，因此，现场特征一般表现为：手段残忍，有多处致命伤或死后伤；发生灭门惨案；犯罪人一般都自备凶器，侵害目标准确、时机选择恰当；有的犯罪人不仅杀死受害人本人，而且还殃及全家，作案后带走凶器；现场少有财物短缺现象；等等。

2. 强奸杀人：犯罪人为了满足自己不正当的生理要求，强行与被害人发生性关系，在遭遇反抗后将被害人杀害，或是怕暴露自己而杀人灭口。从强奸杀人案件的现场现象看，一般表现为：受害人一般为青少年女性，被强行奸淫的迹象明显，例如，尸体衣着不整，内衣、内裤被扒开，甚至衣服、裤带被撕破、扯断，衣扣被扯掉；尸体外阴部及阴道有不同程度的擦伤，或伴有处女膜、阴道撕裂；现场多留有相应的动作痕迹及与强奸犯罪相关的特殊痕迹、物证，如压痕和挣扎、搏斗痕迹、精液、精斑，或者遗落有犯罪行为人的阴毛；等等。犯罪人多在侵害被害人过程中或侵害后徒手杀人，手法多为掐颈、勒颈、捂、堵被害人的口鼻，有的就地取材用钝器击打被害人的头部。

3. 奸情杀人：奸情杀人是指有家庭者与第三人发生婚姻以外的恋情，这种非正常关系的发展引起当事人与他们家庭的矛盾，最后导致杀人案件的发生。作案者可能是婚外恋者，也可能是他们的配偶或亲属。由于婚外恋者一般关系比较隐蔽，有的当事人两性关系比较复杂，在作案后会把现场伪装成强奸杀人、图财杀人，企图割断自己与案件之间的特定联系，因而现场常常伴有伪装现象。不过有的奸情杀人案件一定程度上对犯罪动机会有所体现。例如，奸情当事人一方杀死另一方的案件中，由于双方大多为熟人，因而犯罪行为人的入室方式多为叫门而入等和平方式；若杀人案件发生在室外，则多为双方相约或结伴前往现场。现场往往会留下能表明双方正常接触的痕迹和物品，甚至会留下双方亲昵接触的痕迹。因此，在侦查中要仔细地勘查现场，进行周密的调查，从因果联系入手发现真凶。

4. 图财杀人：图财杀人是指犯罪人为了非法劫取他人财物而杀人。杀人只是排除障碍的手段，获取财物才是最终目的。根据作案人实施杀人行为的动机区分，谋财型杀人案件具体可分为盗窃杀人、抢劫杀人和图财害命。

（1）盗窃杀人。犯罪人在实施盗窃活动中，被事主或其他人发现，为了能及时脱身或达到顺利获取财物的目的行凶杀人。盗窃杀人现场表现为：盗窃的迹象比较明显，在财物保管处有工具破坏痕迹，现场多有搏斗痕迹等。

（2）抢劫杀人。抢劫杀人是指犯罪人用暴力威胁被害人交出财物后杀人灭口，或直接采用暴力将被害人杀害后再寻找财物。现场抢劫现象比较明显，往往在被搜寻的财物上留下血迹。

（3）图财害命。图财害命与盗窃、抢劫杀人不同的是，犯罪人在杀人时并不立即获得财物，现场没有明显的财物短少，但犯罪人可能获得潜在的收益，如争夺遗产、债务纠纷、非法获得人寿保险等。犯罪人与被害人多有经济往来或者是亲属关系，由于关系密切，犯罪人杀人手段比较隐蔽，现场多有伪装。

对于这种案件，在侦查中应主要通过对被害人背景的调查，了解其债务关系、继承关系、合伙关系及其他对应的经济关系，从中捕捉能够反映犯罪动机的线索。

5. 恋爱、婚姻纠纷杀人：恋爱、婚姻纠纷杀人是指犯罪人因恋爱、婚姻关系发生变化，或因他人的干涉和破坏而杀人。这类案件犯罪嫌疑人杀人的目标比较明确，作案手段较为残忍，有的一次杀死数人或与被害人同归于尽，杀人前犯罪人与被害人之间多有矛盾暴露，因而犯罪人杀人后常伪装现场，掩盖其真实目的。

6. 流氓斗殴杀人：这类案件多为犯罪团伙之间的相互残杀，或为争地盘、显势力、为哥们义气而杀人。其特点是：现场多在公共场所，具有相当的暴露性，预谋时间短、突发性强，现场常有明显的打斗痕迹，伤亡者往往不止一人，大多损伤严重，伤口零乱，作案时目击者多。

杀人案件的性质并不仅仅只有上述几种情况。在侦查中，还要考虑是否有精神病杀人、变态人格杀人、遗弃杀人、封建迷信杀人等可能性存在。值得一提的是，有的杀人案件由于犯罪人在杀人过程中又萌发了其他犯罪动机并实施了相应的犯罪行为，或者犯罪人与被害人事前存在着一定的矛盾冲突，为了掩盖其杀人动机，转移侦查视线，会有伪装现场的行为，致使杀人现场现象比较复杂，可能表现出不同杀人动机现场特征并存的情况。因此，对杀人案件性质的分析，特别是在疑难案件中，不可能一次性就能作出正确定论，随着侦查工作的正确深入开展，案件性质才会逐渐明朗化。

（六）对犯罪人情况的分析

对杀人案件犯罪嫌疑人情况的分析包括：对犯罪人数的分析；对实施犯罪必须具备的主、客观条件的分析；对犯罪人人身形象的分析；对犯罪人其他个人特征的分析；等等。对犯罪人情况的分析，对于确定侦查方向和范围有着重要的意义。

1. 对犯罪人人数的分析。通过调查访问，从知情群众中了解犯罪人数；从犯罪行为人遗留在现场的足迹种类及其分布情况进行分析判断；从手印、指印种类及数目判别作案人人数；从现场有关物品的陈设和分布情况进行分析；杀人移尸案件中，移尸的工具和移尸方式可反映出作案人人数；从杀人方式和被害人的人数中也可以分析出作案人人数；从尸体伤痕的种类以及现场所留的弹壳、弹头的种类入手，在一定程度上也有助于分析、推断作案人人数；图财杀人的，还可根据财物损失的数量、体积推断作案人人数。

2. 对犯罪人实施杀人应当具备的主、客观条件的分析。其中包括：分析犯罪人的思想基础、道德品质、作风、行为能力；犯罪人实施杀人应当具备的时空条件、特殊技能条件、拥有物品及获取凶器、药物、进出现场和接近被害人条件；犯罪人与犯罪地点的关系；犯罪人与被害人的关系；犯罪人移尸、碎尸应具备的条件；等等。

3. 对犯罪人人身形象的分析。犯罪人人身形象是指犯罪人的性别、面貌、身高、体态、文身、外貌特征、病理特征、血型、口音、动作习惯、衣着、发型以及生理上的残疾、疤痕等综合形成的疑犯形象。可以根据犯罪人遗留的手印、足迹、步伐痕迹特征等判断犯罪人身高、性别、腿脚有无残疾。根据现场不同于被害人血型的血迹和搏斗痕迹，可以判断犯罪人受伤的情况以及身上粘附的血迹、泥土、灰浆等。根据现场遗留的衣裤或衣裤碎片、钮扣、毛发，可以分析犯罪人的衣着及其破损情况和发型。根据被害人或其他知情人提供的情况，可以直接了解犯罪人的人身形象。

4. 对犯罪人其他个人特征的分析。犯罪人其他个人特征是指从现场痕迹、物品所反映出来的有关犯罪嫌疑人的社会职业、文化程度、语言习惯、爱好、生活嗜好、习惯性的犯罪手法等。

第三节 杀人案件的侦查途径和取证措施

一、侦查途径的概念

侦查途径是指在侦查中发现嫌疑人、获取证据、揭露犯罪和揭发犯罪人的工作步骤，就是侦查通向破案的路径。犯罪人实施犯罪活动反映出的任何形迹，都是侦查人员确定侦查途径的客观依据。

二、杀人案件的侦查途径

（一）从因果关系入手

一般情况下，杀人案件的犯罪嫌疑人与被害人之间存在因果联系。"查犯罪人先查被害人"，首先，对被害人的背景进行深入调查，查清被害人的姓名、户籍所在地、住所。对不能立刻查明被害人身份的案件，应注意查明被害人的生理特征、病理特征、衣着及装饰、职业及嗜好特征等，为进一步查明被害人身份做好准备工作。其次，在查明被害人身份的情况下，应及时获取被害人的微信、微博等互联网信息，查明被害人被害前的网络关系情况、网络通信情况，从中发现可疑人员。对被害人用过的电子设备，及时取证，从中分析有价值的线索。再次，要查明被害人当前的经济情况、现实表现、工作生活规律、社交活动、社会交往关系及因果矛盾、矛盾的程度、被害人住处的内外情况等，这都有助于了解案件的起因，是发现案件嫌疑线索的重要途径。

从因果关系入手发现嫌疑线索，要注意较为隐蔽、知情面较小的因果联系。同时避免只注意近因而忽视远因。近因是指发案前不久与被害人发生的矛盾冲突；远因是指较久以前与被害人发生的矛盾冲突。同时要注意因果联系比较隐蔽的雇佣杀人案件。

（二）从现场遗留的痕迹物品入手

杀人案件的一个重要特点就是现场遗留的痕迹物证较多，这些痕迹物证往往能成为犯罪嫌疑人与案件联系的线索，犯罪现场遗留的痕迹、物证是分析案情、查找和证实犯罪嫌疑人的重要依据。杀人案件的痕迹、物证调查范围是相当广泛的。

1. 查明犯罪工具的种类和特征。

（1）对用于杀人的钝器、锐器类工具的调查。实施杀人犯罪活动，犯罪行为人多数都自备凶器，作案后一般都将凶器带离现场，也有少数把凶器遗留在现场。如果凶器遗留在现场，即可对凶器的特点、用途、行业范围、产地、生产时间、销售和使用范围进行认真研究，然后在一定的范围内，提供凶器实物或照片，发动群众进行辨认，提供物主线索，顺线查找犯罪嫌疑人。如果凶器被带离了现场，可以对尸体的伤痕进行认真研究，由伤痕判定凶器的种类和大小，然后再调查哪些人持有这种凶器，从中查找犯罪嫌疑人。犯罪凶器越特殊，侦查活动就越容易收到效果。

（2）枪支调查。持枪杀人的，可以从查找枪支来源入手，查找犯罪嫌疑人。如果是制式枪，还可以通过检索枪弹痕迹档案资料，或直接确定枪支的合法持有者，或同已发生的盗、抢枪支犯罪案件及持枪杀人、持枪抢劫案件进行串案分析，实施并案侦查。

（3）危险物质调查。如果犯罪行为人使用危险物质杀人，在判明危险物质的种类之后，应深入调查危险物质的来源，包括其生产、销售、使用情况，何人拥有该类危险物质，何人有获得该类危险物质的条件或何人有购买、索取、窃取该类危险物质的活动。同时，对于某些特殊的危险物质，还应调查何人具有调配、制作的知识和技能。

（4）交通工具调查。如果犯罪行为人在实施杀人犯罪的过程中使用了交通工具，应综合利用目击人提供的情况和现场痕迹所反映出的情况，并查看周围监控视频，结合案发时间，发现可疑车辆，进行轨迹追踪，查找可疑车辆。然后由车到人，查找犯罪嫌疑人。

（5）通讯工具调查。如果犯罪行为人在犯罪过程中曾使用过相关的通讯工具，应及时对其使用通讯工具的情况进行调查。必要时应采取技术侦查手段或寻求电信部门的配合与支持。

2. 犯罪现场遗留物调查。由于杀人案件犯罪内容比较复杂，因而出现犯罪遗留物的机会较多，侦查过程中应该充分利用这些条件，由物到人，查找犯罪嫌疑人。调查现场遗留物应注意正确判断、认定犯罪遗留物，防止把现场原有物品或其他偶然出现在现场的物品错误地认定为犯罪遗留物。积极查找犯罪遗留物的所有者、保管者或其他相关者。有的物品本身可以反映出它与犯罪行为人的直接或间接联系。例如，遗留物是信件、发票、业务合同等。有的物品有一定的行业范围或特定的销售范围，因此，侦查活动可以循着一定的方向，在一定的范围内开展，步步深入地查找其所有者、保管者或者其他相关者。同时，对于一些使用较为普遍的遗留物品，可以在划定的侦查范围内直接提供实物或印发照片，附以案情通报，交由基层公安派出所、单位保卫组织或基层党政组织，发动群众进行辨认，确定物主，发现嫌疑对象。但要注意核实遗留物遗留在现场的事实真相。有的遗留物的所有者、保管者或直接相关者就是犯罪行为的实施者。但有的案件中，他们未必是犯罪行为人，遗留物可能是通过若干中转才来到现场的。因此，查明其所有者、保管者、直接相关者，应进行相应的调查核实工作以及层层深入的调查工作，从而确定真正的犯罪嫌疑人。

在寻找其他遗留物的同时，要重视对微量物证的保护，防止其受到破坏和污染，注意对微量物证的寻找、提取。微量的泥土、花粉、金属碎屑等物证往往具有线索和证据双重价值。

3. 通过犯罪痕迹查找犯罪嫌疑人。犯罪行为人遗留在现场的诸如手印、足迹等痕迹，一方面可以在侦查后期作为认定、证实犯罪嫌疑人的重要证据；另一方面，在侦查初期，特定条件下也可以作为查找犯罪嫌疑人的重要依据。例如，可以通过检索犯罪手印档案，将现场提取的手印同犯罪手印档案中的手印相比对，从中发现犯罪嫌疑人，或者现场足迹所反映出的鞋子种类比较独特，则可以在一定范围内，由足迹到鞋子，再到鞋子穿用者展开调查，从中发现犯罪嫌疑人。

某些犯罪痕迹可以反映出犯罪行为人的人身特点，其对于刻画犯罪行为人的自然条件和寻找犯罪嫌疑人有重要意义。

（三）从具备时空条件的人入手

时间和空间是事物存在的形式，刑事案件也不例外，犯罪行为人要实施犯罪活动，必然要占有特定的犯罪时间和犯罪空间，从而与这一时间和空间形成一种特定的联系。侦查人员从这种特定联系入手，便可以发现犯罪嫌疑线索。具体方法有：

1. 对具备作案时间的嫌疑对象开展侦查。调查具备作案时间的嫌疑对象的主要问题有：案发前、案发时、案发后活动时间可疑的；去向不明的，突然离奇出走或不辞而别的；上下班、劳务做工、出勤、病事假、外出有可疑迹象的；在某种场合擅自离开的时间内有条件重返现场作案的；案发时间行踪表现可疑的；在案发时间到过杀人现场、移尸现场和抛尸现场行迹可疑的。

2. 对有意掩盖作案时间的嫌疑对象进行调查。犯罪人为了转移侦查视线，掩盖杀人罪行，往往会在作案时间上耍花招。在侦查中，应查找和发现有意掩盖作案时间的种种迹象，以确定犯罪嫌疑对象。例如：有的犯罪人有意识地在某一场合露面，中途却溜走作案，然后再重返某一场合，制造不具备作案时间的假象；有的杀人后又立即上班或务工，或通过接触他人以示清白；有的杀人后即刻返回家或帮助邻居干活做事，故作并无外出的假象；有的唆使他人为其提供伪证；有的潜出杀人，却故意打开自己家中的电视机或收录机制造未曾外出的假象。

3. 调查被害人的同行、同路人。在侦查实践中，有一部分杀人案件是被害人的同行、同路人作案。其中，有的是犯罪行为人有计划地将被害人骗到外地杀害；有的是两人正常结伴而出，途中发生纠纷或变故，一方将另一方杀死；有的是双方路遇，结伴同行，途中一方出于图财或强奸等动机将另一方杀害。调查同行、同路人的方法：一是向被害人的亲属、朋友、同事了解情况，询问被害人外出时与谁同行；二是在查清死者生前行踪的基础上，向其所经之处接触过的人员了解情况，通过周围的监控视频了解情况，如果死者在外地被杀，当地人并不认识死者，可以把死者的照片提供给有关人员辨认，查明他们是否见过死者。若见过，再进一步向他们询问死者曾与什么样的人同行，同行者的性别、年龄、体貌特征、语言特征如何。查知同行、同路人之后，可以把他们作为杀人案件的嫌疑对象进行审查。若这些同行、同路人的犯罪嫌疑被排除，他们则可以提供一些有价值的情况，作为进一步查找犯罪嫌疑人的线索。

4. 查找主体现场。通过犯罪行为人与主体现场的特定联系确定犯罪嫌疑人。

对于杀人移尸、杀人碎尸案件，发现尸体之后，要对尸体上的附着物所含的元素成分进行定性、定量分析，然后对相关区域或房舍内的同类物质进行广泛的取样鉴定比对，从而确定实施杀人犯罪的地点（即主体现场）。然后再通过调查访问，查明案发时何人曾在这一场所活动过，或者何人居住在这一场所中，从而发现犯罪嫌疑人。

（四）从调查犯罪人逃离的踪迹入手

有的犯罪人杀人后在逃离现场的过程中行踪有所暴露，一旦查明了犯罪人逃离的踪迹，要采取有效措施寻迹追查。如果在现场勘查或侦查过程中发现了犯罪人逃跑方向的线索和痕迹，根据犯罪人逃跑的时间不长、逃离现场不远，犯罪人的形象有比较明显的暴露，或有可供辨识的标志，或者犯罪嫌疑人携带的赃物数量大、特征明显，或者犯罪人使用的交通工具特征明确等情况，采取紧急措施，沿着犯罪人逃跑的方向和路线寻迹追捕，同时在犯罪人可能逃经的车站、码头、渡口、机场和交通要道等地设卡堵截，张网缉拿。

同时要对犯罪人逃离路线上的监控视频进行查看，追踪其踪迹。对视频中发现的犯罪人行走、交谈、打电话、银行卡信息、上网信息、住宿信息等，可结合手机通信信息、上网信息、银行卡信息、车辆信息、旅店住宿信息等公安、社会基础信息挖掘出有关犯罪人的更多信息，从而发现犯罪嫌疑人。

（五）以刻画的犯罪条件为依据入手

侦查过程中应当根据刻画的犯罪行为人的个人自然情况（性别、年龄、身高、体态等）、犯罪动机条件、犯罪时间条件、犯罪工具条件、犯罪技能条件等，在确定的侦查范围内查找犯罪嫌疑人。在刻画犯罪条件时，应透过现场现象分析、判断、刻画犯罪行为人在犯罪过程中是否形成了附加性人身特征或形成了什么样的附加性人身特征，分析、判断、刻画犯罪行为人的职业技能特征和心理特征。

1. 从犯罪行为人在犯罪过程中形成的附加性人身特征入手开展侦查。犯罪行为人在实施杀人犯罪活动的过程中，可能会造成肢体损伤和衣着破损，还可能在身体或衣着上沾染上血迹、污渍及其他物质，从而在特定时空条件下形成与犯罪案件相关的附加性人身特征。在调查访问和现场勘查中，侦查人员应注意了解、分析、判断犯罪行为人是否形成了附加性人身特征或形成了什么样的附加性人身特征，并基于此布置追缉堵截，发布案情通报，查控其可能落脚的地点和可能就医的场所，以便从中发现犯罪嫌疑人。

2. 从犯罪行为人实施杀人犯罪行为的手段中所反映出的职业特征和生理特征入手开展侦查。犯罪行为人在实施杀人犯罪活动的过程中，大都运用其在工作、生活中积累的知识、技能，采取得心应手的手段，隐蔽地致被害人死亡，因而在犯罪手段中会暴露出其职业特征。侦查人员便可以在摸底排查过程中，从犯罪行为人的职业特征入手，寻找、发现嫌疑对象。

在特定案件中，如果犯罪行为人有肢体残疾（如独臂）或特殊（如左撇子）习惯，可以通过对犯罪手段的认真研究予以揭示，进而为侦查提供依据。

3. 从刻画犯罪行为人的心理肖像入手开展侦查。精神病人所实施的杀人犯罪、性施虐狂所实施的杀人犯罪，在其行为时间与空间、行为方式、行为过程、行为目的性及对象选择方面，较之正常人所实施的杀人犯罪会有不同程度的差别。因此，在勘查现场、检验尸体的过程中，透过现场现象、尸体状况及犯罪痕迹、物证，可以对犯罪行为人的精神状态、心理状态加以分析、刻画，为侦查活动的开展提供依据。

（六）从反常现象入手

犯罪行为人杀人之前，会进行一系列的准备活动，杀人后会出现一系列的反常迹象。由于杀人属于重罪，犯罪行为人在畏罪心理的作用下，会出现不同程度的情绪反常、行为反常、语言反常。而且，犯罪行为人在犯罪前的预备行为和犯罪后的反常迹象总会在群众中有所暴露。在调查摸底中，应发动群众提供疑人疑事，发现反常现象，从中发现犯罪嫌疑对象。

（七）其他侦查途径

1. 从揭露现场伪装入手，弄清事实真相，确定犯罪嫌疑人。有一些杀人案件中的犯罪行为人与被害人的关系十分密切，或者双方矛盾冲突十分明显，广为人知，犯罪行为人为了掩人耳目，逃避打击，往往会伪装事件的性质或案件的性质。在这种情况下，要注意透过现象揭示案件的本质，从而查明犯罪嫌疑人。

2. 对于图财杀人案件，要注意运用控制赃物的途径，查找犯罪嫌疑人。杀人案件的控制赃物渠道与其他有赃物案件的控制赃物渠道是一样的，只是有一点需要注意，杀人案件人命关天，犯罪行为人为了逃避罪责，一般出手赃物比较谨慎，作案后并不会马上销售或使用赃物。破案工作声势较大时，犯罪行为人对赃物更是深藏不露，甚至会把赃物毁掉。所以，控制赃物应有长期打算和安排，要持之以恒。同时，要注意侦查策略，必要时可明撤暗攻，内紧外松，示假隐真，为犯罪行为人创造一个"适于"出手赃物的气氛，引蛇出洞。同时，对有关销赃场所进行阵地控制，与治安、工商、海关、边防等部门协作控制销赃渠道。随着物流业和网络的发展，一些犯罪人在购物平台、转卖平台、微信圈等销赃，利用物流运送销赃。因此，可以从控制销赃渠道发现犯罪线索。

3. 对于图财杀人和强奸杀人案件，要注意排查有盗窃、抢劫、诈骗犯罪和强奸、流氓犯罪前科劣迹的人，从中发现犯罪嫌疑人。在确定的侦查范围内，应进行扎实的调查摸底，把这类对象一一调查清楚，然后再从时间条件、工具条件和遗留痕迹、物证条件等方面入手，对他们逐一审查，注意从中发现犯罪嫌疑对象。

4. 对系列性杀人案件，要强化串案分析意识，注意实施并案侦查。图财杀人、强奸杀人、精神病患者杀人、变态人格杀人、性变态杀人，常常出现连续作案的现象，从而形成系列性杀人案件。因此，对这些类型的杀人案件的侦查，应强化并案侦查意识，注意沟通串案信息渠道，注意串案分析，对特定时空内所发生的同类案件及其他相关案件应进行认真研究，找出它们之间的相同特征或内在联系，及时实施并案侦查。在侦查过程中，既要注意利用具有特定同一认定价值的痕迹、物品进行并案，又要注意通过研究犯罪对象、犯罪时空选择、犯罪工具、犯罪手法、犯罪过程、犯罪心理痕迹等方面的共同特征进行并案。

5. 利用网络平台、传播媒体，查找和拘捕犯罪嫌疑人。随着流动人口的增加，流窜犯罪愈来愈多。因此，在侦查过程中要充分利用各种信息库、信息平台，发现犯罪线索或犯罪嫌疑人。

三、杀人案件的取证措施

（一）调查证人证言，收集能证明嫌疑人活动时间的材料，证实犯罪时间

时间具有一维性、不可逆转性，因此在侦查中犯罪时间的查证对肯定或否定犯罪嫌疑具有重要的意义。对于这一问题的查证，一定要十分认真，注意揭露犯罪行为人所玩弄的种种花招。从侦查实践看，其通常所玩弄的花招有：涂改出勤表；找假证人作伪证；伪报其在杀人时间内的活动内容，出示事先筹划好的假证明材料、票证（如电影票、戏票）等。有的人欲图杀害与自己有某种矛盾冲突的人，但又惧怕受到侦查部门的怀疑，受到刑罚惩处，于是雇佣他人代为实施杀人行为，自己则故意在案发时抛头露面，以显示自己不具备犯罪时间。也有一些狡诈的犯罪行为人采取金蝉脱壳、空城计、寻找替身、滞后犯罪后果、改变计时器时间指示、明去暗留、长途奔袭、杀回马枪的方法在犯罪时间上玩花招。鉴于上述种种情况，查证工作决不能简单、草率。对于证人证言和某些证明犯罪嫌疑

人活动时间的证明材料,要进行全面的分析、审查;对于某些证人,亦必须加以审查,直到确实无误为止;对于证人证言,要和其他证据相印证。

(二)痕迹、物证调查与鉴定

血迹是杀人案件的重要证据之一,通过 DNA 鉴定,可以直接证明犯罪行为人,必须注意发现和收集血迹。犯罪嫌疑人身上沾染的被害人血迹,其住所地面上、墙壁上以及家具、衣物上留下的被害人血迹,对于揭露和证实犯罪具有重要意义。特别是杀人移尸、杀人碎尸案件,实施杀人或杀人分尸的主体现场一般都在犯罪行为人的住所内或住所附近,对于这些可疑场所,可以依法进行秘密搜查。搜查中要特别注意对一些夹缝、旮旯等隐蔽处进行搜索观察,寻找残留的血迹。若搜查中发现了可疑斑痕,应取样化验,经血型种属认定同一,可以酌情进行公开搜查,并公开取样鉴定。

如果犯罪行为人在实施杀人行为的过程中造成了外伤,并在现场留下血迹,那么通过对嫌疑对象取样鉴定可以认定或排除其犯罪嫌疑。

杀人凶器或用于杀人的毒性物质,也是杀人案件的重要证据。对于犯罪行为人遗留在现场的凶器和其他遗留物品,可以组织嫌疑人的邻居、同事或有关人员秘密辨认。对于在犯罪嫌疑人的住所查获的可疑工具、物品,应与尸体上的伤痕进行对照,予以鉴定。同时要注意从工具、物品上面发现血迹及从现场粘附的其他物质,并注意对这些微量物质进行检验、鉴定。对于投放危险物质杀人的,要注意在搜寻中寻找投放危险物质时使用的媒介物和未用完的毒性物质。要注意查清毒性物质的来源,取得证人证言。

对于在现场提取的手印、足迹、笔迹、血迹、唾液、精斑、毛发及附着在各种物体上的微量物质等,一经判断为犯罪行为人所留或与犯罪行为有关,就应及时采取鉴定样本,进行司法鉴定。

(三)运用秘密侦查力量和技术侦查手段取证

运用秘密侦查力量和技术侦查手段发现和获取证据,也是侦查杀人案件经常采用的有效手段。对杀人案件中被盗走的财物,亦可采用秘密搜查或运用秘密侦查力量与技术侦查手段获取证据。

(四)辨认

对于现场遗留物,应组织知情人进行辨认;如果知情人同犯罪嫌疑人有利害关系存在,则应采取隐瞒意图的辨认方法。对那些有目击者的杀人犯罪案件,侦查人员应安排幸存的被害人及其他目击人员进行科学的辨认,并对辨认结论进行科学的评断。

（五）讯问查证

两个人以上合谋杀人的案件，在掌握一定线索和证据的情况下，可以从犯罪嫌疑人中选择一个易于攻破的对象，秘密传讯，突破全案。

有些杀人案件虽不是共同犯罪，但犯罪行为人杀人之后往往会把其犯罪事实向一定的对象吐露。特别是奸情杀人案件，犯罪行为人杀人后一般会将犯罪事实或多或少地向有奸情的一方吐露。侦查取证过程中，要注意做好这种知情人的工作，对他们晓以利害，促使其揭露犯罪行为人的犯罪活动。

有些证据，如犯罪工具和赃物的去向等，只能在依法采取强制措施之后，根据犯罪嫌疑人的供述取得。在讯问查证中，要在一定证据的基础上，通过有策略的讯问，促使犯罪嫌疑人坦白，供述整个犯罪活动，注意讯问过程中严禁刑讯逼供。

第四节 无名尸、碎尸案件的侦查

一、无名尸案件的侦查

（一）无名尸案件的概念

无名尸案件是指侦查初期，尚不知死者姓名和身份的杀人案件。这里是指尸体尚未损毁的杀人案件。

（二）无名尸案件的特点

1. 发现尸体的地点大都不是被害人的居住地区。被害人往往是在异地被杀害的，或者是犯罪人将被害人杀害之后，将尸体运往异地或抛入江河之中漂流到异地的。所以，有的案件中发现尸体的地点不是杀人的主体现场，而是移尸、抛尸的关联现场。

2. 被害人没有随身携带任何能证明自己身份的资料和随身物品。犯罪人在实施犯罪之前或之后，设法将能够证明被害人自己姓名和身份的一切资料、物品骗取、抢夺、搜掠干净，予以隐匿或者销毁，使之成为无名尸体。

（三）无名尸案件的侦查方法

查明死者的姓名和身份是侦查无明尸体案件的关键。在绝大多数无名尸体案件中，犯罪行为人与被害人之间有比较明显的矛盾冲突存在，因而，一旦查明了死者的身份，也就能比较顺利地查找到犯罪嫌疑人。

1. 确定死者个性特征。首先要通过尸体检验确定死者的个性特征：①生理特征。肢体畸形、胎记、黑或红痣、牙齿变形、血型、性别、肤色等。②人为特征。如整容、文身、发型等。③病理特征。如创伤、手术愈合疤痕、肺结核钙化点、脑血栓后遗症等。④职业特征。主要指职业不同在双手上形成的职业特征。死者个性特征是分析、推断死者身源的依据，也是供辨认组织确定死者身源的依据。

2. 检查死者服装、携带物品，发现线索。检查时，要特别注意死者衣袋中的零碎物品，以便查明有无能够证明死者身份的信件、工作证、通讯录及各种收据等。检查过程中，要特别注意在各种物品上寻找或清晰或模糊的各种图形、花纹、数字、符号、文字，并对其加以充分的研究和利用。必要时可借助技术手段对其加以显现处理。

3. 从尸体附着物发现线索。详细检查死者身上粘附的泥土、灰尘、杂草、花粉、树叶、煤屑、锯末等，进而判断移尸方向、路线，杀人现场具备的条件和死者居住范围，为查明死者身份和寻找杀人第一现场提供依据。

4. 组织辨认。组织尸体所在地点的群众进行辨认，如无人认领，再扩大范围组织辨认。

5. 发布协查通报。通报要列明发现无名尸体的时间、地点，死者的性别、年龄、体貌特征、生理特征、病变历史以及衣着、随身携带的物品，并附上照片。通报的发布范围、渠道与方式，应根据案件的具体情况和侦破工作的需要而定：一是在案发当地一定区域内的有关场所张贴通报，发动群众提供线索；二是将通报发往有关地区公安机关，请求协查；三是利用报刊、电视台、政务平台、公安官方微博等新闻媒体、计算机网络发布通报。

6. 充分利用失踪人员信息调查死者身份。查对各地发来的失踪人通报，检索网上失踪人通报或失踪人员信息库，从中发现线索。

7. 利用指纹档案发现线索。查阅指纹档案和其他资料，从中发现死者的线索。

二、碎尸案件的侦查

（一）碎尸案件的概念

碎尸案件是指杀人后将尸体肢解成若干部分并将尸块藏匿或抛散到若干地方的杀人案件。

(二) 碎尸案件的特点

1. 扒衣碎尸，不能直接发现证明死者姓名和身份的物品。碎尸案件中的犯罪嫌疑人手段狡猾，企图通过杀害被害人并碎尸、抛尸，让人难以发现犯罪现场，甚至无法找全尸块，无法查找被害人的真实身份和寻找到第一现场，企图切断其与被害人之间的因果关系。

2. 碎尸地点大多在犯罪人或被害人独居处。独居空间是犯罪人碎尸的场所，隐蔽不易发现，具有作案条件。因此，要在侦查中，依据抛尸地点分析第一现场的处所，重点摸排具有独居条件的作案人。要特别注意具有作案动机，虽然平日和家人居住，但在案发时家人外出暂时独居的人，要重点摸排，防止漏排。

3. 犯罪嫌疑人与被害人多有密切交往和明显利害关系。犯罪嫌疑人之所以采用如此残忍的手段作案，可能被害人生前与其有密切交往和明显利害关系。被害人可能与其熟识并有激烈的矛盾冲突，或者被害人知晓犯罪嫌疑人的秘密，这可能直接威胁到犯罪嫌疑人的利益或心理和人身安全，犯罪嫌疑人和被害人生前可能有密切交往，被害人对其有一定信任度，有交往独处的机会。

(三) 侦查碎尸案件的方法

1. 查找尸块，确定死者特征。侦查碎尸案件，首先要组织力量查找尸块，确定死者特征。当发现人体残尸或可疑尸块后，应立即发动组织有关人员和群众，根据作案人抛碎尸块的规律，尽力找全尸块。经检验为同一尸块后，确定个性特点，为查明死者提供依据。

2. 根据尸块特征，查明死者姓名和身份。通过普查旅社、宾馆、夜间消费场所等服务行业，从接待过与死者体貌特征相似的人员中发现死者的真实身份；查对失踪人发现死者的真实姓名和身份；查对病历资料，发现线索；查对犯罪指纹档案资料，从中发现死者姓名与身份。也可根据人像搜索有关资料库发现被害人的身份。

3. 根据尸块特征和分尸情况，寻找分尸地点。根据死者的死亡时间、抛洒碎尸块的地区、方向和路线，确定杀人碎尸现场所处方向、范围；结合碎尸工具特征、碎尸技能、尸块附着物判断凶手和所在地区和具备的条件；深入调查，对重点嫌疑对象、住所进行搜查，确定杀人碎尸地点。

4. 深入调查，发现嫌疑对象。注意检查包装物及尸块附着物，对其仔细勘验，发现、提取嫌疑人指纹、微量物质等进行鉴定，在有关资料库、信息平台检索、比对，发现嫌疑对象。通过查看抛尸路线的监控视频，发现可疑人员或迹象。

第四章 绑架案件的侦查

第一节 绑架案件的概念和特点

一、绑架案件的概念

绑架案件是指出于政治、经济或其他目的，使用暴力、胁迫或者其他手段扣押人质的案件。具体表现为三种行为：

1. 为勒索财物而绑架他人。这是指以暴力、胁迫或者麻醉等方法将被害人置于行为人的控制之下，以继续关押人质或者将其伤害、杀害相要挟，要求被害人的亲友、其他人或者单位在一定期限内交付一定数额的财物，方可换回人质。一般来说，犯罪行为人勒索的对象是被绑架人的近亲属或者与其有利害关系的其他人，但也可以是有关的国家机关或其他组织，即利用他们惧怕被绑架人遭到伤害的心理，迫使他们交付赎金或满足其其他非法要求。"勒索"的方式可以是电话，也可以是信件，甚至可以是迫使被绑架人亲自发出的相关信息。

2. 绑架他人作为人质。这是指出于其他目的，如出于某种政治目的，为了逃避追捕或者要挟政府满足其某种要求等。

3. 为勒索财物而偷盗婴幼儿。

本罪是行为犯，只要将被绑架人置于行为人的直接控制之下，使其失去行动自由，即成立本罪的既遂，行为人的目的是否达到、是否实际索要到财物等，不影响本罪的成立。

二、绑架案件的特点

（一）团伙犯罪猖獗，系列案件突出

实施绑架犯罪，环节较多，过程复杂，单人较难完成，一般是由三四人组成团伙，有的甚至十多人组成团伙进行。这是绑架案件的基本特征之一。他们在作案中分工明确，有的看管人质、有的联系人质家属、有的接取赎金等。团伙形成的形式也多种多样，有的是临时纠集的，目的一致，一拍即合；有的则是在狱中相识并相互传习犯罪手法，出狱后结成专门的绑架犯罪职业犯罪团伙。

在绑架犯罪的个体方面，有前科的人员纠集组成的专作系列绑架犯罪的团伙应特别引起高度重视。这些人普遍具有仇视社会的心理和情绪，且作案手段凶残狡诈，作案过程组织严密。通常作案时还备有专门的作案工具或枪支器械，反侦查意识强，作案专业化程度高，连续疯狂作案，甚至冒充警察身份明目张胆地进行绑架活动，这类人员通常将绑架目标选定为富豪大款和社会名流，索要赎金数额巨大，人质安全毫无保证，无论是否拿到赎金，为逃避警方打击，人质最后都可能被"撕票"。"专业化"的绑架犯罪集团尽管数量不多，但社会危害性极为严重。

（二）目标指向明确，选择针对性强

在绑架案件中，除心理变态和精神病型以及拒捕型绑架案件的绑架对象有明显的随意性外，财产型、政治型及恐怖型绑架案件，其绑架对象有较强的特定性。

近些年来，绑架犯罪多将具有比较雄厚的经济实力或较高的政治地位，且其家庭或朋友能够用高价换取人质生命安全的人作为犯罪对象。绑架者选择作案目标主要有三条途径：

1. 选择自己比较熟悉和了解其家庭情况，或是曾经接触过的熟人。在熟人参与的绑架案件中，作案人既有可能是被绑架事主的同单位人员、同乡、同学，也有可能是曾经和事主一同经商的朋友或仇家，甚至还有可能是被绑架人的远房亲戚。

2. 通过熟人指点确定作案目标。犯罪行为人为了作案有时会有意识地在一定的范围内了解有钱人的情况，当闲谈者无意识地说出某人的经济情况时，犯罪行为人如认为条件合适，便立即行动作案。

3. 自己寻找绑架对象。犯罪行为人通过观察发现富裕者，经过一段时间的跟踪盯梢、踩道摸底，认为其可以作为作案对象后，便伺机实施绑架。

（三）作案多经过精心预谋、周密设计

绑架犯罪一般都是事先踩点、周密策划、精心准备，对可能出现的情况预先有所准备，体现了高智商犯罪的特点。为保证绑架行动的顺利实施，犯罪行为人通常先对绑架对象进行跟踪观察，对其活动规律进行了解，对实施绑架活动的具体地点的地理环境、交通状况等进行多次查看，对整个行动从头到尾都会进行详细的谋划安排，有的职业团伙甚至还组织成员进行诸如"战术演练""信号联络""接取赎金""枪弹实验"等一系列行动练习。

（四）犯罪智能化程度越来越高，反侦查能力增强。

现代科质的日益发达，客观上为绑架犯罪提供了许多便利条件，如交通、通讯、金融服务的快捷、高效、便利等，使作案者在一定程度上能够做到信息灵通、联系方便、作案容易、取款方便。一些绑架犯罪人员甚至使用移动网络、电子邮件等手段向受害人家属发送指令。绑架作案的手段也在不断翻新，诱骗、麻醉、设伏、暴力劫持等手段屡见不鲜。作案人为了敲诈钱财并逃避打击，往往是甲地绑架，乙地藏匿，丙地敲诈，丁地取款，行动十分诡秘。随着犯罪活动空间的扩大，绑架犯罪集团之间的相互勾结越来越多，有的甚至是跨国绑架。

与此同时，作案人的反侦查意识越来越强，无形中加大了警方破案的难度。反侦查意识主要表现在以下几个方面：

1. 在实施绑架时冒充公安人员执行任务，混淆旁人视听。实践中曾多次发生犯罪行为人冒充公安人员，以事主交通肇事逃逸为名实施绑架的事件，以致案发时周围目击者信以为真，使案犯得以迅速逃匿。

2. 事先选择好出租房屋作为隐藏人质的地方，再实施绑架行为。在实施作案之前，犯罪行为人多以出租房屋为窝点，平日主要在窝点附近活动，绑架成功后就将人质藏到此处。

3. 使用多部手机，或频繁更换手机号，或使用人质的手机，有的对手机号码严格保密，就连关系最近的"亲信"也不知道。

4. 利用捡拾、盗窃或买来的他人身份证开设银行账号，绑架人质后让人质家属将赎金存入账号，以便既将钱取走又避免暴露真实身份。

5. 使用事先设定好的暗语，同伙用短信暗语联络。

6. 具有熟练的反跟踪技能。如突然驾车逆行、闯红灯。在高速路上时而慢速行驶，时而又高速行驶，给警方的跟踪抓捕工作制造很大障碍。

（五）绑架犯罪往往和其他犯罪并生

如非法买卖枪支、非法持有枪支、弹药、窝藏、包庇、洗钱等，有的作案人或作案团伙用绑架所获赃款从事其他的违法犯罪活动。

（六）经济发达地区和城市及周边郊区是绑架案件的高发地域

从案发的地区分析，绑架犯罪主要集中在东部沿海经济发达地区和中部人口密集地区。

从案发地域看，城市和郊区的绑架案件高于乡村绑架案件。在城市中，绑架案件主要集中在城近郊区。从绑架犯罪的目标指向、作案条件、犯罪风险和成功概率这几方面来看，选择这些地区特别是城乡结合部作案更容易成功。因为这些地区贸易集中、流动人口众多，人员结构和居住环境复杂、交通比较便利、警力相对较少，因此绑架案件集中高发。农村发生的绑架案件，受到交通、通讯、地理、环境等条件的限制，以小范围、熟人作案居多。

第二节 绑架案件的案情分析及侦查指导原则

一、绑架案件的案情分析

绑架案件的案情分析应紧紧抓住犯罪人与被绑架人的关系、人质可能被藏匿的处所及所处的状态、犯罪人绑架人质的动机、犯罪人的人数、犯罪人可能持有的凶器、犯罪人的人身形象等方面进行分析。具体为：

（一）对犯罪人与被绑架方的关系进行分析判断

从被绑架者的社会地位、家庭经济及人员状况、在家庭中所处的地位、生活规律及犯罪人对被绑架方所提出的要求等方面进行分析。

（二）对人质可能被藏匿的处所及处所的状况进行分析

根据嫌疑人在与人质家属联系的过程中暴露的地名、社会关系等进行推断；根据群众提供的嫌疑人逃跑的方向与路线推断；根据逃跑路上的视频监控追踪嫌疑车辆；注意搜寻重点区域内的废弃房屋、不经常使用的仓库、山洞；等等。

（三）对犯罪人绑架人质的动机进行分析

主要根据绑架方选择的绑架对象分析。一般来说，绑架的对象是有一定影响力的政治人物，大都出于政治目的；绑架对象系一般中层干部或有实权的工作人员或其子女，则出于政治报复；绑架对象为家庭殷实富有者或其子女，犯罪人所提要求为金钱，则为经济目的。对绑架人质的目的，要认真分析判断，特别注意了解当事人的为人处世、社会交往等情况。

（四）对犯罪人数进行分析判断

根据作案必须的人数、群众提供的有关人数，从绑架方与被绑架方联系的方式、时间、次数等进行分析。

（五）对犯罪人人身形象进行分析判断

对犯罪人人身形象进行分析判断，实质上是确定犯罪人的人身形象范围。可根据犯罪人与被绑架方联系电话中说话的口音、方言土语、联系术语、所涉及的社会关系等或恐吓信中表现出的用词造句、职业术语等判断。

二、侦查指导原则

绑架案件的侦查具有以下特殊性：第一，侦查过程的对抗性。它是一种"进行"状态的犯罪案件，因此，侦查活动与犯罪行为之间具有极强的对抗性。第二，侦查目标的双重性。侦查不仅要揭露、证实、缉捕犯罪嫌疑人，而且更重要的是要安全解救人质。第三，侦查活动的依赖性。犯罪行为人绑架得逞后，必然同人质亲属等关系人联系，人质亲属是初步侦查和深入侦查所需信息的重要来源，他们也是犯罪行为人和警方在无形对抗中的信息传递中介，侦查活动很大程度上依赖人质亲属的配合。第四，侦查失误所造成的后果的严重性。此类案件侦破失误所造成的后果，不仅仅是延缓破案或不能破案，甚至会付出牺牲人质的惨重代价。

鉴于该类案件侦破的上述特殊性，侦查活动必须遵循以下原则：

（一）人质安全第一的原则

1. 一切侦查措施与手段的取舍均应以不危及人质安全为准则。

2. 侦查活动方式应服从人质安全的需要。

3. 及时指导人质亲属表达接受谈判的意愿。

4. 指导人质亲属在谈判中设法确认人质状态并声明人质安全是交付赎金的不可退让的前提条件。

5. 认同人质亲属准备赎金的活动，以备不时之需。

（二）内紧外松的原则

一方面，加强有关措施、手段的配合工作，另一方面，在社会上制造"松"的假象，防止犯罪人加害人质。同时加强侦查破案的强度，迅速解救人质，抓住犯罪嫌疑人。

侦查人员要秘密接触人质亲属及其他关系人。绑架得逞之后，犯罪行为人通常会直接或间接地对人质亲属或人质其他主要关系人的住处及其动静暗中进行观察，一旦了解到警察已经介入，他们就会停止同人质亲属的联系，或者采取更隐秘的方式同人质亲属联系并胁迫人质亲属避开警方与之私下了结，甚至会杀害人质。因此，接到报案后，侦查人员同人质亲属等关系人的接触必须秘密进行。保持人质亲属家中表面的平静，稳住犯罪行为人。对犯罪行为人的监控活动必须秘密进行。采取隐蔽的行动，出其不意，及时解救被关押的人质。

（三）争取人质亲属的合作与理解原则

人质亲属是侦查所需信息的重要来源，是敌我双方无形的对抗中我方施计用谋的重要中介和支点，一旦失去了人质亲属的配合与合作，不仅会丧失一个重要的侦查信息来源渠道，并且会丧失一次次破案的良机。因此，在侦查绑架案件的过程中，必须争取人质亲属的真诚合作。

在人质亲属的心中，人质安然获释、赎金不受损失、犯罪行为人得到惩罚三者的权重中前一项依次大于后一项，他们作出报警决定前大都经过了一定的思想斗争和利弊权衡。一方面，他们寄希望于警方能在其不付出赎金的情况下安全救出人质；另一方面，他们在人质处境危机时又愿意牺牲赎金，救出人质，此时，他们又往往担心警方因破案心切而不顾及人质生命安全。人质亲属的这种心态决定了他们会或多或少地对警方心存芥蒂，特定情况下甚至会避开警方私下同犯罪行为人做交易。针对这种情况，侦查人员应向人质亲属讲明：警方在侦破此类案件过程中奉行"人质安全第一"的原则，以消除隔膜，避免误解，使双方达成共识，形成合力，密切配合，协调行动。

（四）相机缉捕犯罪人原则

相机缉捕犯罪嫌疑人是指在侦破人质绑架案件中，侦查机关应在找到人质下落后，在有把握不伤害人质的情况下对犯罪人进行及时缉捕或临场处置。

第三节 侦查途径的选择和开展侦查

一、侦查途径的选择

（一）从人质家庭、社会关系入手

绑架案件中的犯罪行为人多数与人质及其家庭有一定的关系，比较了解被绑架人的情况。询问人质亲属，从与人质家庭有各种交往关系的知情人中确定或顺线寻找可疑对象。同时要走访现场群众，从犯罪行为人踩点和实施绑架过程中暴露出的蛛丝马迹捕捉线索。犯罪行为人通常会在人质住处及其他固定活动场所窥探、踩点，绑架行为通常也发生在人质的固定活动处所或固定活动处所之间的路途上，例如，对未成年人的绑架，通常是在其住所内外、幼儿园或学校内外，或者在其上学、外出途中实施绑架，其手段通常是诱骗或暴力劫持。绑架活动在特定时间、空间范围内总会有不同程度的暴露，侦查人员应及时对已知的目击人或相关场所可能的目击人进行询问，查看有关监控视频，并在询问的基础上依据犯罪行为人的体貌特征条件、交通工具条件等排查、布控犯罪嫌疑人。

（二）从犯罪嫌疑人作案条件入手

绑架犯罪嫌疑人往往具备作案的条件，有熟悉人质及家庭情况的途径和便利条件，有作案的便利条件，有藏匿关押人质的偏僻处所，或与被绑架方有经济瓜葛。因此，在侦查中，要从具备作案条件的人中摸排犯罪嫌疑人。

（三）从控制犯罪嫌疑人与被绑架方的联系入手

绑架得逞后，犯罪行为人会同人质家属进行联系，一些犯罪行为人会直接或间接把信件暗中投放在人质家中，有的则利用邮件、电子邮件、网络、快递联系。对于联系信件，侦查人员应围绕信件的内容，分析犯罪行为人的书写习惯、语言特征等，提取信件上的可疑指纹。必要时，要商请邮局、快递企业、互联网企业配合工作，对犯罪嫌疑人的联系方式进行监控。

如果犯罪行为人是通过移动电话同人质家属联系的，要协同电信部门对其联系电话进行监控，用技术手段对嫌疑人定位，侦查人员应对人质亲属电话进行全天候的监听，对通话予以录音，并对录音资料进行系统的分析研究，从中捕捉侦查线索。同时，应采取技术侦查手段并商请电信部门协助对犯罪行为人所用各种电话的通讯情况和话务、电讯资料进行系统监控分析，查明移动电话的发话区位、所在区位。对移动电话的话务资料进行分析研究，查找犯罪人的关系人，从中捕捉犯罪线索。

（四）从犯罪嫌疑人指定交款、赎票的地点入手

侦查人员要对赎票地点进行周密布置，严密控制。在交付赎金的环节上，侦查人员应双管齐下，对交付赎金现场的预先密控和对携带赎金的人质亲属的尾随跟踪并举。侦查人员应尽可能争取在确定交付赎金地点、时间上的主动权，以便于对现场布控；侦查人员应尽力创造条件，设法安排侦查人员化装随同人质亲属或独自以人质亲属的身份前往交付赎金；对犯罪行为人临时改变交付赎金地点有充分准备，并设计好应变方案。对前来取钱的人角色难以辨明的情况下，应先秘

密跟踪，待判明情况后再相机采取行动。

如果犯罪行为人采取指令人质亲属将赎金汇入特定账户的方式勒索赎金，侦查人员应及时到犯罪行为人开户的金融机构，向服务人员了解开户人的体貌特征等情况，并注意调取、观看金融机构的监控录像，从中确认犯罪行为人，为侦查活动提供形象依据。

（五）布建秘密力量，从可疑迹象入手

1. 对人质亲属住宅附近的群众进行秘密访问和布置，以调查、发现形迹可疑人员。绑架得逞后，一些犯罪行为人会直接或间接把信件暗中投放在人质家中，有的犯罪行为人会直接或间接到人质家中观察、打听情况，或者向人质亲属的亲友、邻居打听消息。侦查人员应注意向有关人员调查了解相关的疑人疑事，并应布置他们留意发现疑人疑事，必要时可物建秘密侦查力量了解、发现疑人疑事，从中发现犯罪嫌疑人或犯罪线索。

2. 借助户口调查、线路检查等，发现犯罪嫌疑人其关押人质的隐蔽处所，为破案提供直接线索。

3. 在可能隐匿犯罪嫌疑人的地区范围内开展秘密调查。

4. 监控犯罪嫌疑人。发现犯罪嫌疑人后，应对其进行秘密监控，以发现其同伙及人质所在，防止其加害人质。

第四节　解救人质

一、非对峙状态下的人质解救

（一）在人质交赎地点秘密伏击接近

这是比较常见的一种人质解救方法。当发现犯罪嫌疑人或人质所在，可根据犯罪嫌疑人和人质所处的环境、地点等具体情况秘密接近犯罪人或人质关押处，在确保人质安全的前提下及时拘捕犯罪嫌疑人。

（二）预伏途中解救

当犯罪嫌疑人企图转移人质的关押处所，侦查人员在掌握了犯罪行为人转移人质的线索后，在其必经之路选择适当隐蔽处，预伏守候，在其转移过程中突然袭击。

（三）秘密贴靠，突然袭击

在掌握了人质关押处所以后，要在详细了解人质关押的地形、地物、犯罪人数、使用凶器等情况下，想办法秘密贴近，趁机里应外合，突然袭击，解救人质。或者设法诱敌外出或使其戒备松懈，伺机制服嫌疑人，解救人质。

二、对峙状态下的人质解救

（一）建立系统的人质解救组织

当侦查部门了解、掌握到人质关押处或与挟持着人质的犯罪嫌疑人处于对峙状态时，应有相应的人质解救组织，迅速出击现场，并派专人担任现场指挥，根据现场情况，配备相应的人力与物力，对人员进行明确分工。坚持谈判与武力相结合，力争智取的原则。

（二）秘密封锁现场，严密控制局势

1. 关闭现场的天然气管道或移除危险物质，秘密疏散现场周围群众，防止发生更大危害，为强攻作准备。

2. 占据有效控制案犯活动的位置，以便隐蔽点射的位置。

3. 尽量接近现场，便于强攻和逮捕。

4. 选择能看到案犯的位置，以便观察犯罪嫌疑人的活动，随时向指挥员报告。

（三）多手准备，谈判为主

尽量通过谈判解救人质。在谈判之初，主要是稳定案犯的激动情绪，使其趋于平静。然后晓之以理，政策攻心，使之放弃继续犯罪的念头。对难以通过谈判解救人质的情况，以谈判掩护强攻或探明案犯情况，再采取其他措施。

（四）探明情况，果断行动

如果谈判失败需用武力营救人质，应考虑先用非致命化学武器；其次使用击毙或击伤的杀伤性武器；再次是强攻。如果武力营救不利于人质安全，可暂时放走犯罪行为人，实施追捕逮捕方案，人质解救和捕获犯罪行为人后，要及时组织现场勘查，搜集证据。

第五章 强奸案件的侦查

第一节 强奸案件的概念和特点

一、强奸案件的概念

强奸案件是指违背妇女意志，使用暴力、胁迫或其他手段，强行与妇女发生性行为的案件。强奸案件的基本特征是违背被害人的意志，犯罪人为了达到强奸的目的，往往使用暴力、胁迫或其他手段。所谓暴力，是指犯罪人使用某种器械物品伤及被害人或直接对被害人采取拳打、脚踢、堵嘴、扼颈等，使被害人不能反抗的手段。所谓胁迫，是指犯罪人对被害人进行威胁、恫吓，造成被害人精神恐惧，不敢或不能反抗的手段。其表现形式多样，既可以是口头胁迫，也可以是书面胁迫；既可以是直接对被害人实施威胁，也可以是通过他人间接进行；既可以是使用暴力工具相威胁，也可以是从揭发隐私、毁坏名誉相威胁，或者利用教养、抚养关系以停止提供生活费用相威胁；等等。所谓其他手段，是指犯罪人采取暴力、胁迫以外的使被害人无法抗拒的手段，例如，冒充被害人的丈夫进行强奸；利用被害人生病或因病神志不清的情况进行强奸；利用灌酒或药物麻醉致被害人昏睡后进行强奸；等等。

强奸是一种严重侵犯人身权利，损害妇女身心健康，危害社会治安，破坏社会主义精神文明的犯罪行为，其危害十分严重。

二、强奸案件的特点

（一）受害人与犯罪人有较长时间的正面接触，犯罪人的体貌特征暴露充分

实施强奸犯罪的犯罪行为人无论采取何种手段，均与受害人有一定时间的周旋、接触，受害人对犯罪分子的体貌特征、口音、衣着样式等有一定的印象，因

此受害人一般都能比较准确地提供其受害的具体情况以及犯罪行为人的人数、面貌、体形、口音、年龄、衣着样式；有的还能提供犯罪人在生理和衣着上的某些细微特征，如身体上残疾、疤痕等。多数被害人还能提供作案人的体貌特征及搏斗受伤情况。这都为分析判断案情，查缉作案人提供了依据。

（二）现场上留有强奸犯罪的痕迹及其他物证

强奸犯罪由于违背妇女意志，犯罪行为人作案时多采用暴力、胁迫或其他强迫手段，受害人也可能会拼命挣扎或奋起与犯罪人搏斗，因而在强奸犯罪现场上多有搏斗、挣扎的痕迹，可以搜集到较多的与犯罪有关的痕迹物证。勘查现场时，常常可以从现场上采集到犯罪人的足迹、毛发、血迹、精斑、衣服碎片、钮扣等痕迹、物证。这些痕迹、物证，对确定强奸案件、发现和查缉犯罪嫌疑人具有重要价值。

（三）犯罪人多是熟悉当地情况的人

犯罪人实施强奸犯罪，必须具备一定的条件。不论是入室强奸还是拦路强奸，犯罪人都必须了解准备实施犯罪的地点及其周围的环境状况。入室强奸的犯罪人一般都了解被害人居住的地点，被害人及其家庭成员的生活规律、进出路线，附近人员的活动规律，且有接近被害人的条件。拦路强奸的犯罪人要了解现场所处的位置、地形、地物状况、道路交通及人员来往的情况。犯罪人只有了解上述情况，才能便于实施犯罪又不被抓获。因此，犯罪人一般是熟悉当地情况的人。

（四）犯罪的时间和地点有一定的规律性

强奸犯罪行为一般都是在没有旁人在场、被害人处于孤立无援的境况下实施的。犯罪多发生在傍晚或夜间，路上行人稀少或人们多已入睡的时刻，犯罪地点多在偏僻的街巷、建筑工地、库房、公园僻静处、城郊结合部、乡村野地以及单门独院的住宅。犯罪人选择这种时间、地点，往往是被害人处于孤立无援的境地，犯罪行为容易得逞，又便于逃离现场。正是由于这种情况，强奸案件绝大多数发生在傍晚和夜间，拦路强奸多于入室强奸。总之，强奸犯罪的时间、地点在一定的区域内部都会呈现出一定的规律性。认真研究并把握其规律性，对于制订侦查工作方案和采取侦查措施具有重要的意义。

（五）犯罪行为具有一定的习惯性和连续性

强奸犯罪分子一般是以自身思维能力、行动能力和某些客观便利条件，选择作案目标和作案方法进行犯罪的。一旦作案得逞，便会自以为是，控制不住，往往会采取同样的、自己认为行之有效的手法连续作案，形成习惯性作案特征。有的犯罪人对犯罪的时间、地点、方式，事前多有周密的策划，并在多次强奸犯罪活动中，形成自己的惯用方式和定型手法并连续犯罪。分析研究习惯性犯罪伎俩，有利于采取预伏守候的侦查措施，也有利于根据其作案特点进行并案侦查。

第二节　强奸案件的现场勘查重点

一、现场实地勘查重点

（一）搏斗痕迹及其他乱动迹象

露天野外强奸现场，可能发现泥土、草皮或农作物被踩踏滚压痕迹，有时还能发现膝、肘关节形成的凹陷痕迹；工地、货场、空房、废墟、山洞或其他空旷处所，可能在地面上发现倒卧、翻滚的尘土痕迹；室内强奸现场主要表现为器物、家具有散乱、翻倒及破损现象。上述各种场合，都应从混杂零乱的痕迹中，注意发现和提取具有分析鉴定价值的脚印以及门窗器物、灯具开关上犯罪人留下的手印。

（二）凶器及现场遗留物

强奸现场上可能留有犯罪人使用的暴力工具，如枪械、刀具、铁器、棍棒、石块等；还可能留下钮扣、裤带、手套、帽子、门罩、碎衣片等零星物证。这些物证因系犯罪者随身携带使用之物，提取时须防止污染，并妥善包装运送，以保护检验条件，保存嗅源。

（三）人体分泌物或脱落物

精斑、唾液斑、阴毛、皮屑是强奸事件的有力证据。如系室内现场，可从床单、被褥、席垫或地面上寻找；如系露天现场，须从地面上丢弃的纸片、布片、手巾及某种临时铺垫物上注意寻找。

（四）其他痕迹物品的提取

勘查中，对于强奸现场周围环境，应察看一切可供犯罪嫌疑人隐蔽潜伏的处所，以便发现犯罪嫌疑人因蹲守、停留而留下的脚印和遗留物，对来去现场的道路沿途也须察看有无可疑的足迹、车轮痕迹或抛弃的物品。犯罪嫌疑人或被害人从现场带走的泥土、草籽、灰粉或其他微粒物质，勘查时如认为有必要，即须从现场上提取适量样品，以备对照检验之用。

二、现场访问

（一）询问被害人

1. 事件发生的时间、地点、天气、环境状况、出事前是否有人尾随。

2. 作案过程。犯罪人从何方向来，接近被害人的方式，是否使用暴力、胁迫或其他手段，使用何种工具，有无搏斗痕迹，毛发脱落情况，是否劫走财物，作案后逃离的路线及交通工具。

（二）询问被害人的亲属及邻居、同事

主要向被害人的亲属及邻居、同事询问被害人的平时活动规律、平时生活作风；是否有人近期打听过被害人的起居和生活规律；案发当时是否听到过呼救声或可疑声响；事件发生前后是否见到可疑的人。

三、现场分析的重点

1. 通过研究现场所处的具体环境，结合访问所得材料，推测犯罪嫌疑人对犯罪地点是否熟悉。判断犯罪嫌疑人是不是在附近工作、学习、生活，有的通过研究现场所处环境，还可以推断犯罪嫌疑人的犯罪心理，从而可能推断出摸排范围。

2. 根据现场留下的痕迹及受害人的陈述，刻画犯罪嫌疑人的体貌特征及职业等。以便于我们寻找具有体貌特征相同的人或通过现场周围的视频监控发现犯罪嫌疑人踪迹。

3. 根据作案人遗留在现场的随身物品，判断其个性特点及可能的居住范围。

第三节　强奸案件的侦查途径和取证措施

一、强奸案件的侦查途径

（一）从犯罪嫌疑人的人身形象入手

对于强奸犯罪，在勘查现场、询问被害人、访问群众的基础上，首先要认真分析判断案情，准确刻画犯罪条件，确定侦查范围。确定侦查范围通常有以下方法：一是根据犯罪人说话的口音和内容，分析犯罪人生活、工作的地区，可能从事的工作，以便确定其地区范围和职业范围；二是根据犯罪人的衣着装束、皮肤颜色、手部面部特点，分析犯罪人是农村人还是城市人，是从事脑力劳动还是从事体力劳动，以便判明居住范围和行业范围；三是根据犯罪人来去方向、现场遗留物、附着物，判明犯罪人居住区域，可能在何单位，从事何种工作；四是根据犯罪人对现场及其周围环境的熟悉程度，分析犯罪人是当地人还是外地人，如果判明犯罪人是熟悉情况的外地人，反映出是什么地区的人，在本地可能从事何种职业，从而明确开展侦查工作的大致范围。在确定的侦查范围内，注意调查具有犯罪条件的人员。

首先，调查具有犯罪时间条件的人。犯罪时间条件是发现与确定犯罪嫌疑人的基本条件。应从犯罪时间内行踪去向不明或出现在现场附近的人员中发现嫌疑人。其次，调查具有犯罪动机的人，注意从思想道德败坏、品质恶劣、有流氓行为、两性关系混乱以及有强奸犯罪前科的人员中，比照犯罪条件发现犯罪嫌疑人。再次，调查发现与犯罪人个人特征相似的人。如果被害人和群众提供了犯罪人的体貌特征，应据以调查发现有相似体貌特征的人，从中发现犯罪人。最后，调查具有犯罪工具和某种随身物品的人。强奸案件现场常常遗留有犯罪工具痕迹。有的案件，犯罪人在仓皇逃离过程中还可能留下匕首、棍棒、绳索、自行车等工具或钥匙、手表、打火机等随身物品，这也应作为调查发现犯罪嫌疑人的重要依据。对于驾车强奸案件，由于汽车体积大、特征标志明显，易于辨认识别，利用道路监控视频可追查犯罪人作案用的交通工具，可以从中发现线索。此外，如果犯罪人对犯罪地点十分熟悉，了解被害人的生活规律、家庭成员等情况，在调查摸底时也应以此作为发现嫌疑人的重要依据。侦查轮奸案件，要注意发现与审查流氓团伙，从平时三五成群、滋事生非的人员中发现符合条件的嫌疑人。如果犯罪嫌疑人受伤，应当从在案发时间内受伤、去医院就医，其伤势特征相同的人员中发现线索。

调查摸底，可以结合公布案情和其他发现嫌疑人的方法进行，如果强奸过程中暴露出犯罪人可能是被害人的熟人，可以动员被害人及其家属提供其交往关系，也可通过查被害人的通讯记录和社交工具，发现犯罪线索，从曾有过接触交往的人员中发现犯罪嫌疑人。同时，还可以在重点地区布置秘密力量，发现犯罪嫌疑人。

（二）从巡逻守候入手

强奸案件的犯罪成员有不少是惯犯，具有连续犯罪的特点。这种连续犯罪往往在选择犯罪时间、地点、手段、方法上具有一定的习惯性。如果一个地区在一定时间内，先后发生多起强奸案件，可以将它们联系起来进行分析。一旦判明是同一个或同一伙犯罪人所为，则应针对犯罪人的活动规律，分析其可能再次实施强奸犯罪的区域，组织侦查人员、派出所民警、治安积极分子等在该区域、场所进行秘密巡逻、守候，伺机捉拿现行。对巡逻、守候中发现的可疑人员，可视具体情况采取相应措施，或跟踪监视，查清其姓名、住址，审查其是否具备刻画的犯罪人条件，或立即进行询问。

如果被害人能识别犯罪人，犯罪人可能仍在本地区活动，可征得被害人的同意，由侦查人员暗中保护被害人，在犯罪人可能出入的场所进行寻找辨认，以便查获犯罪人。在巡逻、守候时，特别是在寻找辨认的过程中，要巧妙设计，掌握好抓获犯罪人的时机，保护被害人的安全，防止犯罪人行凶拒捕或逃跑。

（三）从控制赃物入手

有的强奸案件，犯罪人不仅强奸，而且抢劫被害人的财物。犯罪人劫取财物之后，便成为赃款赃物的拥有者，及时控制赃款赃物，可以从物到人发现犯罪人。凡是有财物损失的强奸案件，要根据财物的情况，分析犯罪人处理赃物的方式，然后有针对性地控制赃物的销售与使用。同时向有关地区发出赃物通报，请求协助查控赃款赃物。

（四）从查对犯罪档案入手

强奸案件的犯罪成员有不少是惯犯，可通过查对犯罪前科档案，从犯罪人的人身形象、犯罪手段、方法和具有的某种技能入手开展调查，也可根据现场遗留的手印，查对指纹档案，查找犯罪嫌疑人。

（五）并案侦查

如果同一地区或者相邻地区连续发生强奸案件，犯罪地点、时间、手段、人数以及犯罪人的体貌特征等有共同或相似的特点，考虑到可能是同一个或同一伙犯罪人所为，可以组织并案侦查。

（六）追缉、堵截

有些强奸案件，由于受害人报案及时，估计作案人尚未逃远，并且受害人又能准确提供犯罪人及携带物品的具体特征、逃窜方向，侦查人员应迅速组织力量，部署卡哨，结合视频追踪，沿着作案人逃跑的方向和可能逃往的地点，进行追缉、堵截，缉拿犯罪嫌疑人。

二、强奸案件的取证措施

（一）组织辨认

组织受害人对强奸犯罪嫌疑人进行辨认确定嫌疑人是否就是本案犯罪行为人。在强奸案件中，由于受害人与犯罪行为人都有一段时间的周旋、接触，一般都能比较准确地记忆犯罪行为人的体貌特征。在侦查过程中，一旦发现了具体的嫌疑对象，应及时地组织受害人进行辨认，也可以对嫌疑人的照片进行辨认，也可对现场遗留物品的辨认、对犯罪现场及类似场所的辨认、对赃物的辨认，发现嫌疑人。

（二）搜查取证

搜查是获取强奸犯罪证据的主要措施。强奸案件的犯罪人，有的使用过某种犯罪工具，有的抢劫了财物，有的因犯罪衣物上沾附了精斑、血迹，沾附了现场上的泥土、花粉、草屑，有的因搏斗衣裤被扯破等，这些物品是揭露与证实强奸犯罪的重要物证。如果犯罪工具、赃物或其他与案件相关的物品在犯罪人或其亲友住宅内，可以使用秘密搜查手段，一旦发现再以公开搜查的方式获取。

强奸案件中的重要物证，有不少是微量物质，因此，搜查前要认真分析，判明某些物品存在的部位，确定搜查的重点。对于某些可能隐藏罪证的部位，应仔细搜查。搜查中发现的赃物罪证，要以笔录、拍照等方式加以固定，并依法提取、扣押。

（三）组织司法鉴定

为了确定被害人或犯罪嫌疑人损伤的性质，认定致伤工具与致伤方式，查明现场遗留物质的属性等，常常需要使用法医检验、痕迹检验、刑事化验等技术手段。

通过法医鉴定，确定被害人身上的伤痕是自伤或他伤，受伤的时间，被强奸的事实、情形。有时，还可确定犯罪嫌疑人身上的伤痕是否是被害人在反抗时形成的。对于获取的精斑，通过 DNA 检验，确定是否为犯罪嫌疑人所留。

强奸案件的痕迹鉴定，主要是手印、足迹和断离物痕迹鉴定，如鉴定现场遗留的手印、足迹，确定其是否为犯罪嫌疑人所留，又如鉴定被害人从犯罪人身上撕下的衣服碎片与犯罪嫌疑人某件衣服破损部位相吻合、两者系同一整体，都是证实强奸犯罪的有力证据。

在强奸案件的作案现场，通常可以提取到作案人的手印、脚印、毛发、精斑等痕迹、物证，通过对其进行科学技术鉴定，认定现场上的痕迹、物证是否为犯罪嫌疑人所留。

通过对物质成分的化验，判明犯罪嫌疑人身上粘附物的泥土、花粉、草屑等物质与现场的物质种类相同，也可为证明犯罪嫌疑人实施强奸犯罪提供间接证据。

（四）及时讯问

讯问是对犯罪嫌疑人进行面对面的审查。通过这种审查，获取犯罪嫌疑人的口供，既可以核实犯罪，又可以深挖线索，发现和查明新的罪行。

强奸案件的犯罪人，不少都存在着侥幸心理，本能地抵制讯问。

在讯问时，一定要结合案情，针对被讯问人的具体心理状况，运用适当的策略方法。对有的被讯问人可以单刀直入直接提问；对有的被讯问人先要进行正面教育，指明前途，解除顾虑，然后提问；对于狡辩抵赖的被讯问人，要迂回提问，或出示一定的证据，施加某种压力；讯问有的对象有时需要选择适当的环境，制造一定的气氛；等等。总之，要以案情和被讯问人的心理为依据，灵活地运用讯问的策略方法。

对于犯罪嫌疑人供述的强奸罪行，要进行认真核实。特别是对轮奸案件犯罪成员的供述，要注意审查相互间供述的事实、情节是否一致。对于犯罪嫌疑人供述的而被害人拒绝承认的强奸犯罪，应对被害人进行耐心的教育，寻求被害人的配合，查明事情真相，核实犯罪事实。

第四节 侦查强奸案件应注意的问题

一、严格审查立案条件

强奸案件的线索来源，一般是被害人及其亲属的控告，知情群众的检举揭发。在众多的检举揭发材料中，绝大多数是有犯罪事实依据的。但有少数可能是出于报复陷害他人或者为掩盖自己的不良行为等而谎报强奸。侦查人员不能先入为主，把凡是与控告对象之间有过恋爱关系、通奸关系或某种矛盾，或者其本人平时生活作风不严肃而一概认为有谎报强奸的倾向。为了审查控告是否属实，应把控告人及其指控的被告人以及相互之间的关系调查清楚，并结合现场情况进行分析，以查明事实真相。

侦查实践中，有的妇女确实被强奸，但因种种顾虑不承认被强奸，这种情况一般是无人报案的，或虽有人报案但被害人或其亲属要求撤销案件。对于此类现象，必须要对被害人及其亲属进行教育，解除顾虑，指出用法律保护自己的必要性和可能性，从而解决好立案问题。

二、严格执行对被害人进行询问和检查的规定

询问被害人应当由女侦查员进行。因为女侦查员可以减轻被害人的心理压力,达到询问目的。同时因为犯罪人实施强奸的某些情节,如流氓语言、流氓动作,被害人不愿向男性陈述,身上的伤痕也不便让男性查看。如果没有女侦查员,可以请女预审员代为执行询问任务。询问被害幼女,须有家长或女教师在场。一般不得对被害人进行性器官的检查。如果必须检查,须征得被害人或其亲属的同意,由女法医进行。没有女法医的地方,可以委托医院妇科医生检查。

绝对禁止有伤风化的实验,不得有侮辱人格的行为。

三、严格保护被害人名誉和人身安全

被害人受到强奸暴力后心理上留下严重创伤,担心影响扩大,往往不敢声张,甚至不敢报案。有的甚至犯罪嫌疑人交代了强奸事实仍不愿提供证言。因此,侦查强奸案件,应特别注意保护被害人的名誉,不能让与办案无关的人知道被害人的有关情况。即使在侦查终结后,为了总结经验教训,案件知情面有所扩大,也仅限于侦查部门内部,不能扩大范围。

由于被害人与犯罪人有过正面接触,有的被害人能够识别犯罪人,有的罪犯也可能认识被害人,侦查过程中必须注意保护被害人的安全。组织被害人寻找辨认罪犯,必须给被害人化装并严加保护,避免群众尾随、围观,防止犯罪人行凶,杀人灭口。

第六章 拐卖妇女、儿童案件的侦查

第一节 拐卖妇女、儿童案件的概念和特点

一、拐卖妇女、儿童案件的概念及危害

拐卖妇女、儿童案件，是指以出卖为目的，拐骗、绑架、收买、贩卖、接送、中转妇女、儿童，以及以出卖为目的，盗抢婴幼儿的行为的案件。所谓拐骗，是指利用欺骗、利诱等非暴力手段使妇女、儿童轻信上当，然后将妇女、儿童加以控制。这里的绑架是指使用暴力、胁迫或者麻醉方法劫持、控制妇女、儿童，在妇女、儿童无法反抗的情况下将其绑架掳走。收买是指以出卖为目的，买进妇女、儿童的行为，即是准备低价买进再高价卖出。接送和中转是指在拐卖妇女、儿童的共同犯罪中，分工隐匿、移送、接转被拐卖的妇女、儿童，或者将被拐卖的妇女、儿童转手交给其他人贩子的行为。接送和中转中，虽然犯罪人没有直接去拐卖、绑架和出卖妇女儿童，但他们往往是拐卖妇女、儿童犯罪集团或一般共同犯罪的成员，在共同犯罪分工中负责接送、中转，也是拐卖妇女、儿童的犯罪行为。贩卖是指将妇女、儿童卖给他人的行为。盗抢婴幼儿是近年发生的更猖獗的犯罪手段，是指犯罪人趁机盗窃婴幼儿拐卖或在路途或入室抢劫婴幼儿拐卖的行为。

拐卖妇女、儿童犯罪是一种社会丑恶现象，也是一种性质恶劣的侵犯人身权利的罪行。它不仅毒化社会风气，诱发其他犯罪，严重影响社会治安秩序，而且侵犯了公民的人身自由权利，摧残妇女、儿童的身心健康，给许多家庭造成了痛苦和不幸，有的因此家破人亡。因此，拐卖妇女、儿童犯罪是一种严重的刑事犯罪，必须予以严惩。

二、拐卖妇女、儿童案件当前呈现的特点

(一) 犯罪区域逐渐扩大，有向城市和境外蔓延的趋势

新中国成立后，经过集中打击，20世纪60年代，贩卖人口的现象已基本绝迹，20世纪70年代初，这类犯罪又死灰复燃，并逐年增加，当时被拐卖妇女多为西南省份的妇女，她们往往由偏远的乡村被卖入相对发达的沿海地区的乡村，被拐卖的妇女绝大多数被迫成为人妻。被拐卖的儿童多以男童为主，大多成为买主的继子，为买主家延续香火。

伴随着社会经济的不断发展，拐卖妇女、儿童犯罪也呈现出一些新的特点，拐卖妇女、儿童犯罪的区域扩大，原来只有几个省有拐卖妇女、儿童犯罪，但是现在全国每个省都有这种犯罪，尤其是东南沿海。原来的拐入省，现在同时成为拐出省了。随着农村人口涌向城市务工，城市中的劳务市场成为犯罪分子新的猎物目标场所，他们以招工为名，诱骗妇女上当受骗，控制其人身自由，有的被卖往娱乐场所，强迫卖淫。犯罪人利用城市务工人员忙于生计，无暇顾及子女，自我保护意识弱的特点，将其子女作为犯罪目标。近些年，随着中外交流的不断扩大，境内人员被拐往境外的案件也时有发生，一些犯罪分子同境外犯罪分子进行勾结，拐卖妇女、儿童。

(二) 犯罪日益向组织化、集团化、专业化发展

过去，拐卖妇女、儿童犯罪多为"单干"型，偶尔出现的共同犯罪也多属于临时纠合型。但是，近些年来，随着拐卖妇女、儿童犯罪活动的恶性发展，犯罪形式有所改变，共同犯罪增多。不但出现了人员众多、形式不定的犯罪团伙，而且出现了职业性犯罪集团，很多犯罪团伙以家族、宗族为纽带，拐骗、中转、藏匿、贩卖妇女、儿童，形成"一条龙"犯罪。有的建立"据点""专业村"，以此为职业。最初拐卖妇女、儿童的贩卖团伙组成了拐骗妇女、儿童的专业组织。他们互相勾结，狼狈为奸，由"跑单帮"到分工明确，团伙流水作业，形成骗、拐、转、运、介绍、窝藏各个环节相连的"一条龙"犯罪，搞得天衣无缝。这些犯罪团伙借助现代化的通信设备，用黑话、暗语联络。当"货"一到，立即放入早已等待在那里的汽车，几小时后，按照事先定好的买主，"送货上门"。很多妇女一旦落入人贩子之手，便失去了人身自由，有的被毒打转卖，有的被强奸、轮奸，有的竟被迫害致残致死。犯罪的日益组织化、集团化、专业化，使得拐卖妇女、儿童犯罪的路径更加错综复杂，空间跨度更大，打击、解救更加困难。

（三）拐卖妇女、儿童犯罪呈现多样化，暴力化趋势明显

以前，犯罪人的作案手段主要是欺骗、引诱被害人上当受骗。在整个拐卖过程中，犯罪人隐瞒真实身份，捏造事实、花言巧语，以"合伙做生意""帮助介绍工作""介绍对象""结伴旅游"等为诱饵，诱使被拐卖对象"自愿"按其意图行事，常使被拐骗人到被拐骗时才知上当。

现在，随着网络的普及，有的犯罪人利用网络的便捷性、成本低的特点，通过网络聊天交友，或以征婚、交友等为名，取得见面机会，趁机表现，获得被害人信任，然后以外出游玩为名，控制被害人的身份证明及钱财，将被害人卖往娱乐场所。被拐卖对象向低龄化发展，多为学生、想外出打工的女孩。有的犯罪人利用网络发布所谓的收养、送养信息或建立有关论坛，实为开拓、建立隐蔽的拐卖信息渠道，犯罪手段更加隐蔽。

随着犯罪的组织化、集团化、职业化，犯罪的暴力化也日益明显，一些犯罪人公然在光天化日之下抢夺、抢劫婴幼儿，由单一的诱拐、偷盗，向打伤、杀害家长抢婴、绑架、麻醉、抢夺儿童手段转变；有的强迫被害人从事劳动、街头卖艺、行乞以及卖淫、偷盗、抢夺等非法活动。

（四）拐卖妇女、儿童犯罪取证难、处理难、解救难

拐卖妇女、儿童犯罪向组织化、集团化、专业化方向发展，并且多系跨省、区流窜犯罪，并形成了纵横交错的犯罪网络。在犯罪团伙内部，犯罪人往往分工明确，在犯罪的各个环节中多使用单线联系，犯罪人在犯罪中常常假冒身份，使用假姓名、假地址，团伙成员间常常互不知底细，这就给侦查取证工作带来一定的难度，尤其是涉及数个省、市、自治区的拐卖妇女、儿童案件，证据链往往很长，经常需要到异地调查取证，这不仅需要当地警方的配合，而且需要大笔经费支持，但由于当前侦查机关警力不足，办案经费匮缺等原因，使得拐卖妇女、儿童案件的调查取证举步维艰。加之被拐卖对象的买主一般都有较广泛的社会关系，有些甚至受某些基层组织的庇护，有的收买方是组织卖淫者或黑、恶社会势力，有深厚的社会背景，因而对被害人和买主的取证工作也十分艰难。另外，拐卖妇女、儿童案件的犯罪分子，尤其是主犯、首犯，多系惯犯，犯罪手段狡诈，不仅使用假名假姓、单线联系，而且大多暗中物色买主，暗中成交，一般不易现场抓获，即使被捕获，往往也只交待已经暴露的犯罪事实，使侦查取证工作无法深入。对拐卖妇女、儿童案件犯罪分子的打击处理工作也步履维艰。

从侦查角度而言，由于警力不足和经费缺乏，无法有效地组织拐卖妇女、儿

童案件的犯罪分子的取证追捕工作，从而使一些大的拐卖妇女、儿童案件的犯罪分子长期逍遥法外，对一些被捕获的犯罪分子，由于无法获取充分证据，往往也重罪轻判，或不了了之。另外，从立法上看，我国有关拐卖妇女、儿童犯罪的立法存在不完善的情况，导致对拐卖妇女、儿童犯罪打击不力，处理难。我国《刑法》第240条虽然对拐卖妇女、儿童犯罪的罪状作了比较具体的表述，但是，将绑架妇女、儿童犯罪合并为拐卖妇女、儿童的特别严重情节，显然这是将两个不同性质的犯罪合二为一，法理不通，逻辑不合。再如，《刑法》第240条还将奸淫被拐卖妇女和强迫妇女卖淫等作为加重情节，因而形成了包容。如此立法在一定程度上限制了数罪并罚制度的适用范围，特别是司法机关在执行中理解和掌握不一，在认定和处理这类犯罪时存在较大的难度，曾出现了执法不一的现象，增加了认定、处理的难度。由于办案经费短缺，主要由侦查部门单打独斗，警力不足，设备落后，而拐卖妇女、儿童犯罪活动又多跨省、跨地区，具有人多、线长、面广的特点，侦查处理拐卖妇女、儿童案件费时费力，侦查打击难度大。

在实践中，打击拐卖妇女、儿童犯罪除取证难、处理难外，还存在解救难的问题。一些人法制观念淡薄，有些地区的基层组织和群众不仅消极对待打击拐卖妇女、儿童犯罪的斗争，甚至有少数人与犯罪分子同流合污，包庇、支持乃至直接参与拐卖活动，阻碍对被拐卖妇女、儿童的解救。在公安人员解救被拐卖妇女、儿童时，一些群众不但不配合，反而为买主通风报信、帮助其隐藏转移，而收买被拐卖妇女的则往往认为自己花钱买人不犯法，因而围攻殴打解救人员，使得解救困难。另外，随着一些妇女被卖往娱乐场所或卖往国外逼迫卖淫，一些儿童被卖往城市被犯罪分子控制盗窃、乞讨等，对这些人的解救也变得复杂。他们身后往往是犯罪组织或黑、恶社会势力，具有反侦查力和对抗力，如果涉及跨国解救，还会涉及司法协作、法律适用等问题。

第二节　拐卖妇女、儿童案件的侦查方法

一、侦查拐卖妇女、儿童案件的宏观对策

（一）适时开展打击拐卖妇女、儿童的专项斗争

拐卖妇女、儿童犯罪是严重侵犯妇女、儿童权利、扰乱社会治安、毒化社会风气的犯罪，此类犯罪具有点多、面广、线长、难以打击的特点，因此，针对一

定时期拐卖妇女、儿童犯罪活动猖獗的情况，需要展开专项斗争，以有力地打击拐卖妇女、儿童犯罪活动，切实保护妇女、儿童合法权益，进一步提高党和政府在人民群众中的威信。通过专项斗争，破获一批拐卖妇女、儿童犯罪案件，打击处理一批拐卖妇女、儿童的犯罪分子，解救一批被拐卖的妇女、儿童，依法惩处一批收买妇女、儿童的违法犯罪人员，最大限度地摧毁拐卖妇女、儿童的"买方市场"。要通过专项斗争教育群众增强法制观念，减少收买妇女、儿童的现象；建立健全科技含量高、信息传递快、责任落实、协作有效，能够及时发现和打击人贩子，迅速准确解救被拐卖妇女、儿童的新的工作机制，遏制此类犯罪活动的发展蔓延，维护社会稳定和治安平稳。

各地开展专项斗争，首先要深入细致、扎实认真地开展调查摸底工作。调查掌握以下情况：一是拐卖妇女、儿童犯罪嫌疑人员的情况、底数。包括因拐卖妇女、儿童违法犯罪被在押或服刑的人员；因拐卖妇女、儿童违法犯罪行为被刑拘、逮捕、判刑，已经释放的人员；因拐卖妇女、儿童违法犯罪行为被刑拘、逮捕、判刑，现在逃或脱逃的人员。在录入公安部"拐卖妇女、儿童犯罪嫌疑人员"信息库的同时，还要按照公安部"破案追逃"新机制的要求，及时将有关信息输入公安部"在逃人员信息库"。二是要摸排被拐卖的、其家属要求解救的妇女的情况、底数。三是摸排被拐卖或失踪儿童的情况、底数。在调查摸底的基础上，在全国或突出地区适时开展专项打击活动。专项斗争的重点可以是解救被拐卖妇女、儿童，可以是缉捕正在实施犯罪或已经在逃的拐卖妇女、儿童犯罪分子，也可以是打击"二道贩子"或买主，也可以是上述情况兼而有之。在开展打击拐卖的专项斗争中，要注意把握以下环节：

1. 各地要把专项斗争的部署情况和工作方案及时向当地党委、政府和政法委汇报，积极争取当地党委、政府和有关部门对专项斗争的关心、重视和支持。要在党委、政府领导下，充分发挥宣传、民政、妇联等部门和组织的作用，做好相关工作。在一些拐卖妇女、儿童犯罪活动严重的地方组织解救工作时，要依靠基层党政组织的支持和有关部门的配合，遇到群众阻拦时要耐心细致地做好说服教育工作，慎用武器警械，避免因解救而激化矛盾，引起突发事件，影响社会稳定。

2. 突出重点，统筹兼顾，确保社会稳定。专项斗争中，各地要突出打击和解救重点。要重点打击拐卖妇女、儿童犯罪团伙和强迫、引诱被拐卖妇女、儿童进行违法犯罪活动的人贩子，以及摧残、虐待、转手倒卖被拐卖妇女、儿童的买主。要重点解救那些被迫进行违法犯罪活动、被转手倒卖倍受摧残、急需解救的被拐卖妇女、儿童。要把专项斗争与打击本地突出犯罪活动、整治农村社会治安、整顿文化娱乐场所治安秩序等工作相结合,统筹兼顾,合理安排,确保取得实效。经过深入调查摸底,对于拐卖妇女、儿童犯罪活动不突出的地方,要因地制宜,把打拐专项斗争和打击本地突出犯罪活动、整治突出治安问题相结合,使打击整治更有成效,确保本地社会稳定。

3. 做好宣传发动和法制教育工作,动员广大人民群众积极参与专项斗争。各地要制定宣传计划,充分运用地方新闻媒介,采取多种方式烘托"打拐"氛围,掀起"打拐"声势。要主动与新闻单位联系,加强协作配合,大张旗鼓地宣传公安机关侦破案件、打击拐卖妇女、儿童犯罪分子、解救被拐卖妇女、儿童的成效和民警的英雄事迹。要开展多种形式的法制宣传活动,教育群众自觉守法,并号召人民群众向公安机关检举揭发犯罪线索。宣传中还要注意把握好时机、内容和力度,引导宣传工作有序进行,要严格宣传纪律和审核把关,防止因宣传不当产生负面影响。公安部和各地设立热线电话,接受群众举报。对举报、检举、揭发拐卖妇女、儿童犯罪线索有功的人员给予奖励,调动社会各界和广大人民群众参与专项斗争的积极性。

4. 加强基层基础工作,探索建立"打拐解救新机制"。专项斗争中,各地要通过对重点人口和劳务市场、娱乐场所等重点地方的调查、管理和控制工作,发现公安基层基础工作存在的不足,研究改进措施,促进公安基层基础工作发展。要采取有效措施调动基层民警积极性,引导基层民警在日常工作中不断收集、更新有关信息,努力保持信息的鲜活性,在打击犯罪中发挥更好的作用。专项斗争中,各地还要认真总结打拐解救工作信息传递、运用科技手段、落实责任、协作配合等各个环节好的做法和经验,探索研究建立能够及时发现和打击人贩子,解救被拐卖妇女、儿童的日常工作机制。例如,和互联网企业合作建立打拐平台,以便于群众报案、发布涉拐信息,提高群众的参与度,共同打击犯罪。加强日常 DNA 的采集宣传,通过被拐儿童和父母的 DNA 比对,认定亲子关系。

(二)加强国内、国际合作

拐卖妇女、儿童犯罪的特点是"长途贩运",流动性大,涉及面广,犯罪活动常常涉及许多地区,这给司法机关收集证据、查获犯罪分子、解救被害人均造成很大的困难。因此,加强地区间的司法协作尤其重要。各地司法机关及有关部门要有全局观念、法制观念,克服地方保护主义倾向,加强相互间的通力合作。

公安机关各部门、各警种要充分发挥职能作用，共同搞好专项斗争。侦查、治安、监管等部门要做好相关打击和解救工作；信息通信部门要保障网络畅通，对基层民警开展技术培训，提供技术服务和支援；法制部门要认真研究专项斗争遇到的政策和法律问题，提供法律服务，对参战民警开展法律培训；监管部门要积极开展狱内攻势，深挖余罪，扩大战果；公安宣传部门要下大力气搞好宣传工作；控申部门要全面清理掌握的拐卖妇女、儿童犯罪线索，转交有关部门尽快查处；出入境和边防管理部门要积极配合有关部门做好解救、安置和遣返被拐卖外籍妇女的有关工作；后勤部门要为专项斗争提供物资和装备方面的保障。公安机关、人民检察院、人民法院要依法及时侦查、逮捕、起诉、审判拐卖妇女、儿童的犯罪分子，解救被拐卖的妇女、儿童；司法行政机关要做好宣传教育、协查、收监和法律援助工作；民政部门要做好对被拐卖妇女和儿童的救济工作及查找不到父母的儿童的收养工；妇联等组织要维护妇女、儿童的合法权益，协助有关部门做好宣传、解救、安置工作。各有关部门、组织应当加强联系和沟通，相互支持，密切配合，共同做好打击人贩子、解救被拐卖的妇女、儿童的各项工作，确保打拐专项斗争取得预期效果。因此，对外地司法机关要求协助追捕的罪犯，应当积极协助；对外地司法机关要求协助调查取证的材料，应尽快调查，认真取证并及时回复，不能拒绝、拖延；对外地司法机关及有关单位来人解救被拐卖的妇女、儿童的，要积极提供线索，帮助查找，配合解救，协助遣送，不得消极怠慢，影响和阻碍解救工作。

近年来，中国的拐卖妇女、儿童犯罪活动呈现职业化和组织化的趋势，拐卖妇女被强迫从事色情服务现象增多，跨国、跨境拐卖妇女的案例时有发生。针对拐卖妇女、儿童犯罪活动的新趋势，目前中国开展的反拐斗争不仅要加强国内地区间的协作，而且要加强国际协作。由国内工作为主转变为与国际相接轨。加强国际合作，通过国际项目合作，或以双方联合举办培训班的形式，交流经验，推动联手打击拐卖妇女、儿童犯罪深入发展。在国际上，特别是临近地区，要开拓司法协助的渠道，增强联手打击的能力。

二、侦查拐卖妇女、儿童案件的基本方法

（一）对案情进行分析判断，确定侦查方向和范围

拐卖妇女、儿童案件的案情分析主要包括拐卖人员犯罪线索的审查、对拐卖人口犯罪过程的分析、对犯罪人活动区域的分析及对犯罪人犯罪条件的分析等几个方面：

1. 对拐卖妇女、儿童犯罪线索进行审查。实践中，拐卖妇女、儿童案件的犯罪线索一般有如下来源：

（1）被拐卖人的家属、朋友、同事的报案。这类线索一般包括如下情况：被害人去向不明、较长时间内无音信，且有一定事实依据怀疑其被拐卖；被拐骗对象从被拐骗地通过电话、信函和其他方式告知家人、同事、朋友被拐卖，其家人、同事、朋友向侦查机关报告，请求解救。

（2）在运送过程中，有关拐卖人员的疑人疑事引起群众的警觉而向侦查机关报告发现的线索。

（3）被拐卖对象出卖地的群众向有关部门的举报。

（4）被拐卖对象在被拐卖过程中或从买主处逃出后向有关机关的控告。

（5）侦查机关在侦查破案及基础业务工作中发现的有关拐卖人员的线索。

对拐卖人员犯罪线索的审查是立案和开展侦查的前提和基础，审查的目的主要是确定有无拐卖妇女、儿童的犯罪事实，是否需要立案侦查。尤其是在拐卖人员的犯罪线索是以失踪人的情形或是以疑人疑事出现时，审查工作就更为重要。

对这类线索要认真审查，注意调查被拐骗对象的工作、生活情况，发现其有无工作、生活、经济、奸情等各方面的仇怨关系，分析其有无被杀害的可能；注意调查了解被怀疑拐骗对象离家前的行为表现，分析其是否有因与家人赌气、失恋等而离家出走或是与他人结婚的可能；有时可通过查阅被怀疑拐骗对象的银行信用卡、储蓄卡的消费情况、手机通话记录等分析被怀疑拐骗对象的真实情况。在审查中还要注意是否存在为骗钱而故意被卖而没有按计划脱逃出来的情况。

2. 对拐卖妇女、儿童犯罪过程进行分析。对拐卖妇女、儿童犯罪过程的分析主要是研究拐卖妇女、儿童犯罪活动的基本情况，包括犯罪人物色拐骗对象、拐骗手段方法、运送窝藏情况、物色买主以及成交的过程，其主要方法是：

（1）向被拐骗对象的家人、同事、朋友询问，了解被拐骗对象被拐骗时的活动情况，和谁接触过，离家前有什么异常，最后和谁在一起等情况。

（2）向有关知情群众调查，调查被拐卖对象被拐骗、运送、窝藏、出卖的有关情况。

（3）根据被拐骗地的地理环境和交通状况以及被拐卖对象可能出卖的区域分析犯罪分子运送、隐藏、出卖被拐骗对象的方式和路线。

（4）被拐骗对象向侦查机关提供的情况。如果被拐骗人逃脱或被解救，要向被害人及时询问，被害人对自己被拐骗、运送、窝藏、出卖的过程了解得清楚，能够比较全面、准确地陈述。

（5）买主提供的有关情况。买主一般能够提供犯罪分子的体貌特征、成交的细节和过程。

3. 对犯罪人活动区域进行分析。对拐卖妇女、儿童犯罪人活动区域的分析包括分析其拐骗地、出卖地和运送路线的基本规律，以便确定侦查的范围和防范、解救工作的重点地区。

（1）对拐骗地的分析。拐骗地比较容易确定，一般根据报案人提供的情况及犯罪人的供述，可确定拐骗地。

（2）对运送路线的分析。根据拐骗地和运送地的地理位置及其之间的交通状况或拐卖对象的陈述、提供的车船票，可判断运送路线。

（3）对出卖地的分析。在首先发现被拐卖对象的情况下，出卖地是明确的。但被怀疑拐卖的人或某人被多次拐卖下落不明时，要对出卖地进行分析，以便确定查找的重点地区。分析出卖地时，要注意发现前一时期本地是否有类似的拐卖妇女、儿童案件。对于被拐骗对象的出卖地，也可通过犯罪嫌疑人的供述和买主所在地确定。

（4）对犯罪人个人特征的分析。对犯罪人个人特征的分析包括两方面：一方面是人身形象，包括犯罪人的性别、年龄、身高、体貌、衣着、是否有特殊标记、是否有附加性人身特征等。另一方面是犯罪人的其他个性特征，包括社会职业、文化程度、语言特点、生活习惯、犯罪的思想基础、反常表现等。主要根据被害人、买主和有关知情群众提供的情况、犯罪人在犯罪过程中遗留的有关书证、物证进行分析。

（二）拐卖妇女、儿童案件的侦查途径选择

1. 从询问被害人入手。在拐卖妇女、儿童案件中，犯罪人对被拐卖对象实施犯罪，一般通过欺骗、引诱、暴力胁迫的方式，不管用哪种方式，都必然要与被拐卖对象进行直接的正面接触。随着拐卖行为的持续，这种接触不像大部分其他暴力犯罪那样短暂，尤其是被害人与主要负责拐卖的犯罪人之间必定有多次的、长时间的交往。在利用欺骗、引诱手法进行拐卖的案件中，如通过网聊交友认识犯罪等，被拐卖对象在知晓被拐卖前与犯罪人的交往是在正常心态下进行的。由于被拐卖对象与犯罪人接触的时间长、次数多、心理状态正常，因而被拐卖对象，尤其是被拐卖妇女，能够较为详细地提供犯罪人的体貌特征、交往关系、犯罪细节、途经路线、生活嗜好等。因此，对于逃脱的或及时被解救的被害人，应及时询问，了解其被拐卖的经过、拐卖嫌疑人的特征及被出卖后的处境等情况，分析犯罪人的犯罪活动。在侦查中，通过询问被害人，根据其提供的情况，深挖犯罪，抓捕犯罪人，对打击拐卖犯罪有极其重要的意义。

2. 从被拐出地、丢失地入手。一般来讲，犯罪人拐卖妇女、儿童都有预谋过程，要物色拐卖对象，确定犯罪的时间、地点、采取的手段，运送路线、乘坐的交通工具，中转环节等，犯罪人进行这些预谋行为，必然对准备实施犯罪的地点较为熟悉。有的可能是在当地务工人员，有的可能是在此工作、学习过的人。因此，侦查拐卖妇女、儿童案件要立足于被拐出地、丢失地摸排犯罪嫌疑人，尤其是在同一地方连续发生拐卖妇女、儿童案件的，要对案件进行分析，发现其共同点，判断犯罪人作案必须具备的条件，在具有犯罪动机、作案的便利条件、犯罪工具、作案时间的人中排查，特别要注意在有拐卖犯罪经历，或其亲属、与其来往密切的人可能从事拐卖犯罪的人中重点排查，发现犯罪嫌疑人。

3. 秘密布控，摸排犯罪线索。在拐卖妇女、儿童犯罪的易发地点，如非法劳务市场，经分析认为犯罪人还可能再次作案的，组织有关人员秘密巡视、监控，或组织被害人、目击人秘密辨认，发现犯罪嫌疑人。对以暴力手段抢劫被害人拐卖的犯罪案件，如果排查出可能是犯罪嫌疑人的，用秘密手段对其监控、跟踪，进一步发现其犯罪证据及藏匿被害人的地点，确定犯罪嫌疑人。

4. 从收买方入手，查找犯罪线索。收买方一般直接和犯罪人接触，对犯罪人体貌特征等比较了解，有的还能提供犯罪人的逃离路线和可能的居住地。随着被拐卖妇女较多地被卖到一些场所逼迫提供色情服务，有的收买方也是拐卖犯罪的组织者，因此，要根据线报及时组织检查，发现犯罪的人证、物证。

5. 从疑人疑事入手。拐卖妇女、儿童案件不同于其他暴力性犯罪案件，一般没有明显的犯罪现场可供勘查。因此，案件的信息比较隐蔽，有时需依靠侦查人员敏锐的观察力和长期形成的职业素养发现疑人疑事或依靠群众发现疑人疑事。一般而言，可能为拐卖儿童行为的可疑迹象表现为：在大街上有人带小孩在乞讨、卖艺，而怀抱的儿童长时间昏睡不醒；儿童伤痕及残疾可能是人为造成；将儿童放置在冰冷地面或暴晒，对儿童健康不管不顾；儿童身上有明显伤痕，流脓出血，没有采取任何包扎措施；采用铁锁、铁链等方式禁锢小孩手脚；仅有儿童躺坐在地上，不见大人踪影或大人躲在远处监视观察；乞讨的大人衣服整洁，而怀抱或带着的小孩却浑身脏乱；一名大人带多名残疾儿童乞讨。在车站或车上怀抱婴幼儿的女子对孩子的哭闹不管不顾，长时间不喂奶也不喂水；男人怀抱小孩，没有女性陪同，表情紧张，神情可疑；多名女性每人怀抱一个婴儿，另有随行者专门看管行李；儿童一直哭闹，吵着要找爸妈，而随行大人神情紧张，表情极不耐烦，极力制止；男子带一名或多名妇女随行，妇女显得惊恐不安，不敢言语；怀抱孩子的女子不像育龄妇女；等等。

如果发现这些可疑迹象，要及时询问、盘查，对可疑线索要进一步审查，如果有犯罪嫌疑，对犯罪嫌疑人要及时予以控制，查明案情，发掘更多的犯罪线索。因为为同一个或同一伙犯罪分子，多次拐卖妇女、儿童后，往往会在拐骗区域、运送路线、出卖地区等方面形成一定的习惯，且这种习惯往往具有一定的稳定性。因此，从发现的可疑线索深查，往往能挖掘出犯罪通道，侦破系列案件。

6. 讯问犯罪人。通过讯问犯罪人，获取其进行拐卖妇女、儿童犯罪的有关供词，同时，挖掘其他拐卖妇女、儿童犯罪线索和其他同伙的犯罪事实，以便及时组织追捕，扩大侦查线索。

7. 组织追捕，有效打击妇女、儿童犯罪分子。查清拐卖妇女、儿童的犯罪事实后，根据有关人员提供的情况，应及时对在逃的拐卖妇女、儿童犯罪分子实施缉捕。根据拐卖妇女、儿童犯罪活动的规律特点，应采取各种切实有效的措施开展缉捕，尤其对某些拐卖妇女、儿童犯罪集团的主犯、首犯，更应组织专门力量，一追到底。

(1) 集中搜捕。对拐卖妇女、儿童犯罪分子的集中搜捕可以是在开展专项斗争之时，也可以是在侦破拐卖妇女、儿童犯罪集团、犯罪团伙案件之时，主要方法有设卡堵截、巡逻守候、合围包剿、突击清查、查户查店等。基本要求就是要部署严密，讲究策略方法。

(2) 发布通告，开展政治攻势，规定期限，促使犯罪人投案自首。

(3) 向有关地区侦查机关发出协查人犯的通告或发布通缉令。当拐卖妇女、儿童犯罪分子为流窜犯或外地犯罪分子时，侦查机关为节省人力、物力、财力，可以发挥协同作战的优势，发出协作通报或通缉。

(4) 边解救，边抓捕。对于已构成犯罪的买主、"二道贩子"、包庇、纵容拐卖妇女、儿童犯罪的有关人员，侦查机关在解救被拐卖妇女、儿童时，可以对其同时采取一定的强制措施。对已被缉捕归案的犯罪分子，侦查机关要及时组织力量进行讯问，及时获取其进行犯罪活动的供述。

(三) 被拐卖妇女、儿童的解救

1. 解救妇女、儿童工作由拐入地公安机关负责。对于拐出地公安机关主动派工作组到拐入地进行解救的，也要以拐入地公安机关为主开展工作。对解救的被拐卖妇女，由其户口所在地公安机关负责接回；对解救的被拐卖儿童，由其父母或者其他监护人户口所在地公安机关负责接回。拐出地、拐入地、中转地公安机关应当积极协作配合，坚决杜绝地方保护主义。

2. 要充分依靠当地党委、政府的支持，做好对基层干部和群众的法制宣传和说服教育工作，注意方式、方法，慎用警械、武器，避免激化矛盾，防止出现围攻执法人员、聚众阻碍解救等突发事件。

3. 确定重点解救对象。对于被拐卖的未成年女性、现役军人配偶、受到买主摧残虐待的、被强迫卖淫或从事其他色情服务的妇女，以及本人要求解救的妇女，要立即解救。对于遭受摧残虐待的、被强迫乞讨或从事违法犯罪活动的，以及本人要求解救的被拐卖儿童，应当立即解救。对于自愿继续留在现住地生活的成年女性，应当尊重本人意愿，愿在现住地结婚且符合法定结婚条件的，应当依法办理结婚登记手续。被拐卖妇女与买主所生子女的抚养问题，可由双方协商解决或者由人民法院裁决。

4. 做好安置遣送工作。对于被解救的儿童，暂时无法查明其父母或者其他监护人的，依法交由民政部门收容抚养。对于被解救的儿童，如买主对该儿童既没有虐待行为又不阻碍解救，其父母又自愿送养，双方符合收养和送养条件的，可依法办理收养手续。任何个人或者组织不得向被拐卖的妇女、儿童及其家属索要买妇女、儿童的费用和生活费用；已经索取的，应当予以返还。被解救的妇女、儿童户口所在地公安机关应当协助民政等有关部门妥善安置其生产和生活。

第七章 盗窃案件的侦查

第一节 盗窃案件的概念和特点

一、盗窃案件的概念

盗窃案件是指犯罪人以非法占有为目的，秘密窃取公私财物数额较大或多次盗窃的案件。根据盗窃犯罪嫌疑人与被盗对象之间的关系，盗窃案件一般可分为内盗、外盗、内外勾结盗窃、监守自盗、绺窃案件。

内盗案件：是指机关、团体、企事业单位等的内部人员在本单位进行盗窃的案件。

外盗案件：是指外部人员侵入到机关、团体、企事业单位等的内部进行盗窃的案件。

内外勾结盗窃案件：是指单位内部人员与社会上的人相勾结，盗窃本单位、本部门的财物的案件。

监守自盗案件：是指财物保管人员利用其职务之便，先将其所保管的财物挪用、贪污或盗走，然后伪造现场，谎称被盗的案件。

绺窃案件：又称扒窃案件，是指犯罪人在公共场所以隐蔽的方式窃取他人随身财物的案件。

二、盗窃案件的特点

（一）有一定的预谋准备阶段

盗窃案件的作案人作案是以秘密方式窃取，一般在作案前要进行踩点，物色目标，选择最佳作案时间以及进入、逃离现场的路线。有的嫌疑人在作案前，对目标场所会反复踩点，了解拟盗窃目标的生活规律、保安情况等，制订盗窃方案、准备犯罪工具及规划逃跑路线。嫌疑人在预备犯罪时，可能会被有关群众看到，在案发后，群众会联想到之前看到的可疑现象，为侦查机关提供线索，所以，在案发现场要加强对群众的访问、对现场周围监控视频的查看，发现案发前后、案发时的可疑人。

（二）现场上多留有痕迹和物证，可供检验、比对

犯罪嫌疑人为了实现自己的犯罪目的，一定会对现场障碍物进行破坏，留下破坏痕迹，利用这些痕迹便于研究作案人的作案手段、使用的工具、个性特点、人数等。对于入室盗窃案件，犯罪嫌疑人在现场先要破坏入室障碍物，利用工具撬压、打击、剪钳门窗、破坏门锁、切割卷帘门、用电钻、铁钎凿墙洞等，为入室盗窃制造条件。入室后，嫌疑人要翻找财物，撬压破坏可能存有财物的箱柜、保险柜。嫌疑人在犯罪过程中，除了留下工具痕迹外，还会留下足迹、手印、犯罪工具、毛发、烟蒂等，在现场勘查中，提取相关工具痕迹、手印、足迹、生物检材进行分析、鉴定，为侦查提供线索和证据。

（三）盗窃手段带有习惯性

犯罪嫌疑人在选择作案手法时，大多会根据自己的职业特点、社会经历、自身的特点以及在犯罪中积累的犯罪经验，寻找适合自己的作案手段、方法，以保证盗窃的成功。一旦犯罪成功，嫌疑人的犯罪自信心增强，犯罪手段进一步强化，盗窃手段更熟练，成为以后的盗窃犯罪中惯用的手法。犯罪嫌疑人作案手法的习惯性，有助于判明犯罪人是偶犯还是惯犯，在侦查中，要对作案手段认真研判，串并案件。

（四）多有赃物可查控

盗窃犯罪嫌疑人的犯罪目的就是秘密窃取公私财物，占为己有，将盗窃作为生活来源。因此，有赃物可查是盗窃案件的基本特点，是发现案件嫌疑人的重要线索。

盗窃案件中，赃物与犯罪人之间存在一定的联系。在盗窃之前，犯罪人对某种物品或钱财表现出需求，但自身的经济能力又不足以支持该需求，在案发后，突然进行销赃或拥有某些财物，或者突然暴富，消费支出与自己的收入相差悬殊，这些表现是重要的线索。

现在的一些盗窃案件呈现为犯罪链形式，如电脑、手机、汽车的盗窃案件，形成专门的盗、供、销犯罪链，形成相对固定的销赃渠道，通过网络、物流实现赃物的快速流转。因此，在侦查中，除了要对实体空间的销赃进行控制外，还要

控制网络销赃渠道,从网络销售、物流运送中发现犯罪线索。

第二节　盗窃案件现场勘查的重点

一、现场实地勘查的重点

(一) 对现场进出口的勘验

犯罪行为人进行盗窃活动,总要通过一定的孔道进入存放财物的处所,在窃取财物之后,又要通过一定的孔道离开现场,这个进出现场的孔道通常称为"进出口",亦称"盗口"。犯罪行为人或是破坏障碍物(如挖墙壁、破门窗、撬拧锁等)进入现场,或是攀登潜入,或是乘人不备事先潜藏室内。但不论用什么方式进出入现场,在进出口附近一般留有比较多的破坏痕迹或活动痕迹。因此,首先应当仔细观察进出口附近的地面,然后再仔细勘查门窗、墙壁攀扶处等,发现犯罪行为人留下的手印、足迹、破坏工具痕迹及其他活动痕迹。如果门窗完好,进出口不明显,要考虑开门锁进入的情况,作案人必须具备钥匙或有条件接触到钥匙。所以,对现场进出口的勘验有利于侦查人员判断案情,缩小侦查范围。

(二) 对被盗财物保管处所的勘验

被盗财物保管处所往往是犯罪行为人实施犯罪行为的中心处所,也是被破坏比较严重和留下痕迹最多的地点。勘验时要循着犯罪行为人可能进行的路线寻找、发现、提取犯罪痕迹及遗留在现场的工具、物品,为分析判断案情、开展侦查提供依据。

(三) 对现场周围环境的勘验和搜索

现场周围环境,指的是现场四周与现场相关的地形。它常常是盗窃行为人作案前逗留、预伏的处所,以及作案后逃离和丢弃、隐藏赃物的地点。这些地点和来去道路上会留下各种各样的痕迹、物证。因此,侦查人员要沿着犯罪行为人的来去道路进行搜索,对现场的周围进行仔细的勘验,从而发现和提取犯罪痕迹、物证。

二、现场访问的重点

盗窃案件发生后,事主和有关群众提供的失窃情况对于侦查破案有着重要的作用。通过调查访问,能为侦查人员采取紧急措施提供重要的材料;也能弥补实地勘验的不足,有助于正确判断盗窃现场所发现的痕迹和物证;结合现场实地勘

验情况,为分析案情和确定侦查方向提供重要依据。现场访问要查明的问题包括:

(一)发现被盗的情况

发现被盗的地点、时间、经过,案发后是否有人进入过现场,触摸过哪些物体。

(二)被盗财物的情况

被盗财物名称、数量、价值、体积、大小、重量、形状、颜色、新旧程度、有何标记、暗记等。

(三)被盗财物存放情况

被盗财物平时存放处所,门窗是否关闭,箱柜是否加锁,钥匙由谁保管、存放何处等;被盗财物保管人员的思想品德、工作和生活作风、社交关系等情况;被盗单位门卫、财物保管制度执行情况、单位视频监控所在位置和监控管理情况等。

(四)发案前后的可疑情况

发案前后出现过哪些可疑的人和事,事主和有关群众怀疑是谁偷盗的,根据是什么。对事主的陈述要注意鉴别真伪,要警惕极少数监守自盗行为人为掩盖工作上的失误有意提供虚假情况。

三、现场分析的重点

(一)案件性质的分析

首先结合现场勘查所获得的材料判明是不是犯罪案件,如果是犯罪案件,要判明其性质,是内盗、外盗、内外勾结,还是监守自盗案件。

1. 内盗与外盗的分析。

(1)从现场环境与作案目标的选择上分析:①内盗盗窃对象具有选择性,目标明确;现场遗留痕迹少,破坏程度轻。②盗窃目标具有随意性,不够准确;现场破坏和翻动程度大。

(2)从现场进出口选择上分析:内盗一般出入口不明显,而一般外盗则出入口明显,有破坏工具痕迹。

(3)从被盗财物及遗留的物品分析:内盗案件的行为人不但能准确地对存放现金的箱柜下手,窃取大量的现金,而且会把本单位内部能使用的卡、物品等偷走;现场行为人随身携带物很少遗留现场。外盗行为人除现金外,还将能够带走的贵重物品盗走。外盗行为人进入现场都急不可待地实施犯罪,然后急忙逃离现场，有时会将随身携带物品留在现场，甚至还会将作案工具留在现场。

（4）从现场伪装上分析：内盗案件的现场常常被伪装成外盗现场，以转移侦查视线，但现场有不合理的痕迹、物品存在。

2. 内外勾结盗窃：具有内盗的一些特点，在排除内部人员作案的可能性后，要考虑内外勾结盗窃的可能性。

3. 监守自盗：一般现场上反常现象较多，事主陈述矛盾百出，具有情绪反常的情况，要考虑监守自盗的可能性。

（二）对犯罪人作案时间的分析

1. 被盗财物是何时存放、何时发现被盗；事主在被盗前何时离开现场，离开的时间有多久。

2. 现场所处的具体环境，周围人员的工作、生活规律。

3. 周围群众听到可疑声响或看到可疑情况的时间。

4. 现场痕迹的新鲜程度。

5. 事主或现场周围的群众何时听到现场上发出可疑的声响，何时看到过可疑迹象。

（三）对盗窃犯罪手段方法的分析

犯罪人实施盗窃的手段方法常常能够反映出犯罪人对现场的熟悉程度、犯罪人的职业特点、犯罪人是偶犯还是惯犯等情况。判断盗窃手段方法的依据主要是现场上的痕迹物品。

1. 对犯罪行为人进入现场方法的分析。

2. 对犯罪行为人在破坏障碍物时使用的作案工具的分析。

3. 对犯罪行为人的手段方法是否熟练的分析。

4. 对犯罪现场有无变造、伪造迹象的分析。

（四）对犯罪人数的分析判断

1. 根据现场上遗留的痕迹物品进行分析。根据犯罪行为人遗留在现场的手印、足迹等痕迹判断犯罪行为人人数；根据现场上的破坏工具痕迹判断；根据犯罪行为人遗留在现场上的物品判断。

2. 根据现场被盗物品的情况分析判断。

3. 根据现场周围群众提供的情况分析判断。

（五）对犯罪人条件的刻画

1. 根据犯罪行为人在实施盗窃过程中遗留的痕迹物品分析判断犯罪行为人

的人身形象。

2. 根据被盗物品的重量、体积、物品的存放部位以及障碍物的高低，判断犯罪行为人的体能情况。

3. 根据被盗物品的种类、用途，分析犯罪行为人嗜好、特长及专业知识。

4. 根据犯罪行为人使用工具的技能及使用物品的情况，分析犯罪行为人可能从事的职业。

（六）对犯罪人处理赃物情况的分析

1. 分析赃物的种类、数量、用途和价值。

2. 分析犯罪行为人对赃物的需求以及犯罪成员情况。

3. 分析发案地区的社会环境和市场管理情况。

第三节 盗窃案件的侦查途径和取证措施

一、盗窃案件的侦查途径

（一）控制赃物

根据赃物的用途，控制可能的公开的销赃渠道和秘密的销赃渠道。盗窃犯罪人一旦犯罪得逞，往往会对所窃财物作出不同的处置：在修理行业、收购部门、贸易市场进行销赃；将赃物拿到居民家中，农村、车站、码头、工地等市场外销赃；进行跨省跨市、县销赃，以逃避侦查视线；采取窝主销赃，有的窝主利用商业网点作掩护专门销赃；赌场作赌注进行销赃；在亲朋好友中廉价销赃；赃物留给自己挥霍，或者送给亲友；等等。侦查中应严密控制销赃渠道，及时将赃物的名称、出品厂名、牌号、数量、价值、性能、新旧程度、特有的特征等，通知有关行业和部门，如废品收购站、寄卖店、二手手机、电脑收购、销售、修理行业，银行，珠宝首饰、古玩字画收购门市部，市场行政管理部门等，请上述单位发动群众，注意在其业务工作中发现赃物。严密控制黑市交易场所，在犯罪人可能销赃的地区，布置秘密力量，暗中观察，静待赃物露面。此外，如果发现了犯罪嫌疑人，应监视其交往关系，控制他们的转赃活动。如果发现了犯罪人隐藏赃物的地点，应秘密守候，及时抓获前来取赃的犯罪人。

随着网络和物流的发达，一些犯罪人利用网络销赃售卖、物流传送赃物。侦查中要根据犯罪的销赃渠道，进行网上查控、跟踪，实现赃物的网上比对、查找。同时根据对运送赃物的物流跟踪，发现赃物的流转地、销赃渠道，发现犯罪嫌疑人。

（二）从现场勘查入手，收集痕迹物品

盗窃现场上一般留有痕迹和其他物证，将盗窃现场遗留的痕迹和其他物证，如现场的手印、足印和工具痕迹等，与从重点嫌疑人处提取的痕迹和物品进行鉴定，可以确定现场痕迹物品是否为嫌疑人所留或其家中的物品。在盗窃犯罪现场中，犯罪人由于心理紧张或者疏忽大意而遗弃的工具、衣物、打火机、香烟、手电筒等，可以组织有关群众辨认或通过公安机关的相关信息平台搜索、比对，从中发现侦查线索和犯罪证据。在勘查现场时，及时查看、固定案发前后现场或附近的视频监控，从中发现可疑人员或犯罪嫌疑人踪迹。

（三）查对犯罪前科档案

盗窃案件的犯罪成员许多都是惯犯，因此，可通过犯罪情报中心查档获得侦查线索。根据现场勘查和调查访问，分析罪犯的犯罪手法、特点，查对已储存的个人资料和案件资料，从中发现相同或相似的人或案件。也可根据隐蔽力量或案犯提供的有关线索，查对已储存的犯罪人、案件、物品资料，从中发现相同或相似的人员线索、案件线索和被盗的失物。

（四）并案侦查

盗窃案件一般具有一定的规律性，犯罪手段具有习惯性。侦查时根据在本地区或相邻地区发生的犯罪手段、犯罪工具、犯罪人的人身特征相似的，以及犯罪目标、犯罪时间相同的盗窃案件，如判断为是一伙或一个犯罪人所为，应该集中力量，并案侦查，统一指挥，破一案能带出一串案件。并案侦查突破口的选择，要依据案件特点确定，如根据犯罪人的活动范围和特点，进行巡查和守候伏击，抓获现行犯；根据赃物特征，可以控制销赃，发现赃物，进而发现犯罪人。

（五）从被拘捕的人员中发现盗窃嫌疑人

有的盗窃犯罪人在甲地犯罪后逃往乙地，在乙地因盗窃被捕，有的犯罪人在盗窃犯罪后，因其他违法犯罪被拘留、逮捕。因此，在拘留、逮捕的人员中，有不少是流窜犯。在开展侦查时，要注意及时与本地或外地基层公安等单位取得联系，审查发案后拘留和逮捕的人员，从中发现流窜犯罪人的线索。尤其是侦查团伙盗窃犯罪案件时，侦审结合更为重要，有些犯罪团伙是由劳改释放人员为骨干，加上一些有劣迹的不法分子纠合而成的，在捕获这些罪犯后，只要我们注意把侦查与审讯密切结合起来，就能各个击破，扩大战果，追破大批案件。

(六) 深入群众，排查嫌疑对象

在划定的侦查范围内，有选择、有控制地公布案情，发动群众广泛提供线索；侦查人员要深入群众，综合群众提供的情况，摸底排查嫌疑对象。

二、盗窃案件的取证措施

(一) 司法鉴定

通过侦查发现嫌疑对象后，采取措施搜集嫌疑人的手印、足迹和嫌疑工具、生物检材与现场提供的手印、足迹、破坏工具痕迹、生物样本进行司法鉴定，认定是否同一，从而发现和确定犯罪嫌疑人。

(二) 组织群众辨认，获取证据

在盗窃案件中，现场留有盗窃嫌疑人的破坏工具，如螺丝刀、钳子等，有的还丢弃照明工具，如手电筒、打火机、火柴等，还可能遗留其他物品。对于这些工具和物品，可以组织群众进行辨认，通过辨认获取证据。

(三) 通过搜查，获取赃物、赃款

查获被盗窃的赃款、赃物，对揭露、证实盗窃犯罪具有重要的意义，在侦查中，发现犯罪嫌疑人住处或其他场所隐藏有本案的赃物、赃款，可依法进行搜查，从中获取证据。

(四) 控制销赃，查获赃物

对盗窃犯罪嫌疑人可能销赃的场所，布置力量严加控制，发现赃物后，及时扣留审查，获取赃物，追查作案人。

第四节 几类具体盗窃案件的侦查

一、盗窃机关、团体、企事业单位案件的侦查

盗窃机关、团体、企事业单位案件是指犯罪人以非法占有为目的，侵入机关、团体、企事业单位盗窃犯罪的案件。依据犯罪人与被盗单位的归属关系，可分为内盗案件、外盗案件、内外勾结盗窃案件及监守自盗案件。

(一) 内盗案件的侦查

内盗案件是指机关、团体、企事业单位等的内部人员在本单位进行盗窃的案件。内部人员，不仅指本单位内部的职工、学员、合同工、临时工，而且还包括临时借调到单位内部工作、学习、培训的人员。

1. 内盗案件的特点。内盗案件在作案目标、时机的选择、手段、方法等方面都有其特殊性。具体表现为：

（1）作案目标准确，作案时机选择恰当。这是内盗案件中一个十分突出的特点。作案人往往能够对犯罪现场内何时何处放有何种贵重物品或巨额现金等盗窃目标的情况掌握得十分准确。通常表现为当天刚刚放入单位内的巨额现金，夜间就被盗取。

（2）进出口多不明显。内盗案件的作案人因具有熟悉现场、在作案前有条件进入现场等便利条件，所以，在作案方法上一般不采用钻、炸、凿等动静大、方法复杂的盗窃手段，而是利用出入现场方便的条件，事先进入现场悄悄打开窗户、拧松螺丝、仅仅关闭而不锁窗户，或是事先偷配所需钥匙，自制特殊工具等，使作案工具轻巧、方便，既便于携带，又便于使用。

（3）盗窃的财物比较单一，赃物处理隐蔽。内盗案件的作案人往往对盗窃对象进行选择，不是见物就偷，一般只盗现金或易于携带、方便脱手、单位特征不明显的物品。这是因为，内盗人员作案和处理赃物时最害怕、最担心的是被熟人认出。所以，对有特征、有物主的物品，一般不去偷，以避免因小失大，露了马脚。作案人宁愿只选择无明显特征的现金。内盗案件发生后，犯罪行为人一般不急于处理赃物，一般是将赃物隐藏在秘密处所，等待一段时间后再对赃物进行处理。

（4）现场上多有伪装行为，故意制造假象。内盗犯罪行为人为了避人耳目，转移侦查视线，在作案时间充裕的情况下，有时还会伪造犯罪现场，给人以外盗的错觉。但在伪装时常常出现只伪装入口，忘记出口，或是伪造的出入口经过侦查实验后，发现根本不能出入，伪造的现象给人以多余、不合情理的感觉。越是给人以外盗印象的现象，往往越要谨慎判断。可以这样讲，凡是遇到不合情理的"外盗"盗窃现象，越应从内盗特征去寻找证据。

2. 内盗案件的侦查方法。

（1）及时公布案情，促使犯罪人暴露。在单位内部公布案情，采取这一措施的目的在于发动群众提供线索。一则让群众知道发生了什么案件，在哪个部门发生的，公安机关需要了解什么方面的问题、事情。这样做会得到群众的理解与支持。公安机关既可以为下一步的侦查工作奠定良好的群众基础，也可以调动群众的积极性，广泛收集各种可疑线索。二则给作案人造成精神压力，使其处于广大群众警惕的环境之中，促使其自我暴露。在公布案情时，要把握好分寸、尺度。需要起到何种作用,就将案情公布到何种程度,特别对于案情中牵涉到对破案有重要影响的一些具有特殊性的细节问题,一般情况下应保守秘密,不得公之于众,否则会给侦查工作造成被动影响。

(2) 调查摸底,发现嫌疑线索。在单位内部重点调查:近年或近期有无经济上十分拮据的人;历史上有犯罪前科的人,特别是经济上犯过错误的;从工作性质、便利条件等方面考察谁有作案的条件;案发前后有无异常举动的人或事;等等。

(3) 调查作案工具和现场遗留的痕迹物品,发现线索。对遗留在现场的工具痕迹、足迹、指纹等要认真研究,发现本质特征,揭露伪装特征。对现场遗留物进行辨认,以物找人,发现线索。

(4) 控制赃物。赃物是发现犯罪嫌疑人的重要线索,也是认定犯罪嫌疑人的重要依据。由于内盗案件的犯罪人活动范围和接触的人员有限,赃物隐藏的范围相对狭小。如果案件发现及时,根据被盗财物的种类、数量、价值、用途,分析犯罪行为人可能处理的行为方式,及时采取侦查措施,查控赃物。对单位内部可能隐藏赃物的处所进行搜索,对可能藏赃的人的行踪进行监视。一旦发现嫌疑人有转移赃物或毁灭赃物罪证的行为,相机进行盘查缉拿;对犯罪人可能支取、兑换赃物的银行、储蓄所和犯罪人可能变卖、销售赃物的有关行业、场所、地区进行控制,抓获前来支取、兑换或变卖赃物的犯罪人。如果犯罪人长时间不对赃物进行处理,赃物一时难以查获的,可以在确定重点嫌疑对象之后,采取相应的侦查手段和侦查措施,诱使其暴露赃物,抓获犯罪行为人。

(二) 外盗案件的侦查

外盗案件是指外部人员侵入到机关、团体、企事业单位等的内部盗窃单位财物的案件。

1. 外盗案件的特点。

(1) 对内部不熟悉,盗窃目标一般不准确。外盗案件的犯罪嫌疑人由于是单位外部或是外来的流窜犯罪人,他们对单位内部的环境情况、房屋的内部结构情况以及财物的存放部位不熟悉,因而在犯罪现场上常常反映出盗窃目标的不准确性。外盗案件中,犯罪人因不熟悉财物存放的具体处所,会留下翻找和工具破坏痕迹。此外,犯罪人对进出现场的路线和盗口的选择不合理,有的犯罪人把盗口选择在容易被人发现而又不容易被破坏的地方。这些都反映出犯罪人对现场情况的不熟悉,可以作为判断外盗案件的重要依据。但对于犯罪人在作案前经过

"踩点"，凭借其经验准确地找到财物存放的具体位置，或因偶尔的巧合找到贵重财物，找到财物后立即逃走，而没有在现场上留下继续翻找财物和连续撬盗的情况，在分析时，应结合现场上的其他情况和现场现象进行判断，注意与内盗案件的区别，避免错误地判断案件性质。

（2）盗窃的进出口明显。外盗案件的犯罪人在实施盗窃之前，一般没有条件接触财物保管人员或进入财物的保管处所，因而多不具备提前进入现场以及事先打开门窗锁及配置钥匙开门的条件。犯罪人侵入现场大多采取破窗撬锁、割壁挖洞、攀壁翻窗等手段，这必然会在现场留下明显的进出痕迹，外部侵入的迹象显著。由于外盗案件的犯罪人作案得手后常常会迅速离开犯罪现场，一般不会对侵入和逃离现场的进出口加以掩饰或恢复原状，案件的发现会比较及时。

（3）盗窃的物品种类多而杂。外盗案件的犯罪人大多是贪图享受之徒，以盗窃为生活来源，有的为惯犯，他们盗窃的物品不仅有贵重物品、现金，而且有生活用品，因而盗窃的物品种类多而杂。有的犯罪人根据自身的情况对物品进行选择；有的犯罪人窃取的物品与犯罪人的个人兴趣、爱好有关；有的是为了追求物品的经济价值；也有的与犯罪人的活动范围、销赃渠道有关。而盗窃团伙或流窜犯作案，在对物品的选择上，一般具有习惯性特征，他们一般选择易携带、易脱手的物品。

（4）犯罪现场少有伪装。外盗案件的犯罪人在实施盗窃活动时，一般都无所顾忌，现场上毁证灭迹的情况较少，犯罪人多不对现场进行伪装，犯罪人遗留在现场上的痕迹、物品较多，现场情况和现场现象的真实性较大。一方面，由于外盗案件的犯罪人多为惯犯、流窜犯，其自认为有逃避打击的经验和手法，作案后迅速逃离现场而不对现场进行伪装。另一方面，由于现场破坏大，不易伪装。

（5）犯罪成员复杂。外盗案件的犯罪成员构成较为复杂。犯罪成员中有本地犯罪人，也有外地犯罪人；有偶犯，也有惯犯，其中惯犯、偶犯占有较大比例；有受过多次打击处理，释放后又重操旧业的人员；也有以盗窃为职业的人。他们中的许多人因多次作案而积累了丰富的犯罪经验，其作案手法熟练，胆大妄为，逃避侦查打击的伎俩较多，具有作案快、逃离现场快、销赃快的特点，并常常进行跨区域流窜犯罪，给打击增加了难度。

2. 外盗案件的侦查方法。

（1）对作案特点进行分析，确定犯罪嫌疑人的区域范围。根据案件分析刻画的犯罪人条件、作案的方法、手段，侦查人员可大致推断出犯罪嫌疑人的来源。现代交通的便利,也为犯罪嫌疑人犯罪提供了便利条件,他们往往以血缘、地缘为纽带,结成犯罪团伙,形成特定的犯罪方法,多次作案、流窜作案,具有明显的地域特征。一旦确定地域特征,就可以重点排查在案发前后这个区域的人在案发地点的活动轨迹,排查住宿登记系统信息,排查重点高危人群动向,通过公安信息碰撞,发现犯罪嫌疑线索,追踪排查犯罪嫌疑人。

另外,在确定的侦查范围内,要依靠广大群众和公安人员的密切配合,开展摸底排查工作。摸排的重点应放在是否具备作案时间、行踪是否可疑、有无与现场遗留物类似的物品、经济上是否出现暴富的情况以及是否具备与刻画的犯罪人相似的条件的人身上,从摸排中发现线索。

(2)采取侦查措施,发现犯罪嫌疑人。犯罪嫌疑人如果还没来得及远逃,符合追击堵截的条件的,要采取追缉堵截措施,拦截犯罪嫌疑人。侦查人员尽可能提取现场遗留的痕迹、物品,刻画犯罪嫌疑人的人身形象,排查犯罪嫌疑人;查看周围监控视频和向周围群众调查访问,发现案发时的可疑人、事、物;运用信息技术平台查找相似案件、查询与案件有关的信息等。

(3)控制赃物,发现犯罪嫌疑人。赃物是揭露盗窃犯罪的关键性证据,盗窃犯罪嫌疑人的犯罪目的就是窃取公私财物,占为己有,因此在侦查中,控制赃物是发现犯罪的基本侦查途径之一。要根据赃物的属性,判断可能的销赃渠道,有针对性的控制;对犯罪嫌疑人逃离的方向、路线及时追踪,争取人赃俱获;向赃物可能流向的地区发布协查通报,与有关公安机关搞好协同作战。

(4)并案侦查,打击犯罪。盗窃犯罪人许多以盗窃为生活来源,多次作案、流窜作案是其特点,同一犯罪团伙作案手段、方法较为固定,有自身特点;并且盗窃犯罪遗留的痕迹、物证比较明显,这也为我们串并案件提供了基础。一是要对指纹、足迹、DNA等在有关信息系统查询串并;二是对丢失的银行卡、手机、电脑、一卡通、身份证、驾驶执照等进行查询,串并案件;三是对已查获的嫌疑人信息,进行信息拓展,发现同伙或其他之前未发现的案件。

(三)内外勾结盗窃案件的侦查

内外勾结盗窃案件是指单位内部人员与社会上的人相勾结盗窃本单位、本部门财物的案件。这类案件兼有内盗和外盗的相似特点,分析判断案情时常常难以认定。

侦查实践中,内外勾结盗窃案件一般有三种情况:一是由单位内部人员提供单位财物保管存放情况、人员活动规律以及便利条件,由外部人员直接实施盗窃和隐藏处理赃物；二是内部人员与外部人员共同预谋，由内部人员直接实施盗窃，外部人员负责接应、转移、隐藏、变卖赃物；三是内部人员与外部人员共同侵入单位的财物保管处所，实施盗窃犯罪活动。

1. 内外勾结盗窃案件的特点。

（1）外部侵入迹象明显，但盗窃目标准确。内外勾结盗窃案件，大多是隐藏在单位内部的犯罪人提供有关的情况以及便利条件，由社会上或单位外部的犯罪人侵入现场，实施盗窃犯罪。因此，犯罪现场上反映犯罪人外部侵入的迹象明显，如现场上有明显的进出口，进出现场的路线上留有犯罪的痕迹物品等，但同时犯罪人对作案时机、作案对象、盗口的选择比较恰当，进入现场后，直奔盗窃目标，现场上没有多处破坏痕迹和四处寻找财物的迹象，这是一般外盗案件和内盗案件很少具有的征象。认识内外勾结盗窃案件的这一特点，有助于侦查人员正确地判断案件性质。

（2）犯罪前后，犯罪人一般有纠合密谋的过程。侦查中，通过调查犯罪嫌疑人的通话记录、聊天记录以及嫌疑人可能出没的场所的监控视频，寻找其家属、朋友调查访问其经常纠集在一起的人。

（3）盗窃的赃物一般隐藏在单位外部。内外勾结盗窃案件在多数情况下是由外部人员侵入实施盗窃犯罪，作案后，犯罪人直接带走赃物，隐藏在事先商量好的地点。

（4）制造假象，转移侦查视线。内外勾结案件发生后，单位外部的犯罪人为了保护单位内部的同伙，通常采取各种方法转移侦查视线。

2. 内外勾结盗窃案件的侦查方法。

（1）认真分析案情，准确认定案件性质。由于内外勾结盗窃案件具有内盗和外盗的共同特点，在对案情分析判断时，如果不对现场上出现的有关情况和现场现象进行全面、细致的分析研究，就可能作出片面的判断。因此，认真分析案情，认定案件性质，是开展侦查工作的重要前提条件。一旦分析判明是属于内外勾结的盗窃案件，在开展工作时，要采取先内后外、内外结合的侦查方法开展侦查活动。

（2）审查内部人员，发现犯罪线索。内外勾结盗窃案件的侦查，首先应根据刻画的犯罪分子条件，对内部人员进行审查。侦查中，注意审查具有盗窃犯罪的思想基础、了解财物的存放情况、具有合谋犯罪的条件和迹象、社会交往复杂、案发前后具有可疑迹象和反常表现的人员，从中发现线索。

（3）在单位外部开展调查摸底，发现嫌疑线索。在单位外部摸排有勾结条件、犯罪动机、犯罪时间、无正当收入、消费反常的人和有销赃嫌疑的人等。

（4）对重点嫌疑人采取侦查措施，获取犯罪证据。侦查中，通过调查重点嫌疑人的通话记录、聊天记录以及嫌疑人可能出没的场所的监控视频，寻找其家属、朋友，调查访问其经常纠集在一起的人，也可对其收入、消费的状况调查，发现疑点。

（四）监守自盗案件的侦查

1. 监守自盗案件的概念。监守自盗案件是指财物保管人员利用其职务之便，先将其所保管的财物挪用、贪污或盗走，然后伪造现场，谎称被盗的案件。

2. 监守自盗案件的特点。

（1）现场上反常现象明显。监守自盗案件的被盗现场属于事主伪造，客观上根本不存在。尽管事主在报案之前对伪装的现场进行过精心的设计、部署，但其仍不能将现场的有关情况都考虑得十分周到，在伪造现场上不可避免地会同客观规律相矛盾，出现许多违背客观规律的反常情况和反常现象。例如，翻窗入室，无攀登、踩踏痕迹；墙壁上挖开的洞口内大外小；等等，现场上的这些反常情况都反映出犯罪人的伪装行为，一旦假象被识破，案件常常不攻自破。

（2）当事人的陈述常常自相矛盾。当事人通常前后陈述不一致，或多次的就同一事项的陈述不同，陈述通常和客观实际相矛盾。这种存在自相矛盾陈述的情况，侦查人员要考虑监守自盗的可能性。

（3）事主在报案前后，大多有可疑迹象出现。犯罪人大多在报案前都有贪污、挪用或侵吞公款、财物的行为。为了不使其犯罪真相被揭露，他利用委托代管财物之机，先将保管的财物占为己有，然后谎报财物被盗，以掩盖其贪污、挪用、侵吞国家财产的犯罪行为。事主报案之后往往会表现出许多反常的情况和行为，如对案件的进展情况非常关心、工作表现非常积极等，这正是犯罪人的一种自我暴露，为我们发现犯罪提供了重要的线索。

（4）赃物大多被犯罪人隐匿或转移。监守自盗案件的赃物，除少部分被犯罪人挥霍以外，大多数的赃物都被犯罪人事先隐藏或转移。有的将赃物隐藏在自己的家中或其他的隐蔽处所，也有的将赃物转移、隐藏在亲友或其他关系人家中。针对监守自盗案件的这一特点，及时地采取有效的侦查措施，对赃物进行查控，就能够发现和查获犯罪人隐藏待处的赃物，及时破获案件。要根据犯罪人转移赃物的特点，加强对销赃渠道的控制。

3. 监守自盗案件的侦查方法。

（1）认真勘查现场，识别和揭露反常现象。在监守自盗案件中，事主报称的盗窃纯属伪造谎报的盗窃案件，在现场上必然会存在若干能够证明其伪造行为的反常现象，识别与揭露现场上的这种反常现象，对于判明事件性质至关重要。因此，现场勘查的关键在于能否通过勘查识别现场现象，揭露事实的真相。由于犯罪人在报案之前对现场进行过精心的伪造，因而在现场勘查时必须仔细地对现场有关痕迹进行勘查，从中发现反常现象和反常情况，据以证明现场的真伪。勘查过程中，必要时可以进行现场实验，证明某一事实情节或某一现象能否发生，从而对事件性质作出判断。

（2）详细询问事主，适时揭露矛盾。根据现场勘查的情况，判明现场是否是伪造的，对事主的询问就成为揭露事实真相的关键环节。在对事主的询问过程中，侦查员要善于从事主的陈述中发现矛盾，选择突破口，适时揭露矛盾。在事主不能自圆其说的情况下，采取政策攻心、指明出路的策略，迫使其交待监守自盗犯罪的事实真相。一旦犯罪人供认了其监守自盗的罪行，必须及时地追缴赃物，获取犯罪证据，揭露和证实犯罪。

（3）审查有关账目，清点库存物品，发现犯罪线索。审查事主的收入账目和清点库存物品，其目的在于查明事主在发案以前有无贪污、挪用、侵吞公款做假账的行为。如果事主在案发之前就有贪污、挪用公款或将其保管的财物占为己有的行为，他们就会用做假账或涂改账目等方法来保持账目的收支平衡。有的案件中，事主报称的被盗财物的数量与现有库存财物数量之和大于应有的库存量。因此，通过审查账目和清点库存物品的数量，就可以从中发现矛盾，甄别事主陈述的真伪，揭露犯罪。

（4）发现、搜查伪造现场的工具。监守自盗案件的犯罪人在伪造现场的过程中，常常利用财物的保管处所或犯罪人家中工具布置假现场。作案后，犯罪人一般都会将工具丢在现场上或将工具隐藏起来，犯罪人在伪造现场时多会在现场遗留较明显的痕迹，根据现场上遗留的犯罪工具痕迹，判明犯罪工具的种类、特征，并在侦查中注意发现和搜查伪造现场的工具。对侦查中发现的可疑工具，通过比对、鉴定，一旦确定是伪造现场所使用的工具，结合工具与一定人的所属关系以及发现工具的地点、工具原来存放的位置等情况进行综合分析研究，揭示案件的事实真相。

（5）调查事主的经济状况和赃物的去向。监守自盗案件中，事主在案发前后经济上常常会出现许多反常情况。如果事主在案发前后经济收入不高，但却经常出入高级酒楼、娱乐场所，或大肆挥霍钱财，支出大大超出其收入的，应调查事主的钱财来源，经济收入有无可疑之处，有无可能是监守自盗所获取的钱财。如果监守自盗案件的性质是确定的，而事主在发案前后经济上未暴露出反常情况，此时应特别注意查清事主案发前后的行踪及其接触人员，判明事主有无可能将赃物转移、隐藏在其他地方，必要时可采取多种侦查措施和侦查手段，发现赃物的去向。

二、侵入民宅盗窃案件的侦查

侵入民宅盗窃案件是指犯罪人以非法占有为目的，侵入居民住宅盗窃财物的案件。它与单位内部盗窃案件中的外盗案件相似。

（一）侵入民宅盗窃案件的特点

1. 犯罪人在作案前多有踩点行为，作案时间具有一定的规律性。侵入民宅盗窃案件的犯罪人在作案前一般都会对现场进行窥视、踩点，了解现场周围的环境、人员的流动规律、各行业人员的上下班等情况，然后选择目标伺机作案。在作案时间上，犯罪人多是趁白天人们上班、上学，晚上夜深人静之时入室盗窃，犯罪时间具有较明显的规律性。犯罪人在踩点、窥测及实施犯罪的过程中，其人身形象都会有一定程度的暴露，案发后，现场周围的群众能够提供一些犯罪人的情况和有价值的线索。

2. 犯罪目标一般选择高层公寓、职工宿舍或单家独户。我国目前城区的居民住宅多为单元式结构，楼层多，住户之间来往较少，尤其是一些居住小区，购房的人员来自不同的单位，住户之间相互不熟悉，这就使犯罪人有机可乘，敢于公开穿梭于公寓楼群之间窥测、踩点，伺机实施盗窃。犯罪人有的直接敲门，如果房内无人答应，他们就迅速实施盗窃；如果房内有人，则以问路找人为掩护逃离现场。单位的职工宿舍或单门独户居住者的生活、工作规律容易被犯罪人了解掌握，这些处所常常成为犯罪人作案的目标，犯罪人盗窃财物一般容易成功。

3. 盗窃财物的种类单一。犯罪人侵入居民住宅后，一般对盗窃的财物种类都具有选择性。犯罪人多选择携带方便、便于隐藏和销赃的物品，例如，现金、国债、企业债券及其他有价证券；贵重的金银首饰、珠宝；高档的衣物、电器、字画、文物；等等，物品的种类相对比较单一。犯罪人对盗取的物品除少数部分留为自用外，大部分的赃物都被低价处理或挥霍使用。

4. 犯罪人实施盗窃多自备犯罪工具，作案中常常兼有其他犯罪活动。侵入民宅的盗窃案件，犯罪人一般在实施盗窃之前都会自备犯罪工具。一旦犯罪目标确定，作案时机恰当，他们就会使用随身携带的犯罪工具破坏住户的门窗，入室进行盗窃犯罪活动。犯罪人在实施盗窃的过程中，如果一旦发现室内有人，或被事主归来撞见或遇到事主呼叫、反抗时，犯罪人常会实施抢劫、强奸、杀人等其他犯罪活动。

（二）侵入民宅盗窃案件的侦查方法

1. 认真勘查现场，详细询问事主。侵入民宅盗窃案件发生后，应及时对犯罪现场进行勘查。通过勘查现场，查明犯罪人侵入的手段，发现、提取犯罪人遗留在现场上的痕迹物品，对现场周围的群众进行认真的调查访问，发现疑人疑事。在勘查现场的同时，调查访问的工作重点放在对事主的询问上，查清事主的财物是否被盗，案件是否成立。对事主的询问，需要查明的主要问题是：事主离开家的时间，房屋的门窗是否关好，何时发现财物被盗；财物存放的处所和存放的方法，财物的种类、数量、价值，有无识别的特征；家庭成员中有谁知道财物的存放情况；什么人有盗窃的可能，有何依据；等等。侦查员在询问事主的过程中，应告诉事主如实提供事件的经过情况及财物损失的情况，配合侦查机关查明案情，抓获犯罪人。对符合立案条件的案件，应组织力量，开展侦查工作。

2. 开展调查摸底，发现犯罪线索。在侦查侵入民宅盗窃的案件中，如果分析判断犯罪人可能是现场附近的人员，就应以发案现场为中心，在确定的侦查范围内开展调查摸底，发动现场周围的群众提供犯罪线索，发现犯罪嫌疑人。调查摸底的对象应当具备的条件是：具备犯罪的时间，发案时去向不明的人；具有盗窃思想基础的人；具有犯罪工具及现场遗留物的人；体貌特征与刻画的犯罪人体貌特征相似的人；案发后具有反常表现的人；具有犯罪盗窃前科，犯罪手法与现场相似的人。一旦从这些人员中发现了犯罪嫌疑人线索，就应深入追查，查清有关情况。在摸底排队中，重点要对不务正业、好逸恶劳、吸毒、赌博人员和有盗窃前科的人员进行调查，发现犯罪人线索。

3. 采取侦查措施，控制赃物。赃物是发现犯罪人的重要线索，也是揭露和证实犯罪的有力证据。采取有效的侦查措施，及时控制赃物，以物找人是侦破侵入民宅盗窃案件的有效方法之一。由于侵入民宅盗窃案件的犯罪人盗窃的赃物多为现金、有价证券、贵重物品等，除少部分现金被犯罪人留下挥霍外，其余的赃物一般都会被犯罪人低价处理，迅速换成现金使用。因此，在侦查工作中，要迅速组织侦查力量，尤其要运用秘密力量，对犯罪人可能销赃的场所进行严密的控制。如果赃物的特征明显，要注意对犯罪人将赃物低价变卖的场所、行业进行控制，从中发现犯罪线索，必要时可在一定的场所、行业布置定点守候，在犯罪人变卖、兑换现金的过程中发现犯罪人的行踪。

4. 实施并案侦查。侵入民宅盗窃案件的犯罪成员中惯犯、流窜犯居多，而且犯罪人多具有连续作案的特点。有的犯罪人在同一地区连续撬门破锁或跨地区连续犯罪，这会在若干个盗窃现场上反映出相同或相似的犯罪手法及痕迹物品，并且在犯罪时间、犯罪目标的选择上表现出一定的规律特点。如果发现同一地区或相邻地区发生的若干起侵入民宅的盗窃案件可能是同一犯罪人或同一伙犯罪人所为，应实施并案侦查，及时破获系列案件。

三、扒窃案件的侦查

扒窃案件，又称缙窃案件，是指犯罪人在公共场所以隐蔽的方式窃取他人随身财物的案件。扒窃案件发案率高，破案难度大。

（一）扒窃案件的特点

1. 犯罪多发于人群聚集的公共地区和场所，发案率高，破案难度大。犯罪人实施扒窃活动一般都会选择人员来往频繁，人多拥挤的公共场所或公共汽车上。这些场所人们的注意力容易被分散，防范比较薄弱，犯罪人实施扒窃活动容易得手而又不易被人发现、犯罪人作案后迅速逃离现场，一般无现场勘查的条件，难以找到与犯罪有关的痕迹物品，这就给分析判断案情、开展侦查工作增大了难度。

2. 作案时间具有一定的规律性。扒窃案件的发案时间多在节假日，以及商业活动频繁，人多拥挤的公共场所或公共汽车上、车站、码头上。由于节假日里人们多带现金上街购物，商场里人多，人们疏于防范，扒窃容易得手。人们的注意力容易被分散，以致犯罪人的扒窃活动能够得以顺利实施。而外地旅客到港、到站后，由于人地生疏，携带的物品较多，容易顾此失彼，也给犯罪人实施犯罪活动提供了机会。

3. 目标选择准确，扒窃对象特定。实施扒窃之前，犯罪人要反复进行观察，选择和确定作案对象。犯罪人一般选择的扒窃对象多是持有钱物、便于犯罪人扒窃、缺乏反抗能力的人。

4. 作案迅速，扒窃手段具有一定的技巧性。扒窃手段具有一定的技巧性。扒窃犯罪与其他盗窃犯罪相比，具有作案动作迅速、犯罪过程短的特点。犯罪人在作案的过程中，首先选择好扒窃对象，看准时机迅速下手，瞬间完成。一旦被发现，赃物已被转移到同伙手中或犯罪人早已逃之夭夭。犯罪人扒窃财物的手段多具有较强的技巧。大多数的扒窃犯罪人在实施扒窃之前，一般都要认真研究扒窃的技术，反复进行演练，训练其手、眼的灵活性和各种伪装技巧。事主被盗后，一般不会及时发现钱物丢失，有的事主甚至不知道在什么地方被扒窃，记不清楚丢失物品的具体数量、特征，无法提供犯罪人的体貌特征，导致调查访问中不能获取有价值的侦查线索。

5. 结伙犯罪突出，青少年居多。扒窃犯罪成员中，青少年占有的比例很大，犯罪年龄低龄化发展的趋势明显，并且扒窃犯罪活动已由过去单人作案发展为结伙犯罪。他们三五结成团伙，经常在街头、闹市、车站、码头游荡，窥测扒窃目标，选择作案时机，实施扒窃犯罪活动。扒窃时，犯罪人互相配合、掩护；盗窃得手后迅速转移赃物。作案一旦被发现，其会依仗人多势众，对事主大打出手，犯罪气焰嚣张。

（二）扒窃案件的侦查方法

1. 详细询问事主，判明事件性质。扒窃案件现场勘验的价值不大，在受理报案时，应通过对事主的询问，查明有关情况，判明事件性质和发现侦查线索。通常要询问以下情况：事主的姓名、住所和工作单位；丢失财物的时间、地名和当天活动的场所和路线；财物的名称、数量、特征，以及存放的具体位置；是否发现可疑人员，其性别、年龄、口音、体貌和衣着有何特征，有何怀疑依据；等等。根据上述情况，分析研究，鉴别真伪，区别情况，正确处理。对于达到立案标准的扒窃案件，要立案侦查。

2. 走访现场群众，查看视频监控，发现犯罪线索。扒窃案件由于在现场上难于发现和搜集到与犯罪有关的痕迹物品，因此，走访群众，开展调查访问，就成为发现犯罪线索的重要途径。在调查访问过程中，通过对有关地区的有关群众的调查，了解案发前后或人多拥挤的时候，是否有可疑人员出现过，可疑人员的人身形象特征及携带的物品特征，可疑人员离开现场的时间、方向等，以此刻画犯罪人条件，确定侦查方向和侦查范围，及时发现犯罪人的行踪去向。目前监控视频普遍，特别是在人流比较多的地方。因此，案发后要及时查看保存现场周围视频，发现案发时段可疑人，对可疑人进行追踪。

3. 搜索现场，发现与犯罪有关的痕迹物品。犯罪人获得财物后，一般迅速逃离现场，就近寻找隐蔽处所，清点赃款、赃物或分赃，并把被害人的钱包、提包、证件等价值不大、特征明显的物品扔掉，以便割断同案件之间的联系。因此，在询问被害人后，要迅速组织力量对扒窃现场和附近地段进行搜索，注意搜寻扒窃地点周围的垃圾箱、厕所、下水道等重点部位，发现犯罪人留下的物品和停留处所，发现遗留的足迹及其他物证。

4. 开展摸底排队，发现犯罪嫌疑对象。扒窃犯罪中，惯犯、累犯占有相当比例。特别是一些重大扒窃案件，往往是由惯犯、累犯所为。因此，侦查人员要发动群众，深入调查。开展摸底排队，应以案发当天行踪去向不明或在现场附近活动，具有犯罪时间为前提，调查有扒窃劣迹，特别是犯罪手法相似，性别、年龄、体貌、衣着特征相符的人，审查其是否拥有赃物，经济上有无反常现象。

5. 秘密巡查守候，抓获现行犯。根据扒窃活动的规律特点，建立一支专门力量，加强对发案率高的地区和公共场所的巡查和监控，捕获再次扒窃的犯罪人。此外，还应建立群众性的反扒联防组织，加强对闹市区、商场、影剧院售票处、车站、码头和节假日期间的公园等处的防范控制，以公开的防范宣传和秘密的巡查守候相结合，注意发现和缉拿扒窃现行犯。

6. 审讯突破，扩大战果。扒窃犯罪人惯犯较多，一旦被查获，对付审讯往往采取避重就轻、只交代一两次扒窃事实的狡猾伎俩，有的只交代自己的犯罪。根据这一情况，审讯人员要巧妙地运用策略，特别是讯问扒窃团伙成员时，要攻其薄弱环节，进行分化瓦解，采取各个击破的方法获取口供，以挤清余罪，扩大战果。

第五节 网络盗窃案件的侦查

一、网络盗窃案件的概念和类型

(一) 网络盗窃案件的概念

网络盗窃案件是指以非法占有为目的，利用计算机信息系统技术和网络技术，秘密窃取数额较大的公私财物为己有的犯罪行为。网络盗窃不是独立的罪名，是盗窃罪中的一种犯罪形式，《刑法》第287条规定，利用计算机实施金融诈骗、盗窃、贪污、挪用公款、窃取国家秘密或者其他犯罪的，依照本法有关规定定罪处罚。因此，对网络盗窃犯罪应该依照《刑法》第264条规定的盗窃罪定罪处罚。

21世纪是一个信息化、网络化的时代，计算机网络正在以前所未有的速度渗透到社会生活的各个层面。便捷的网络传输给予科技和社会进步以极大的支持，使得社会发展空前迅速。但是，随着网络技术而来的，也有各种各样的网络犯罪问题，层出不穷的新技术带来了诸多的新型犯罪方法和手法。伴随着网络的普及和发展，越来越多的人们融入了网络建构的经济网络中，随之而来的是网络盗窃犯罪案件的快速上升趋势。利用计算机网络技术实施盗窃，成本低而效率高，危害性越来越严重，不仅给被害人造成了严重的经济损失，还会引发其他关联的犯罪活动。一些不法分子利用所盗窃的网络账号进行网络诈骗，利用被盗者的身份发布虚假消息诈骗、敲诈勒索、诽谤侮辱他人、处分账号下的无形财产、删除用户的数据文件等，给无辜的网民带来极大的损失，同时威胁互联网的安全运行和严重损害了互联网企业成长的空间，也对整个互联网安全运行构成了严重的威胁，此外还给其他网络犯罪活动提供了温床。因此需要对该类行为进行严厉打击，以维护广大网民和互联网企业的利益。

（二）网络盗窃案件的主要表现类型

1. 网银盗窃。网银盗窃就是利用网上银行进行盗窃。网上银行（Internet Bank or E-bank），又称网络银行、在线银行，是指银行通过利用 Internet 信息网络技术，向客户提供各种传统服务项目，例如：开户、行内转账、跨行转账、投资理财等一系列业务。网上银行让我们普通民众都可以仅用一台电脑或移动客户端，随时随地地管理个人的银行账户。实际上，网上银行就是在网络上建立了一个银行，为客户提供了便捷的操作方式。

网上银行的盗窃类型多种多样，以下为大家介绍几种犯罪分子常用的犯罪手段：

（1）利用"网络钓鱼"进行网银盗窃。网络钓鱼（Phishing）是指犯罪分子发送各种欺骗性邮件，假装成某些知名银行或者知名的金融机构，从而引诱收信人登陆发送过去的虚假网站，然后输入自己的用户名、账号 ID，或者 ATM PIN 码等个人银行信息。犯罪人通常的手段是：先设计一个与某些银行的网站近乎相同的钓鱼网站，然后通过邮件或者短信的方式引导收信人登录该网址，再通过要求输入账号密码的形式，来骗取被害人的个人银行信息，最后利用这些个人银行信息进入其网上银行进行盗窃，通常这整个盗窃过程中受害者一无所知，根本发现不了自己的个人信息已经泄露。

（2）建立非法网站或散布虚假信息进行网银盗窃。犯罪人会创建各种各样虚假的商务网站，或是在各种知名、大型的电子商务平台（如天猫，京东等）上发布大量的虚假的商品销售信息，从而引诱人们与其进行通信联络或者网上交易。然后在这个过程中，通过植入木马病毒的方式，获得被害人的银行账户密码等个人银行信息，最后盗取账户内的财产。

（3）利用黑客技术和木马病毒进行网银盗窃。犯罪人一般是通过发送大量的隐藏有木马病毒的垃圾邮件，或者是通过在各种网站中隐藏木马病毒等方式大肆传播木马程序，让大量的网络用户不知不觉中感染木马病毒，当这些不知情的用户进行网上银行的交易时，木马程序即可以通过键盘记录的方式获取该用户账号和密码，并发送给指定的邮箱，从而不知不觉中盗窃银行账号内的金额。其中主要的散播途径就是在聊天中打开他人发来的不知名链接或文件、浏览某些"挂马"网站、打开不知名邮件中的含毒附件或链接、下载含有木马程序的游戏软件，通过上述途径都可能中木马病毒，然后被人盗取网上银行内的资金。

（4）利用个别用户密码简单等问题实施网银盗窃。部分用户为了贪图方便设置了简单方便的密码，这让犯罪人有了可乘之机，犯罪人就是利用这部分用户口令弱的漏洞，对其银行卡密码进行破解或者猜测，从而获取银行卡密码，盗取卡内的金额。

（5）犯罪人可以通过伪造他人的身份证或者其他证件，然后持着该证件到银行柜台办理业务，开通网上银行，再通过网上银行转账的方式盗取现金，或犯罪嫌疑人利用工作之便将被害人的账户资金转到自己可控的账户内牟利。

2. 盗窃网络服务。犯罪嫌疑人非法获取、使用他人网络账号、密码，盗用他人流量上网；非法入侵一些平台或单位网络，破解管理权限，盗窃充值卡或代金券等有价证券，或非法设立电信或者网络账号并使用该账号免费接收有价服务。

3. 盗窃网络财产。犯罪嫌疑人以牟利为目的，秘密窃取被害人的网络财产。常见的是：非法入侵被害人的一些网上账号，破解密码，盗窃其账户内的网络财产；盗窃被害人的网络游戏币、游戏装备；等等，出售牟利。

4. 侵入第三方支付平台盗窃。随着第三方支付平台的出现和广泛应用，犯罪嫌疑人利用平台存在的漏洞或防范措施薄弱，入侵平台用户的账号和密码，将受害人的资金转入自己控制的银行卡提现或者购买商品消费或购买储值卡、有价证券、游戏币等再转卖。

5. 利用经营管理或财务管理软件，盗窃公私财物。犯罪嫌疑人利用工作之便，修改管理软件的系统参数或数据库记录，秘密窃取公私财物，非法牟利，或者删除财务管理系统中自己应交款项信息，免除相应债务，变相牟利。

二、网络盗窃犯罪案件的特点

（一）高技术性与高智能性

互联网在近些年飞速发展，在当今信息化的时代中，对于普通民众来说，信息技术是一种高新技术，需要大量的计算机专业知识以及技能才能掌握。作为网络盗窃的犯罪嫌疑人，肯定对计算机专业知识有相当的掌握，知道怎样伪造非法网站，如何使用木马病毒，怎样盗取银行账号密码，怎样攻击网络漏洞、更改操作权限，等等，同时作为高智商犯罪，犯罪嫌疑人一般也知道怎样隐藏自己的 IP 地址，怎样能够有效地防止被人追踪到 IP 地址，这充分说明了犯罪嫌疑人具有较强的反侦查意识。

互联网链接了整个地球，是一个在网络世界中的地球村，所以犯罪嫌疑人在互联网世界中才能轻易地隐藏自己。现在的网络盗窃嫌疑人的知识文化程度和计算机技术水平都较高，因此，在互联网这个世界中追踪难度相对较大。正常来说，聪明的犯罪人都知道要经常变换网络身份，及时地更换作案地址，尽量不使用固定的通讯工具进行联系。有些高智商的犯罪人甚至会将网上的犯罪线索与证据销毁，这种高技术性与高智能性并行的网络犯罪无疑给了侦查人员极大的压力，让侦查人员面临着调查难、追踪难、定位难、收集证据难的情形。

（二）案发地点随机，跨区域性强

当今，网络连接着世界，犯罪嫌疑人通常利用计算机或移动端设备，通过网络就能够寻找作案目标，针对其进行盗窃，所以受害者往往散布各地，案发的地点也不确定。网络盗窃犯罪不同于实体空间的盗窃犯罪，往往盗窃实施地点和盗窃结果发生地分离，犯罪嫌疑人通过网络就可能实施多个盗窃案件。另外，犯罪嫌疑人为隐藏身份，逃避打击，也会更换作案工具和不断变换犯罪地点，流窜作案。犯罪嫌疑团伙一般只需要在网上联系和合作就能完成犯罪，犯罪成员位置分散。因此，犯罪的地域性很广，案发地点随机、分散。这也导致侦查人员的侦查难度大大增加，需要与各地警方合作侦查相关案件，共同抓捕犯罪嫌疑人。

（三）犯罪成本低，收益多

在网络盗窃犯罪中，犯罪嫌疑人的直接成本相对于其他犯罪来说比较低，仅包含使用网络和计算机的费用，可能还有犯罪嫌疑人购买窃取账户密码的木马软件的费用，但是，对于犯罪嫌疑人可能获得的收益，这点费用是微不足道的。犯罪嫌疑人的时间成本其实也是非常低的，网络盗窃的具体作案时间非常短暂。在传统的盗窃犯罪案件中,现场多多少少都会遗留有一些物证或者痕迹,但是,在网络犯罪中,留下的主要是电子证据,不易被发现、识别,有些案件或许被害人都没有察觉到自己被盗,案件的隐蔽性非常强,如果被害人不报案,犯罪人的犯罪行为被打击风险随之减小。

同时,随着当前网络技术的普及,网络中也出现了各种各样的交流平台,为人们获取大量的信息资源提供了途径。犯罪嫌疑人可以通过这种交流平台获取犯罪技术与经验,并且现在网络中有大量的黑客软件,例如有盗号软件、制作病毒软件和破译代码软件等,只需要下载后对照着说明书就可以使用,从而轻易完成整个犯罪。

(四)犯罪嫌疑人隐蔽性强,危害性大

网络盗窃不仅仅是案件的隐蔽性强,犯罪嫌疑人隐蔽性更强。网络盗窃案件都发生在网络世界中,而在网络世界中,网民都互相看不到对方,所了解的信息永远是其想给你知道的信息,而且真假难辨。在这种网络环境中,犯罪嫌疑人完全可以不用暴露自己,或者只是提供虚假的信息,这样就能很好地隐藏自己。公安机关能追查到的往往是网络虚拟 IP 地址,对犯罪嫌疑人的基本信息一无所知,不知其姓名、年龄、性别、相貌等,这无疑为犯罪嫌疑人提供了一层厚实的保护盾,使得犯罪嫌疑人隐藏在深处,难以确定和追捕,让犯罪嫌疑人更加肆无忌惮地实施犯罪。

三、网络盗窃案件的侦查途径

(一)总体侦查路径是"案—机—人"的侦查模式

网络盗窃案件是在网络空间实现的,案发随机性强,区域跨度大,作案路径不同于实体空间发生的盗窃案件,它需要借助于计算机或手机作为信息载体,实现犯罪目的。犯罪"痕迹"大多遗留于此。因此,在侦查中,要根据犯罪路径选择侦查途径。网络盗窃不适用常规的侦查路径"从人到案"或"从案到人",它的侦查路径依据犯罪路径从"案—机—人"入手,开展侦查。首先是"从案到机",侦查人员运用网络侦查取证技术,追溯定位到作案的计算机或手机;其次是"从机到人",发现作案的犯罪嫌疑人,实现网络空间和现实空间犯罪嫌疑人的同一认定。

(二)从询问被害人入手

网络盗窃犯罪不像传统盗窃犯罪那样,现场明显,易被发现,网络盗窃案件无明显现场,被害人要么即时知道被盗,如银行自动通知、第三方平台自动显示等，要么就是被盗很久才知晓，被害人一般是报案人。因此，在初步了解案情属实后，应对其紧急止付。然后要对被害人详细询问，进一步了解案情。主要询问被盗时间、地点；被盗经过；财物损失情况；近期计算机或移动端设备使用情况、上网情况；近期是否收到邮件或短信提示按其要求登录；计算机是否最近有异常。对单位被害人要询问该单位网络系统的设备分布、运行、维护情况，系统权限分布管理、硬件配置和参数设置、案件相关的业务流程，案发前网络系统有无异常情况，最近有无系统升级维护，等等。依据询问情况，对案件进行分析。

（三）从现场勘查入手，充分运用网络技术手段取证

网络盗窃案件侦查初期，主要是对被害人所使用的计算机的现场勘查，勘查人员运用网络技术对被害计算机信息系统进行勘查，通过勘查计算机信息系统日志、互联网服务日志、上传的文件、新增的权限；分析犯罪嫌疑人留下的痕迹；勘查防火墙系统，分析防火墙日志，分析犯罪人实施犯罪的手法。注意发现被害人计算机中权限设置的更改以及涉案财物相关的遗留信息，及时保存、提取嫌疑人涉案的银行账户信息、虚拟身份登录信息、病毒木马使用情况、钓鱼网站域名的注册信息等关键电子数据信息，分析犯罪人作案过程。对侦查中发现的犯罪嫌疑人所在现场进行勘查，要首先控制犯罪嫌疑人，防止其破坏现场，通过其对犯罪工具的指认，固定犯罪嫌疑人与作案工具的关系；通过勘查嫌疑人的作案工具，对侦查初期发现的线索和证据，予以核实和认定。同时注意收集犯罪嫌疑人在犯罪工具中留存的可能侵害其他被害人的犯罪信息，深挖余罪。

（四）准确分析案情，确定摸排范围

对于网络盗窃案件，在初步了解案情后，就需要根据案发的过程对案情进行分析。其一，查明犯罪嫌疑人的作案时间、犯罪空间、作案手段。其二，还要勘查相关的网络环境，对提取的信息系统进行分析，查看运行日志和防火墙日志，以此确定是否有黑客入侵，判断入侵者的个人情况。其三，整理被害人的注册信息和各类日志信息，分析犯罪嫌疑人的网上活动情况和特征。其四，侦查机关应当结合银行账号、身份证件、户籍信息以及银行取款监控记录，确定犯罪嫌疑人的身份、所在地以及外貌特征等。通过上述的案情分析，侦查机关就可以划定出大致的范围，然后逐步排查，不断缩小范围，锁定犯罪嫌疑人。

（五）从查控资金流、处理赃物方式发现犯罪嫌疑人

犯罪嫌疑人通过网络实施盗窃，目的就是将他人的财产据为己有，不管嫌疑人采用何种手段，最终的目的是一致的。嫌疑人会将盗窃的电子货币、虚拟财产

等通过一定方式转化为现实货币或进行消费。因此，在侦查中可通过查控被盗银行账户的资金流转去向，发现犯罪嫌疑人；根据第三方支付平台嫌疑账户转入、转出资金、消费购物情况，秘密追踪发现嫌疑。犯罪嫌疑人盗窃他人虚拟财产（如游戏币、游戏装备、充值卡等），往往通过网上低价售卖，侦查人员通过网上搜索、查找跟踪，发现其销赃路径，发现犯罪嫌疑线索或追踪到犯罪嫌疑人。

（六）从犯罪嫌疑人的网络信息排查发现犯罪嫌疑人

犯罪人的网上信息往往是为了犯罪做准备，通过网络身份掩藏真实身份不被发现。但嫌疑人无论通过何种方式作案，他在现实空间中总是会对应一个真实身份。侦查人员就是要通过网上信息，查找现实空间的犯罪嫌疑人。一是可以根据现场勘查提取到的电子证据分析犯罪嫌疑人的范围，排查嫌疑对象，分析谁具有作案的便利条件，尤其是内盗案件，再根据搜查、控制赃物等措施发现犯罪嫌疑人，勘查嫌疑人的作案工具信息，和被害人的被害信息相比对，确定犯罪嫌疑人。二是从网络身份的注册信息入手，排查犯罪嫌疑人。嫌疑人在注册时的虚假信息中可能蕴含有真实信息，如电话、邮箱、身份、绑定过的银行卡等，对这些信息进行核查，发现嫌疑人真实身份；也可以从嫌疑人网络信息在网上活动轨迹搜索关联，通过关联方发现嫌疑人真实信息。三是对一些钓鱼网站进行核查，发现网络服务的提供商，从提供商入手获取该 IP 持有者的信息；从网站上的内容、留的联系方式、地址、昵称等信息中，通过数据碰撞及社会工程学获取更多的真实身份信息。

（七）通过查找网络盗窃案件的上下游犯罪，发现犯罪嫌疑人

网络盗窃的犯罪嫌疑人完成盗窃通常需要其他犯罪予以配合，往往形成犯罪链。根据盗窃手段不同，需要相应的犯罪予以配合。例如，通过钓鱼网站盗窃需要找钓鱼网站的制作人；网银盗窃需要购买银行卡、身份证，需要线下取款人；以木马等病毒软件盗窃，需要购买或找同伙制作犯罪工具、购买个人信息等；盗窃成功后，要进行取款变现，进行网络或实体空间销赃。这些犯罪链上的人形成松散的犯罪团伙，互相依存。因此，侦查人员要根据犯罪人的犯罪手法，通过集中打击贩卖个人信息、贩卖制作非法软件、网上销赃等犯罪，发现勾连的犯罪信息，发现犯罪嫌疑人，打击犯罪。

（八）并案侦查

网络盗窃犯罪嫌疑人作案同普通盗窃案件的犯罪人一样，都会选择自己熟悉的犯罪方法、犯罪工具实施犯罪。一是在工作或生活中经常使用，不用刻意准

备；二是自己熟悉，成功率高，便于隐藏自己。盗窃犯罪人为逃避侦查，也会变换地点，流窜作案。因此，根据犯罪人的作案特点，在公安信息平台搜索是否有同样作案方法的案件，或者用公安搜索引擎对犯罪关键信息进行模糊搜索，查找、分析、匹配相应的犯罪案件。通过系列案件发现更多犯罪人信息，逐步实现犯罪人身份信息的网上、网下同一认定。通过对一个案件的侦破带动一批案件的侦破。当然，并案侦查要加强各警种、各地区公安机关的协作，才能事半功倍。

第八章 抢劫案件的侦查

第一节 抢劫案件的概念、分类和特点

一、抢劫案件的概念

抢劫案件是指犯罪行为人以暴力、胁迫或其他手段劫取公私财物的犯罪行为构成的案件。

所谓暴力,是指犯罪行为人对被害人实施殴打、捆绑、伤害,甚至杀害的残暴行为,使被害人不能反抗而抢走财物。胁迫是指嫌疑人对被害人以暴力相威胁、恫吓,使受害人不敢反抗。其他手段是指使用麻醉等手段致使受害人无法反抗,将其财物抢走。抢劫犯罪不仅侵犯公私财产,而且危及公民的人身与生命安全,严重扰乱社会秩序,是一种严重的犯罪行为,是公安机关打击的重点。

二、抢劫案件的分类

(一)抢劫案件的基本分类

根据犯罪地点的不同,抢劫案件可分为入室抢劫和拦路抢劫。

1. 入室抢劫。入室抢劫是指犯罪行为人窜入机关、团体、企业、事业单位的财会室、办公室、居民住宅等室内处所进行的抢劫犯罪活动。

2. 拦路抢劫。拦路抢劫是指犯罪行为人将被害人拦截于野外或人迹稀少、地理位置偏僻的郊区、街巷实施的抢劫犯罪活动。这种地方一般没有监控设施,目击者少,犯罪嫌疑人作案后易于逃跑,由于位置偏僻或街巷复杂,被害人往往不敢贸然追赶。有的犯罪人跟踪被害人到一定地点,故意制造撞车等意外事故,引诱被害人下车查看,趁机抢走车内的包,甚至在抢劫过程中杀害被害人。

侦查实践中,拦路抢劫的还有特殊形式:犯罪行为人通常是结伙作案,或在

公路的特定路段以各种手法拦截各类车辆，公然行抢；或以乘客的身份乘坐公共交通车辆、搭乘其他机动车辆，选择适宜的时间和地点公然洗劫乘客或驾驶人员。

（二）抢劫案件的其他分类

根据抢劫犯罪主体组织形式的不同，抢劫案件可分为单人抢劫、结伙抢劫和集团抢劫；根据嫌疑人作案方式、方法的不同，抢劫案件可分为伤害行凶抢劫、暴力强制抢劫、持械胁迫抢劫、恐吓威胁抢劫、驾驶机动车抢劫、色情勾引抢劫等。

下列几种形式的抢劫案件是抢劫犯罪的常见类型：

1. 引诱抢劫。引诱抢劫是指犯罪行为人以金钱、女色等为"诱饵"，将被害人骗至一定的处所而实施的抢劫犯罪活动。把引诱抢劫单列为一种类型，不仅是因为其抢劫手法上的特殊性，而且还因为其发案场所不能简单地归入入室抢劫或拦路抢劫中。它涉及相距远近不等的两个地点——接触地点和实施抢劫行为的地点，以及这两点之间的路线。两点中的任何一点，既可能是室内也可能是室外。

2. 旅途抢劫。旅途抢劫是指流窜作案的犯罪行为人对与其同行的特定旅客所实施的抢劫犯罪活动。这种抢劫犯罪，不同于拦路抢劫和引诱抢劫。被害人是长途旅行的旅客，犯罪行为人与被害人是同行者，发案地点或在火车、轮船及其他交通工具上，或在旅馆、招待所内，或在两人同行的道路上。犯罪行为人往往以普通旅客的身份出现，在旅途中主动与人搭讪，暗中物色抢劫目标，然后根据具体情况，选择相应的作案方式、时间、地点，实施抢劫犯罪。麻醉抢劫犯罪活动，就是旅途抢劫犯罪的主要方式之一。

这类抢劫案件与拦路抢劫的不同之处在于，其犯罪行为指向的是特定对象，并且是在回避其他旅客的情况下实施抢劫犯罪行为。

3. 抢劫出租汽车及其他机动车辆。抢劫出租汽车，是指犯罪行为人以租用出租汽车为名，指使司机把车驶到郊外或市内偏僻处，对司机进行洗劫并强行将车劫走的犯罪活动。这种抢劫犯罪活动兼有上述各种抢劫犯罪活动的特点，既有拦路抢劫的行为，又带有一定的欺骗性，同时案件又发生在旅途中，抢劫的实质性行为则发生在小车内，又具备了类似入室抢劫的某些特征。还有的犯罪嫌疑人专门抢劫高档车辆，犯罪行为人事先物色好被抢车辆，进行跟踪，找到合适的时机下手劫车，得手后杀害司机抛尸，伪造车辆证件将车辆倒卖。

4. 飞车抢劫或拉人上车抢劫。飞车抢劫是指犯罪嫌疑人快速驾驶摩托车或其他机动车辆对在路上行走的被害人采取猛夺、拉拽等方式，强行将被害人的财物抢走，被害人本能反应保护财物，就会被拖拽致伤，甚至导致死亡。拉人上车抢劫是趁被害人不备，强行拉被害人入车抢劫。这两种案件被害对象女性居多，犯罪嫌疑人认为女性力量比较弱，易得逞。这种抢劫案件的嫌疑人驾车作案快、逃跑快，危害大，易对群众造成心理恐慌，必须重点打击。

5. 麻醉抢劫。麻醉抢劫是指犯罪嫌疑人将麻醉药品趁机放到被害人的水、饮料、饭里，哄骗被害人吃或喝下，趁被害人失去知觉、不能反抗之时实施抢劫的犯罪活动。这种犯罪手段不同于通常的暴力、胁迫手段，隐蔽性更强，而且嫌疑人易得手，留下的人身痕迹少，侦破难度更大。

除了上述几种主要类型外，目前还出现利用互联网平台实施抢劫的案件，犯罪嫌疑人通过网络交友物色被害对象，骗取信任后约出来见面，实施抢劫。此外，还出现了逼迫被害人使用支付宝、微信转账实施抢劫的案件，出现了针对网络财产实施的抢劫行为。

三、抢劫案件的特点

1. 犯罪人与被害人有过一段时间的正面接触，其人身形象暴露充分。在抢劫案件中，犯罪行为人要达到劫取财物的目的，必然要与被害人进行正面接触。不同的抢劫案件，由于犯罪行为人人数、犯罪行为人的素质、抢劫的手段、被抢物品及被害人的反抗程度等因素的不同，双方接触时间也长短不一。但这一接触过程足以使被害人提供犯罪行为人的人身形象、言行特征和整个犯罪过程。如果双方有过搏斗的话，还可能造成犯罪行为人人身的损伤和衣服的破损，犯罪行为人还可能遗留一定的物品于现场。如果犯罪行为人采取蒙面等手段掩盖自己的面貌特征，或者故意改变自己的言语特征，那么被害人一方面可以向侦查人员提供犯罪行为人掩饰活动的有关情况，另一方面仍然可以提供犯罪行为人未加掩饰或无法掩饰的有关情况。这两方面的情况对侦查活动都具有重要意义。

2. 犯罪人一般都有预谋过程。抢劫犯罪与其他刑事犯罪相比，更具有暴露性与冒险性。因此，犯罪人为了逃避打击，一般在实施抢劫前有预谋活动。特别是一些抢劫巨款、劫持汽车、抢劫银行、仓库等案件，犯罪前大多经过周密策划，包括物色抢劫对象、选择犯罪时机、准备犯罪工具和地点、窥视逃跑路线等，直至认为条件具备，时机成熟时，犯罪人才实施犯罪。

3. 犯罪行为人多持有凶器或麻醉药物。犯罪行为人在实施抢劫行为时，一般要借助枪支、刀具、棍棒、砖石、绳索等凶器、物品，对被害人使用暴力或以暴力相威胁，或使用药物及含酒精的饮品致被害人昏迷，使被害人处于不敢反抗或不能反抗的境地，从而达到劫取财物的目的。不少抢劫犯罪案件还会造成被害人的人身伤害，甚至造成被害人死亡。犯罪行为人所使用的工具、物品，有的是随身携带的，有的是就地取材的。作案以后，犯罪行为人将作案工具或加以保存，或者抛弃。但不管怎样，这些工具、物品都有一定的去向。根据现场遗留的工具或根据被害人对工具特点的陈述，可以开辟一条由物找人的侦查途径。如果犯罪行为人使用药物作案，则可以从调查药物的来源入手查找犯罪嫌疑人。

4. 抢劫案件有赃款、赃物可查。抢劫犯罪的目的就是非法占有公私财物，因此，抢劫案件一般都有赃款、赃物可查。抢劫犯罪一旦得逞，犯罪人对抢劫的赃款、赃物便进行转移、销赃，如购置高档用品等。抢劫犯罪人在销赃、使用过程中，必然暴露出蛛丝马迹，如经济上收支反常情况等。这是控制销赃和调查经济来源不明财物的有利线索。

5. 抢劫犯罪一般具有连续性和习惯性。抢劫犯罪一旦得手，犯罪行为人的犯罪动机就会得到强化，在未被公安机关查获前，往往会以同样的手段继续进行抢劫犯罪活动，有的甚至发展成为抢劫惯犯。有一些抢劫犯罪行为人劳改之后，仍恶习不改，一旦获释或逃跑出来，就重操旧业，继续犯罪。犯罪行为人被打击处理后再实施的犯罪行为，尽管会在一定程度上有所变化，但仍会在多方面沿袭其原有的犯罪特征，可以从整体上反映出其犯罪活动的个性特征。犯罪手法的习惯性，可以从诸多方面体现出来。

抢劫犯罪之所以具有连续性，从本质上说，是由犯罪行为人根深蒂固的思想基础决定的。犯罪得逞之后的侥幸心理和犯罪被揭露之后的敌对心理，又从不同的方向使犯罪动机得到强化，促使犯罪行为人继续作案。

抢劫犯罪手段具有习惯性，会在多次犯罪行为中反映出比较稳定的共同特征，其是由犯罪行为人智力水平的相对稳定性决定的。同时，犯罪行为人在日常工作、生活中一般都形成了各自稳定的行为方式，当犯罪活动中需要实施同类行为时，这种稳定的行为方式就会体现出来。

抢劫犯罪活动的这种连续犯罪的倾向，是布置巡查守候措施的根据。多次犯罪行为之间在手法上的类似特点，又是串案分析、并案侦查的基础。

6. 犯罪人在实施抢劫的过程中，常常伴随有其他犯罪活动。抢劫案件犯罪人在实施抢劫活动的过程中，对被害人的反抗常常采取殴打、伤害甚至杀害被害人，强行劫取财物。有的犯罪人在将被害人杀害劫取财物后，对现场实施毁尸灭迹的行为，企图逃避侦查打击；有的抢劫案件中，犯罪人不仅劫取财物，还强奸被害人，最后杀人灭口。因此，针对抢劫案件的这一特点，侦查人员在开展侦查工作的过程中，除了收集犯罪人实施抢劫犯罪的证据，同时还应注意收集犯罪人实施其他犯罪所留下的有关痕迹物品。

第二节　抢劫案件现场勘查的重点

一、询问被害人，勘查现场

（一）询问被害人

抢劫案件中对被害人的询问项目，主要包括：

1. 抢劫发生的时间和地点。

2. 犯罪行为人是怎样进入现场及接近被害人的，其来去现场的方向与路线。

3. 犯罪行为人是采取什么手段对被害人实行抢劫的，借助何种工具及工具的来源。

4. 被害人与犯罪行为人是否进行过搏斗，是否在犯罪行为人的身上或衣服上造成了损伤或破损，犯罪行为人遗落了哪些物品。

5. 犯罪行为人抢走了哪些财物，其数量、品名、特征如何。

6. 犯罪行为人抢劫财物的过程中，其对财物的情况是否知情，是指名索要，还是到处翻找。

7. 犯罪行为人的体貌特征、行为特征、语言特征及讲话内容。

（二）抢劫案件现场实地勘验的重点

1. 拦路抢劫案件现场的勘验重点是：

（1）确定犯罪行为人实施抢劫行为的地点。

（2）对抢劫地点仔细勘验，寻找、提取犯罪行为人遗留的足迹、搏斗的痕迹和遗落、丢弃的犯罪工具及其他物品。

（3）对抢劫地点的外围部分和来去道路进行勘验，留意发现并提取犯罪行为人遗留的足迹、手印、交通工具痕迹和犯罪行为人徘徊或坐、卧的痕迹，以及抛弃的赃物、工具、烟头、食物残渣等。

2. 室内抢劫案件现场的勘验重点是：

（1）查明犯罪行为人进出现场的路线。对于室内抢劫犯罪现场，应查明犯罪行为人进出现场的路线，对其出入的门窗及其他通道进行仔细勘验，注意寻找手印、足迹、工具痕迹等。

（2）抢劫的中心现场。抢劫现场中心现场是指抢劫行为人破坏和触摸过的物体、物品所在的场所。要注意搜寻和勘验犯罪行为人遗留的犯罪工具和其他物品，注意发现和提取犯罪行为人留下的各种痕迹。要对抢劫时犯罪行为人翻动和触摸过的物品仔细勘验，注意发现犯罪行为人留下的手印和附着物。

（3）室外和庭院周围。对室外和庭院的周围也要进行必要的勘查，注意搜寻犯罪行为人留下的足迹、车辆痕迹及其他痕迹，注意收集犯罪行为人踩点、逃跑时遗留在现场的烟蒂、打火机、吃剩的食品等物品。

（4）对被害人的人身检验。在抢劫案件的现场勘查中，不应忽视对被害人体表及衣着的检查。对于那些被伤害的被害人，一定要注意勘验伤痕的形状、部位和严重程度，以及相应部位的衣着的破损情况。

二、分析判断案情

在上述工作的基础上，首先应注意甄别接报的抢劫案是真实的还是谎报的假案（甄别方法将在本章第四节详述）。案件的真实性得到确认之后，应该以现有的案件材料为依据，分析、判断案件情况及犯罪行为人的情况，确定侦查方向和范围，部署侦查活动。

（一）分析犯罪行为人作案前有无预谋过程

根据犯罪行为人对犯罪现场环境是否熟悉，对被害人的情况是否了解，犯罪发生的特定时间、特定环境，结合现场访问和勘验情况，对犯罪行为人作案前有无预谋过程作出明确的分析。重点应判明犯罪行为人事先有无窥探、踩点的过程。若其有预谋过程，则可通过调查发案前的疑人疑事的途径查找犯罪嫌疑人。

（二）分析犯罪行为人是否为当地人

侦查人员应该依据犯罪行为人的方言特点、其对现场周围环境和道路的熟悉程度、犯罪行为人使用的交通工具情况，并结合现场遗留的工具等物品，分析、推断犯罪行为人是否为当地人。不过，需要注意的是，一些犯罪行为人为了转移侦查视线，故意讲某种方言以假乱真，或故意抛下某种或某些物品故布疑阵。同时还应注意，一些外地人甚至外来流窜犯罪分子，通过一定时间的踩点观察，也可达到对现场内外环境十分熟悉的程度。

（三）分析犯罪行为人对被害人的情况是否了解

分析的依据有：

1. 作案时机选择是否准确。

2. 是否知道财物内容及其保管情况，是否指名索要财物。

3. 作案时是否进行了化装掩护，是否有蒙头遮脸的现象，是否有不敢说话、说话时故意改变腔调、夜间行抢时不敢开灯的现象。

4. 共同犯罪的成员中是否有人始终回避与被害人正面接触。

经过分析研究，如果认为犯罪行为人确实了解事主的情况，那么还需要进一步分析其了解这些情况的途径。

（四）分析犯罪行为人的特征

应依据犯罪行为人作案手法是否老练、动作是否利落、神态是否镇定、抢劫决心是否坚决等情况分析犯罪行为人是偶犯还是惯犯。同时，侦查人员还应注意了解当地或相关地区是否发生过类似案件，根据犯罪人作案过程和遗留的痕迹物品，判断犯罪人的体貌特征和可能从事的职业。

第三节　抢劫案件的侦查途径和取证措施

一、抢劫案件的侦查途径

（一）抓好当场处置，及时追缉、堵截

侦查人员接到报案或到达现场后，若犯罪行为人未及时远逃，应根据事主和知情群众提供的犯罪行为人的体貌特征与附加性人身特征、赃物特征、乘坐交通工具的特征、逃跑方向和路线，立即组织力量追捕缉拿，或者在车站、码头、交通要道口设卡拦截。有条件的还可以使用警犬追踪或进行步法追踪，力争迅速将犯罪行为人捕获。在追击堵截中要充分运用现代信息技术对犯罪人进行轨迹追踪，运用道路监控视频进行搜索追踪。争取将犯罪嫌疑人及时抓获，即使不能抓获，也要在犯罪人出逃的路口设卡，将其控制在一定区域内以便搜捕。

（二）调查控制赃物

犯罪行为人劫取赃物之后，一般要将赃物予以变卖，或者直接挥霍使用，或者改装后使用。侦查工作可以通过控制赃物的销售、邮寄、改装与使用，由物到人，查找犯罪行为人。例如，及时控制旧货收购业、寄卖委托行等特种行业；控制集贸市场；若银行卡被抢，应在银行进行控制；有关证券等票证被抢的，应在相关交易场所进行控制；等等。还可通过网上犯罪与防范信息系统对赃物查找、控制。总之，只要把犯罪行为人用于销售、改装、使用甚至邮寄赃物的场所、渠道严密控制起来，往往就能收到发现赃物甚至人赃俱获的良好效果。

（三）摸底排队

在确定的侦查范围内，有控制地公布案情，发动群众提供线索。摸排过程中，应以刻画的犯罪条件为依据，查体貌特征与犯罪行为人是否一致，查有无作案工具，查是否具备现场遗留物品或是否有条件获取这些遗留物品，查是否具备形成现场痕迹的条件、是否从事过某种特殊职业，查有无使用或变卖赃物的表现，查是否具备知情条件，查有无抢劫、盗窃、诈骗犯罪的前科、劣迹和思想基础。发现嫌疑对象之后，应把这几个方面的情况综合起来加以分析，以认定或否定犯罪嫌疑人。

1. 摸排中应充分利用犯罪行为人的体貌特征条件。侦查抢劫案件，尤其要注意从犯罪行为人的体貌特征入手查找犯罪嫌疑人。只要犯罪行为人的体貌特征尤其是面貌特征已被被害人清楚地目睹，或者其在踩点过程中或实施犯罪之前、之中、之后为有关群众所目睹或为视频监控所记录，就应充分利用这一有利因素进行侦查。除可以组织被害人、目睹人在犯罪嫌疑人可能出没、活动的场所进行巡查辨认和守候辨认外，还应采用人像组合或模拟画像的方法，将犯罪行为人的面貌特征再现成具体的图像，在特定的侦查范围内，通过多种形式予以散发，发动群众提供与犯罪行为人面貌特征符合或相近的对象。

如果犯罪行为人在犯罪过程或踩点过程中被监控设施录下了影像，一经确认，即应将其制作成照片、录像或光盘，在确定的侦查范围内及相关区域予以散发，发动群众提供线索。

在适当情况下，也可通过公安机关的微信、微博公众号发布案情和监控视频录下的犯罪嫌疑人影像，利用网络传播快、范围广的特点，广泛发动群众提供线索。在向有关地区公安机关发布协查通报时，也应将制作的图像或声像资料附上。

在侦查实践中，对模画、组合出的犯罪行为人的头像的运用要慎之又慎，一旦其客观性或准确性存在疑问，就不能轻率运用，以免误导侦查。

如果犯罪行为人在犯罪过程中受伤，要根据犯罪行为人的受伤附加性人身特征注意对医疗部门调查布控。

2. 排查知情人的工作必须深入细致。如果分析认为犯罪行为人是被害人的熟人或有熟人充当"内线",应动员被害人认真提供有关背景材料,从中发现嫌疑线索。对于被害人所提供的可疑对象,侦查人员应根据犯罪行为人所具备的条件,区别重点和一般,逐一调查核实,以否定或肯定犯罪嫌疑人。另外需要注意的是,有些关系人并不直接出面作案,而是幕后唆使他人出面作案;还有的犯罪行为人不一定与被害人有直接关系,而是通过某些间接的关系了解到被害人的一些情况。因此,除了要对被害人提出的可疑关系人进行审查外,还要对这些关系人的关系人顺线追踪,挖掘第二层甚至第三层的线索。

摸排过程中一定要全面覆盖所有与刻画的人身形象相似的人,摸排到位。如果通过前期工作没有摸排到犯罪嫌疑人,要再对现场进行分析,对视频监控反复研究,必要时可模拟实验,以判断视频中人的真实身高、体态。因为有时视频的录制角度也可能造成对身高体态的误判。

3. 摸底排队过程中,要充分利用现场遗留的痕迹和物证。对现场遗留的痕迹、物证进行分析,分析犯罪人作案的过程和心理状态;对有关痕迹和血迹、微量物证进行鉴定,与公安系统的指纹、DNA库自动比对如果库里有犯罪嫌疑人的相应信息,通过比对就能发现犯罪嫌疑人的真实身份。

(四)全面、深入调查犯罪工具

抢劫案件中的犯罪工具有两类,一类是破坏性工具,另一类是辅助性工具。

1. **破坏性工具的调查。**破坏性工具又分为两类:一是器械机具类工具,如刀、枪、棍、斧、绳等。在侦查过程中,可以通过调查这些工具的生产情况、持有情况、使用情况、发放或销售情况、黑市流通情况,从中发现嫌疑对象。持枪犯罪的,还可以通过弹头、弹壳鉴定确定发射枪支,对具备并案条件的实施并案侦查。二是药物能量类工具,如爆炸物品、毒物、麻醉剂、电能等。侦查过程中,可以从调查其来源、调查具有运用它们的知识与技能的人入手,发现嫌疑对象。

2. **辅助性工具的调查。**辅助性犯罪工具主要是交通工具和通讯工具。这两类工具在抢劫案件中尤其是结伙抢劫案件中出现率较高,调查交通工具和通讯工具,对于突破全案有重要意义。

调查犯罪行为人作案过程中使用、乘坐的车辆,根据研判的案发时间,对犯罪嫌疑人可能来去的路线和现场附近的监控视频查看,发现可疑车辆,根据交通卡口视频,锁定犯罪嫌疑人的体貌特征,通过视频轨迹追踪嫌疑人。如果犯罪嫌疑人乘坐的是出租车或车上有 GPS 导航系统，或通过第三方平台呼叫过车辆，侦查人员可以通过追踪车辆导航系统对其定位追踪，发现嫌疑人踪迹。还可以通过相关车辆的多个 GPS 历史、行驶信息的交叉碰撞信息，发现系列案件的串并案依据。

对嫌疑人进行追踪的方法是多种多样的：可依据目击者提供的车辆特征进行调查；依据目击者提供的车辆牌号进行调查；分析犯罪行为人使用的车辆的可能来源与车种，展开调查；对特定区域内的车辆进行时空定位，排查疑点；由车轮痕迹入手寻找车辆；对公共车辆进行行业性调查；对犯罪行为人劫走的车辆加以查控。

有时犯罪人还会使用劫来的被害人手机，在询问被害人时要问清楚被劫财物情况，对被劫手机进行监控，从而发现犯罪嫌疑人。犯罪嫌疑人作案，尤其是团伙作案，离不开手机联系，案发前、案发中、案发后都会有联系信息。在案发后，可调查案发地点案发时的基站信息，初步圈定可疑人员，再通过调查通话清单、查看视频监控，用技术手段追踪犯罪嫌疑人轨迹。

（五）组织巡查守候，捕获现行犯

鉴于抢劫犯罪具有连续性的特点，侦查中应注意对犯罪行为人可能再次作案的地点部署守候措施，以捉拿现行犯。守候捕捉犯罪行为人，应根据已发案件在发案时间与地点、侵害对象、犯罪手段、犯罪过程及犯罪行为人的来去路线等方面呈现出的特点与规律，推断其可能再次作案的时间与地点，精心安排，严密布控。必要时，应施计用谋，在一般地段组织公开巡查，在重点地段实施隐蔽守候，虚实结合，赶"鱼"入网。

在侦查过程中，也可以通过设计在特定时空条件下提供犯罪目标与机会，促使其暴露。

（六）并案侦查

抢劫犯罪具有连续性的特点，侦查过程中要及时沟通串案渠道，通过多种途径了解同类案件或相关类型案件的发案信息，尽快实施并案侦查。如果分析为流窜犯作案，要及时通过公安网络或以文字通报的形式，同相关地区沟通情况，同时应积极关注相关地区的犯罪情况，组织跨区域的并案侦查。

并案之后，可以综合利用各起案件的线索材料，比较具体地确定侦查范围，部署有针对性的侦查措施。

除了上述侦查途径和措施外，在侦查过程中，应留意从查证犯罪行为人谈话中或留下的书面语言中涉及的情况入手，顺线查找犯罪嫌疑人。

结伙作案的，要注意捕捉犯罪行为人作案时在交流过程中提及的人、事、物、地等信息，特别是他们在不经意间提及的内容具有较大的真实性，对侦查活动具有重要意义。

四、抢劫案件的取证措施

（一）辨认

由于抢劫案件的被害人与犯罪人之间有过正面接触，被害人对犯罪人的性别、年龄、身高、外貌特征、行走习惯、口音等记忆较为清晰，侦查人员根据情况，可以组织对嫌疑对象的辨认和有关物品的辨认。对嫌疑对象的辨认，应采用秘密方式，可以先辨认照片和声音，然后再辨认人。辨认物品可以采用公开辨认或者秘密辨认方式。通过辨认，可以确认嫌疑人是否就是抢劫犯罪人，查获、搜取的物品是否就是被抢的物品，现场遗留物为何人所有，是否与犯罪有关。有的案件也可以组织被害人或者知情人对犯罪地点进行寻找辨认，以获取证据。辨认前，一定做好辨认人的工作，稳定思想情绪，防止感情冲动，夸大事实，影响辨认结果。对于辨认结果，要与其他证据相互印证。

（二）搜查

犯罪人实施抢劫后，所获赃款、赃物以及犯罪工具等，可能藏匿于自己的住所，也可能掩埋于野外，或者随身携带，或者分散处理。侦查机关对犯罪嫌疑人采取拘留措施后，应对其住所或者相关处所进行搜查，获取犯罪证据。实施搜查要制订方案，明确搜查目标和范围。搜查后，对于可作为证据的赃款、赃物和其他物品、麻醉药、凶器等应依法加以扣押。

（三）司法鉴定

对抢劫犯罪现场提取的手印、足迹、交通工具痕迹与在侦查中发现的嫌疑人和可疑工具等进行司法鉴定，认定抢劫犯罪现场上的手印、足迹是否由嫌疑人遗留，工具痕迹是否由可疑工具形成，以获取犯罪证据。现场上的其他遗留物，如烟蒂、口痰、血迹、衣服碎片等，通过司法鉴定所作的肯定结论，也是重要证据。

（四）讯问

通过讯问犯罪嫌疑人，不仅可以审查核实侦查部门收集的证据，起获赃物、赃款、作案工具、凶器、麻醉药物等罪证，而且还能查明侦查部门未掌握的犯罪事实，并获取罪证。通过讯问，可以查清余罪和犯罪团伙，获取罪证，扩大成果。在讯问过程中，根据犯罪嫌疑人的交代，核实和搜取新的犯罪证据。

一旦有证据证明犯罪嫌疑人有抢劫犯罪事实，主要证据查清，确实无误，即可依法将犯罪嫌疑人缉拿归案。

第四节　对谎报抢劫案件的揭露

在公安机关接报的抢劫案件中，有少数是谎报的。谎报被劫者往往以被害人的面目出现，谎称被人抢劫。为了使人对案件的真实性确信不疑，谎报被劫者往往编造出发案的时间、地点，犯罪行为人的人数、体貌特征，犯罪的过程，同犯罪行为人搏斗的经过，有的还自伤、自缚，或让家庭成员将其捆绑起来，等等。

由于谎报的抢劫案件客观上并未发生，那么谎报被劫者对所谓案情的陈述，不可避免地要露出破绽和疑点来。揭露谎报的抢劫案件，应从识破谎报人陈述和现场状态中的假象入手，发现矛盾，用客观事实来揭露矛盾，揭穿谎言和假象。

一、审查报案人有无谎报动机

谎报抢劫案件，一般都是为了满足物质上或精神上的某种需求。所以，对报案人有无谎报抢劫案件的动机进行审查，是弄清案件真假的一个重要方法。

谎报抢劫案件不外乎出于下列种种动机：为了谋夺他人或者家庭其他成员的财产；为了骗取补助或救济；为了沽名钓誉；由于违反规章制度，玩忽职守，造成财物、文件等的遗失或造成其他意外损失，想通过谎报抢劫而挽回面子、推卸责任；为了掩盖贪污或盗窃公款、公物的罪行；等等。

对于谎报的抢劫案件，应该根据报案人所陈述的具体情况，结合其思想品质、一贯表现及其经济状况和经济关系，进行认真分析，探明其是否有报假案的动机，然后一步步追查下去。

二、审查报案人的陈述

抢劫案件如果确未发生，那么报案人所陈述的所谓抢劫犯罪的情节只能是编造的，因而很难使陈述的内容合情合理、天衣无缝，陈述中必然会出现前后矛盾的情况和一系列的逻辑错误。侦查人员应该认真分析、推敲其陈述的内容，审查其中有无自相矛盾的地方，有无不合常理、违反常规的地方，有无与其家庭其他成员的陈述互相矛盾的地方。

三、审查报案人指称的抢劫现场

谎报的抢劫案件中,现场通常有两种情况:一种情况是谎报被劫者仅仅指称某一地点是发案现场,但未对这一地点进行任何布置;另一种情况是谎报被劫者根据其编造的案件情节的需要,对其指称的发案地点进行了精心布置。

无论哪一种情况,侦查人员都不能忽视对现场的审查。对现场的审查,主要应从以下两个方面入手:

(一)审查现场环境

查清报案人所报称的案发时间里该地有无发生抢劫的可能。这需要结合现场的地形、地貌等自然状况以及当地的人员活动状况进行分析,还需要向周围群众进行调查,了解他们当时是否听到或见到了报案人所报称的事实情节。

(二)审查现场痕迹、物证及其布局

对于上述第二种现场,要进行认真地勘验检查,审查现场上各种痕迹、物证的形成与分布有无违反常规的现象;审查现场上有哪些不该出现而出现或应该出现而未出现的情况;审查现场遗留物及形成现场痕迹的工具是否为报案人所有,它们在发案前的保存状况如何;等等。

四、审查现场现象与报案人陈述是否一致

由于假案的现场是伪造的,所以,它从开始布置时起,就不可能完全与谎报被劫者所设想的案件情节相吻合。同时,谎报被劫者在陈述案件情节时,又可能出现与设想的案件情节不相一致的现象。现场现象与陈述的事实情节有出入,是任何假案都难以克服的"痼疾"。侦查人员应该抓住这一有利因素,对现场现象与报案人的陈述进行认真的对照,从中发现破绽,揭露事实真相。

五、对受伤的报案人进行伤痕检查和伤势检查

(一)判断是自伤还是他伤

自伤与他伤在作用力的方向与大小上都有一定的区别,这都可以通过伤痕反映出来。在检查过程中要注意向报案人询问伤痕的形成经过与方式,以便从中发现问题。检查中还应注意查明与伤痕相对应部位的衣服是否有破损痕迹。若有,则应进一步研究两种痕迹是否相符。

(二)伤害的程度

实践表明,谎报被劫者的自伤一般都是轻度的,而他们所表现出的症状却往往比较严重,如谎称当场"昏倒"等,明显与实际伤害程度不相吻合。通过对伤害程度的检查,可以揭穿其谎言。

对采取自缚的方式谎报被劫者，侦查人员必须对捆绑的方式与状态进行仔细的琢磨、研究，揭穿谎言和假象。

六、审查报案人报称的被劫财物

谎报的抢劫案件中，有些案件所报称的被劫财物客观上就不存在；有些案件中谎报被劫者在布置虚构的发案现场或路经该处时，财物根本就没有带到"现场"；有的谎报被劫者在发案前已把财物转移或隐匿。从报案人报称的被劫财物入手，进行广泛的调查、询问和分析、研究，也是揭露谎报抢劫案件的一个重要途径和方法。

七、审查报案人有无反常现象

重点应审查报案人在发案前后的行为、情绪及经济状况是否反常，有无可疑之处。

第九章 诈骗案件的侦查

第一节 诈骗案件的概念和特点

一、诈骗案件的概念

诈骗案件是指犯罪人以非法占有为目的，用虚构事实或隐瞒真相的方法骗取数额较大的公私财物的案件。

诈骗案件的犯罪人在主观上存在非法占有数额较大的公私财物的故意，其侵犯的客体是公私财物的所有权和其他财产性利益。

虚构事实是指犯罪人故意编造客观上根本不存在的虚假情况，骗取被害单位和个人的信任。隐瞒真相是指犯罪人掩盖客观存在的某种事实，使被害单位和个人产生错觉，信以为真，将财物"自愿"交给犯罪人。

二、诈骗案件的特点

（一）犯罪人和被害人有较长时间接触，犯罪人的人身形象暴露充分

犯罪行为人为了便于逃脱和防止被追查，在犯罪过程中多隐瞒自己的身份，如姓名、地址、身份证、出生地、籍贯、工作单位、职业等。但是，犯罪行为人在犯罪过程中往往会暴露大量的个人信息。这是因为他为了达到犯罪目的必须采取一定方式与事主接触，取得事主的信任，在这一过程中，事主对犯罪行为人的体貌特征了解得比较清楚。犯罪行为人还会在无意中说出自己的成长经历、人际交往、亲戚朋友姓名等真实情况。被害人一旦发现被骗，大多能够准确地提供犯罪人的人身形象及有关情况，并且能够对自己被骗的经过及被诈骗的财物特征进行详细地陈述，这为分析判断案情，开展侦查工作提供了有利的条件。犯罪行为人为取得事主信任，常使用伪造、变造的凭证、文件、证明或与事主签订虚假的

合同、协议,向事主赠送礼品。收集这些书证、物证,可以直接或间接地证实犯罪。

随着我们进入网络社会,一些人利用网络的便捷性、广泛性的特点进行诈骗,设立网站,建立微信、微博、QQ 群等,吹嘘自己的背景,虚构一些项目,许诺高额利润或者拉微信群,给被害人设套,晒自己的理财收入,先给被害人一些好处,等到被害人放松警惕,投资较大数额时,再也联系不上群主,群也突然消失。这些网络诈骗,虽然犯罪人和被害人主要通过网络联系,但网上犯罪人的作案特点、方法、聊天的内容等也能反映犯罪人的一些人身形象,有的犯罪人为取得被害人信任也会进行线下宣传、聚会等。侦查中应及时收集这些电子证据,分析犯罪人犯罪过程,追踪犯罪人踪迹。

(二)诈骗手段复杂多样,并带有较强的习惯性

诈骗犯罪是诈骗行为人运用隐瞒事实真相或虚构事实的行为,诱使被害人上当受骗的一种犯罪。犯罪人在作案前精心选择时机、虚构事实、隐瞒真相等,使对方上当受骗。在复杂的诈骗活动中,诈骗行为人常用的诈骗手段有:

1. 假冒身份诈骗。犯罪人在实施诈骗过程中,常常假冒党、政、军领导、干部,企事业单位的负责人,有的还冒充皇族后代、国民党要员后人等身份,伪造事实,虚构项目,打着国家"精准扶贫"、成立"慈善基金会""解冻民族资产"等幌子,以欺骗手法建立微信圈,骗取广大被害人加入,缴纳各种费用。此类诈骗涉众面广,骗取数额巨大,给社会造成了巨大危害。犯罪人在用假冒身份实施诈骗的过程中,为了避免被识破,常常还会伪造与其冒充身份相关的文书、凭证、照片以及 PS 的与相关领导的合影,编造虚假的个人经历、职务,精心设置各种场景,投其所好编造事实。有的犯罪人还成立公司,以网站、微信公众号宣传等掩护实施诈骗活动。因为诈骗人成立的公司具有自己的户头、账号、印章、介绍信、办公地点等,给人以信任感。诈骗犯罪人正是利用了这一条件,使被害人对其完全信任。

2. 成立各种伪协会诈骗。犯罪团伙成立各种以"中国""国家""世界""国际"冠名的协会,极具欺骗性,利用协会向会员收取会费,以其名义举办各种大会、竞赛、资格考试,颁发荣誉证书等骗取被害人财物,为了获取被害人的信任,常常伪造、变造公章、证照、图片,用以迷惑被害人,使其受骗。

3. 以虚假办学招生诈骗。有的犯罪人利用家长望子成龙心切的心理,往往以相似的名字冒充名牌大学,有的还建有网站,以虚假的办学招生,高额收取学

费,进行诈骗活动。

4. 医疗诈骗。医疗诈骗包括医保诈骗、保健品诈骗、海外体检诈骗和针对病人的治疗诈骗等。一些诈骗团伙利用国家的医保福利诈骗,他们以免费体检等名义,伪造、变造住院病历、诊断证明、检查报告、住院费单据报销,骗取国家医保费和新农合医保基金。近年来,保健品诈骗犯罪呈现发案区域不断扩大、涉案金额不断增加、作案手法不断翻新的趋势。特别是一些犯罪团伙采取公司化模式运营,利用有些老年人关注养生保健,但是防骗意识不强的特点,以发放赠品、免费体检、免费讲座、免费旅游等为诱饵,套取老年人的信息,进而组织专人提供"亲情"服务,骗取老年人的信任,并通过夸大、虚构保健品疗效,打着高科技产品、慈善福利工程等旗号,大肆蒙骗老年人。此类犯罪手段欺骗性强、严重危害老年人身体健康和财产安全,社会影响十分恶劣。一些美容院以感恩客户、免费旅游的名义,诱骗被害人到海外医院体检,再通过假医生做虚构体检报告,谎称受害人是易患癌的高风险人员等,诱骗其购买天价"药品"。有的医院虚夸能治疑难病症,骗取病人信任,花巨额医疗费,甚至有人被耽误治疗而失去生命。

5. 利用各种信息进行诈骗。犯罪人作案的方法是通过编印各种广告、小册子进行散发,或利用各种媒体、网络进行传播,布设陷阱,诱人上当,骗取被害人的财物。诈骗犯罪手段复杂多样,究其实质,犯罪人都是以虚构事实或隐瞒真相的手段,实施诈骗犯罪活动。犯罪人的诈骗手段,从不同程度上暴露了犯罪人的文化程度、智力水平、专业知识和技能、社会经历等情况,这为在侦查中分析和判断案情、刻画犯罪人条件提供了重要的依据。

6. 利用宗教迷信诈骗。一些诈骗犯罪人打着宗教迷信的幌子,以"治病""消灾"等名目为由,利用人们的愚昧无知进行诈骗。

7. 街头诈骗。街头诈骗是指诈骗行为人在车站、街头、路边等公共场所设圈套、骗局进行诈骗。常见的有:设赌局进行诈骗,碰瓷诈骗,以投亲不遇、易拉罐中奖、捡到财物、稀有药材、祖传宝物等为借口,设圈套进行诈骗。

8. 电信诈骗(详见本章第三节)、电话诈骗。一些诈骗行为人利用电话进行诈骗。常见的有:冒充公检法人员、冒称事主信用卡被盗、亲朋好友出车祸、亲人被绑架、欠交税费、购车退税等方式进行诈骗。

在诈骗案件中,犯罪人多为惯犯、流窜犯,受害人数众多,因此,在犯罪的手段方法上多具有较强的习惯性特征。

（三）诈骗的财物数额较大，有赃物可查

诈骗案件一旦得逞，一般都有较大数额赃物可查。犯罪人骗来的赃物，除少数赃物被犯罪人直接挥霍享用外，大部分赃物都被犯罪人转移、隐藏、兑换、使用或销赃。一些犯罪人在处理有关赃物的过程中，必然会在有关地区、有关场所和群众中暴露其人身形象。目前，快捷的网络、物流成为犯罪人销赃的主要渠道。侦查机关在线下控赃的同时，也要加强网上赃物控制，发现犯罪线索。

（四）犯罪预谋周密、细致

诈骗犯罪作为智力型犯罪，它的最本质特征就是欺骗性。虽然诈骗犯罪人接触被害人的目的是最后占有被害人的财物，但他们不愿以风险性较大的暴力手段攫取财物，而以他们认为风险较低的诈骗方式精心设计骗局，诱使被害人"自愿"交出其财物。因此，犯罪行为人在作案之前，一般都要进行周密、细致的策划，经过反复的酝酿，设计十分巧妙的骗局，使被害人上当受骗。犯罪人常常会根据当时、当地的政治、经济情况，猜测人们的心理活动，投其所好。案发前，犯罪人准备好乔装打扮的服饰，编造令人迷惑的花言巧语和脚本，伪造各种证件、印章，设置各种陷阱引诱被害人中其圈套，或设计网络、电信诈骗的方法，购买"木马病毒"等犯罪工具。此外，诈骗人还会暗暗设计诈骗得逞后财物的转移方法以及脱身远逃的机会，从而达到实施诈骗犯罪的目的。

（五）犯罪成员多使用同样手段，连续作案，流窜作案

当犯罪人以某种诈骗手段得逞，没有被发现时，就会增强其侥幸心理，会再以此手段进行犯罪，并逃避打击，因此，诈骗行为人成员多为惯犯、流窜犯。从一定意义上讲，诈骗犯罪的过程实际上是诈骗人与被害人心理较量的过程，诈骗人要诈骗得逞，必须想办法设计不容易被受害人识破的圈套，熟知受害人心理，使受害人从对其圈套感兴趣到对诈骗人信任、再到"自愿"交出财物。因此，诈骗犯罪人大多是年龄较大、具有一定的专业知识或技术专长、社会阅历较为丰富的成年人。不少诈骗犯罪人都是有前科劣迹，曾经受过打击处理的惯犯，这些人由于不思悔改，往往是一有机会就继续实施诈骗犯罪活动。尤其是以诈骗为职业的犯罪人，其犯罪手段狡诈，善于伪装，能随机应变，并有一套行骗的方法和逃避侦查打击的伎俩，社会危害性极大。犯罪人作案成功后，会及时逃离犯罪地，在异地再次作案，流窜犯罪突出，这给侦查工作带来很大难度。但是，犯罪人流窜的地区越广，作案的次数越多，其手段的暴露就会越充分，这也为实施并案侦查提供了条件。

第二节　诈骗案件的侦查途径和取证措施

一、诈骗案件的侦查途径

（一）询问被害人和知情人，查明行骗情况

诈骗犯罪行为人为使诈骗得逞，往往设置圈套，引诱被害人上当受骗。因此，诈骗案件中，诈骗行为人都要与受害人有较长时间的正面接触或交往，受害人对诈骗犯罪行为人人身及其诈骗过程比较了解或掌握诈骗行为人的一些情况。接到报案后，首先要询问受害人与知情者。

1. 查明犯罪人的人身特征。包括诈骗行为人在交往时使用的姓名、声称的职业、年龄、性别、衣着、体貌特征、口音、语言习惯、动作习惯、生活嗜好、气质风度、是否有特殊特征等。

2. 询问行骗经过。包括诈骗人何时、何地、以何种方式与受害人接触，交往的时间、过程，采用的何种方法、手段，出示过什么证明、信件，有没有同伙配合；如果被害人没有与行骗者见过面，通过什么方式联系的，联系的通讯工具号码，行骗者编造的使受害人上当的"事实"是什么，受害人向诈骗人提供了哪些信息资料，在诈骗人的操纵下，受害人实施了哪些行为。

3. 查明携带、使用的物品情况。诈骗行为人在与受害人接触、交往中，是否遗留有书证、物证等材料或馈赠的纪念品等礼物。诈骗人在与受害人交往中使用何种交通工具，有什么标记、特征等。

4. 查明被骗财物的特征。包括被骗财物的种类、品名、数量、规格、特征、价值、产地、购货发票、新旧程度、有无明显标记及新旧程度以及其他细节特征。

5. 查明诈骗行为人的去向。诈骗行为人在行骗过程中与哪些人、单位有联系，他们都在什么地方工作、居住，诈骗行为人平时在哪些地方停留或落脚，行骗者可能去什么地方。

（二）从犯罪情报信息入手，发现犯罪嫌疑人

在询问被害人初步了解案件的基础上，根据诈骗人作案的手段、方法、体貌特征、赃物情况等，在公安信息平台上迅速查找、比对犯罪情报信息，发现犯罪线索，同时网上控制赃物；通过信息情报平台，排查重点高危人群动向，通过公

安信息碰撞，发现犯罪嫌疑线索，追踪排查犯罪嫌疑人。根据嫌疑人逃离的方向路线，通过视频监控、公安住宿登记系统、网络监控发现犯罪人讯息，结合线下调查取证，发现犯罪嫌疑人。

（三）从调查摸底入手，发现犯罪线索

在一定的调查范围内，通过调查摸底，发现犯罪线索，侦破诈骗案件，是重要的侦查方法之一。

1. 调查诈骗行为人使用的通讯工具。通讯的日益方便、快捷，使得一些诈骗人能借助通讯工具传播虚构的事实，蒙蔽他人，使他人上当受骗。与传统的诈骗方法不同的是诈骗人与受害人互不相见，并且诈骗过程短暂，受害人难以提供更多犯罪人的体貌特征。因此，对于此类犯罪，侦查人员应重点调查监控诈骗人使用的通讯工具。当然，在一般的诈骗案件侦查中，对通讯工具的调查也是不可缺少的手段。

2. 调查具有犯罪时间、动机及与犯罪人体貌特征相同或相似的人。根据受害人和知情人提供的诈骗行为人的相貌特征、个性特点、熟悉的地区情况、携带的证件、乘坐的交通工具、日用生活用品，以及暴露出来的社会关系、落脚点等方面的情况，组织力量寻找犯罪嫌疑人，查清其在犯罪时间内的行踪去向及有关的活动情况。对于团伙诈骗案件，应从具有结伙条件、具有犯罪动机的人中发现犯罪嫌疑线索。

3. 调查犯罪人行骗过程中所出示或遗留的文书、证件。犯罪人为了获取被害人的信任，常常会出示各种各样的文书证件、签订的合同和书写的各种文书，而这些伪造、变造或盗用的文书证件，虽不能直接证明犯罪人的真实身份，但以此为线索开展调查工作，也能为查找犯罪嫌疑线索提供条件。

4. 调查犯罪人谈话及交往所涉及的情况。犯罪人在与被害人接触交往的过程中，不可避免地会涉及其家庭和工作情况，闲谈也可能涉及其他的人和事。尽管犯罪人所讲的有关情况，如家庭住址、工作单位等，不一定是其真实的住址及工作单位，但其可能是犯罪人熟悉的地区或单位。犯罪人在与被害人的谈话、书信交往中涉及的人和事，往往与犯罪人及其亲友存在某种关系。

5. 调查犯罪人的作案手法。犯罪人选用的诈骗手法常常是与自己或其亲友从事的工作有关，他们了解某一工作的规律特点，或熟悉某项工作中存在的漏洞，这往往成为犯罪人选择诈骗手段的重要条件。

6. 调查赃物去向。有赃物可查是诈骗案件的重要特点，利用被骗财物的种类、数量、特征，分析犯罪人对赃物可能采取的处理方式，在重点地区有针对性地采取侦查措施，严密控制赃物，通过寻找赃物线索，发现犯罪人的行踪。

7. 调查犯罪人所用的交通工具。犯罪人在实施诈骗犯罪的过程中，为了表明自己的特殊身份或为了犯罪活动的方便，有时可能会使用某种交通工具。在侦查中要查明车主的情况，发现犯罪线索，或通过询问车主，查清车辆的租借人情况，从中扩大侦查线索，发现犯罪人线索。结合视频监控追踪交通工具的踪迹。

（四）从查控赃物入手

诈骗行为人的目的是非法获取公私财物为己有，有赃物可查是诈骗案件的重要特点。因此，控制销赃渠道，发现犯罪线索及犯罪人是重要的侦查途径。在侦查中利用被骗财物的种类、数量、特征，分析犯罪人对赃物可能采取的处理方式，在重点地区，有针对性的采取侦查措施，严密控制赃物，通过寻找赃物线索，发现犯罪人的行踪。

（五）通缉、通报、辨认

根据诈骗案件的特点，对发现及时的重大、特大诈骗案件，侦查机关应在确定的侦查范围内，及时向有关地区发布通缉令，协请相关地区的侦查机关及有关部门积极配合，共同布网，查控犯罪人。

对不知其身份的诈骗犯罪人，可向有关侦查部门发布协查通报，请求协助查缉。侦查中发送的协查通报，应详细写明案件的性质、犯罪人的体貌特征、赃物的数量、种类及特征，并附上赃物清单及相关的比对照片。

诈骗案件的犯罪人在实施诈骗的过程中，其人身形象暴露比较充分，侦查人员应充分利用诈骗案件这一有利的条件，组织被害人及有关的知情人员，在犯罪人可能出现的地区，如犯罪人兑取赃款、提取赃物的地点，购物、消费、娱乐的场所，犯罪人藏身落脚的处所等进行巡查辨认，发现犯罪线索。对侦查中发现的犯罪嫌疑人，可组织被害人、知情人对其进行秘密辨认，确定其是否为本案犯罪人，对犯罪人遗留的有关物品，通过辨认以物找人。通过对物品所有人的调查，查明有关情况，及时发现和缉获犯罪人。

（六）追缉堵截，缉获犯罪人

诈骗案件发生以后，对被害人报案及时、诈骗犯罪人体貌特征明显、逃跑方向清楚的案件应当及时组织力量，在犯罪人可能途经的地区追缉堵截，力争在控制的范围内将犯罪人缉拿归案。

（七）研究犯罪规律，实施并案侦查

诈骗犯罪人中惯犯、流窜犯居多，犯罪人实施诈骗犯罪活动不仅具有连续性，而且在其多次的犯罪活动中常常会采取相同或相似的诈骗手段实施犯罪，具有一定的规律性。针对带有规律性的系列诈骗案件，实施并案侦查，能够使犯罪线索的来源增加，侦查目标更加明确，有利于侦查机关及时破获诈骗案件。

二、诈骗案件的取证措施

（一）收集与诈骗犯罪有关的书证、物证

诈骗案件一般没有可供勘验的现场，取证有一定的困难。但诈骗犯罪行为人与被害人在接触过程中，为了取得被害人的信任，往往会留下一些伪造、变造的证件、合同、支票等。这些证据经过鉴定，可能成为定案的物证和书证。

（二）通过搜查，获取证据

在侦查中，一旦发现犯罪嫌疑人及其藏身之地，就要及时对其进行搜查，防止犯罪人毁灭、转移证据，搜集与犯罪有关或准备用于作案的证件、图章、合同、通讯工具、银行卡等作案工具，并及时扣押。对需要查询银行账户、冻结银行存款的，必须立即进行。

（三）进行技术鉴定，获取证据

对于在侦查调查中发现、提取的与犯罪有关的痕迹、物品，及时送到物证技术鉴定部门，进行科学技术鉴定，获取证据。

（四）通过讯问，获取口供

诈骗案件的犯罪人惯犯较多，一般都有多次犯罪的经历，他们身上常常有一些未被揭露的犯罪行为，或者犯罪人知晓其他犯罪人的犯罪事实。因此，加强对诈骗犯罪嫌疑人的讯问，既是收集犯罪证据的重要手段，也是发现隐案的有效方法。诈骗犯罪人对侦查机关已掌握证据的犯罪事实一般无法抵赖，犯罪人能够如实陈述。对侦查机关没有掌握证据的犯罪事实，犯罪人大多不会主动交待。此，对犯罪嫌疑人进行讯问时要讲究策略，要适时出示证据，打破犯罪人的心理防线，查清其进行诈骗犯罪的事实及经过，发现新的侦查线索，侦破积案。同时问明赃款赃物去向，及时组织力量追缴被骗款物。

第三节　电信诈骗案件的侦查

一、电信诈骗案件的概念

电信诈骗案件，即以非法占有为目的，用虚构事实或者隐瞒真相的方法，通过电信通讯技术或者网络，骗取数额较大的公私财物的行为。

近年来，随着电信技术和互联网的发展，人们的生活方式、联系纽带发生了很大变化，由于通讯、互联网信息的快速传播能力，其已被社会广泛认可和使用，深刻影响着人们的生活、工作。然而，一些犯罪分子也利用电信和网络渠道实施电信诈骗，犯罪活动日益猖獗，给被害人造成巨大损失。电信诈骗已严重威胁人民群众的财产安全，是目前社会各界和广大人民群众普遍关注的犯罪形态，侦查部门必须予以严厉打击。电信诈骗案件并非刑法规定的法定罪名，是诈骗罪的一种形式，由于其犯罪具有特殊性，因此单独加以研究。

二、电信诈骗案件的特点

（一）非接触性犯罪，侦查取证难

电信诈骗案件中，犯罪嫌疑人通过短信、微信、电话、网页、QQ 等和被害人联系，向被害人推送虚假信息，骗取被害人信任，从而骗取被害人向其转账。在电信诈骗案件中，犯罪人和被害人并不见面，被害人不能像普通诈骗案件那样和犯罪嫌疑人有较长时间的真实接触，能提供犯罪人的体貌特征等信息，还可能收集到目击者的证人证言。此种犯罪通常在短时间的网络空间完成，所以也就缺少相关的目击证人及证言。侦查人员能获取的线索主要也就是受害人的陈述以及受害人提供的电话号码和银行账户、转账记录。电话号码大多是无主号码或者通过任意显号软件打来的，银行账户多为冒用盗用他人身份开的账户或购买的账户，所以对于侦查活动的开展难度还是很大的。

根据被害人提供的线索，侦查人员能够获得的大都是电子证据，如交谈记录、转账信息等，而这些电子数据都存在于一定的电子载体之中，易被修改、删除或者遭到不可抗力的损坏，对于证据的完整性有不利的影响，获得的大部分是间接证据，证据之间若形不成完整的证据链则不能追究行为人的责任。必要时候还要聘请专业的电子数据恢复人员来进行帮助，耗费较大的人力、物力、财力。有时候电子数据保存到相关电信部门、即时聊天工具的原始服务器之中，侦查人员想要调取这些数据，需要到各个业务部门亲自走访，而且还要经过繁琐的取证程序，有时调取证据的不及时给诈骗行为人留下了反侦查的机会，使侦查陷入困境。

（二）犯罪成本低，诈骗精准化

随着网络技术的发展和普遍应用，利用网络进行信息传输的成本低且便捷。犯罪行为人依靠网络、通信工具就能实现信息发送，电信诈骗者只要在有网络的地方，运用一定的技术手段，就能以非常低的成本实行诈骗行为，并且很多手段能一次性获取不确定多数人信息，一种手段可反复使用。电信诈骗突破了传统诈骗的地域性，辐射面广，诈骗信息传播量大。例如，有的社交软件技术门槛比较低，诈骗者只要伪装成看似正规的公众号就能发布诈骗信息。这些便捷、低成本、几乎一劳永逸的方式成为大多数诈骗者的选择。

随着信息技术的发展，犯罪手段日益向智能化方向发展，与以往传统的随机性、模板化的电信诈骗不同，现阶段的电信诈骗呈现出精准性、量身定制的特点。犯罪分子通过非法手段获取受害当事人的个人信息和基本情况，对不同群体采用针对性诈骗，并以相关的技术手段作为支撑，使犯罪手段更加具有迷惑性，即使当事人具有较强的防范意识和知识水平，也容易为骗局所蒙蔽。

（三）集团犯罪突出

电信诈骗案件一般由多人分工完成，有组织者、实施者和取款者，实施者又在不同环节有不同分工。犯罪行为人互相配合，引诱被害人上当受骗。此种犯罪大都以犯罪集团形式出现，集团里分工明确，组织严明，各个环节配合默契。一个电信诈骗集团，大体上由三层组成：领导指挥层、出谋划策层以及实际执行层。领导者往往是整个诈骗活动的幕后黑手，他们组织策划整个诈骗计划，但隐藏很深，一般不露面，有时隐藏在境外，遥控指挥犯罪。集团内层级严明，组织结构内上线对下线的情况很了解，而下线对自己上线的情况知之甚少，这就使得侦查机关即使抓获了实际执行诈骗活动的人，也不容易对这个诈骗组织进行深挖从而扩大战果。实际执行诈骗计划的人往往是这个诈骗组织的高层雇佣来的，流动性很强，实施完一桩犯罪就再换另一拨人。电信诈骗集团低层结构的不稳定性给侦查机关一网打尽犯罪集团带来困难。

（四）多种犯罪交织在一起

电信诈骗往往和其他犯罪交织在一起，形成黑色产业链。为实现诈骗目的，犯罪行为人制作、购买、传播计算机病毒，或非法入侵国家机关、企事业单位计算机信息系统，盗取犯罪信息；有的和掌握公民信息的犯罪人勾结，大肆买卖公民个人信息；有的购买、制作非法软件、非法网站；为作案和转移赃款，买卖身份证、银行卡、SIM 卡、伪造护照等；为洗白诈骗赃款，通过各种方式进行洗钱犯罪；等等。打击电信诈骗是一个系统工程，往往需要多部门合作，合力打击。

三、电信诈骗案件的侦查方法

由于当前电信诈骗具有上述特点，导致在侦查中存在取证难、追赃难、协作难、抓捕难等问题。因此，我们要根据电信诈骗的犯罪特点，进行深入研究，探讨寻找行之有效的侦查方法。首先，从宏观方面要建立情报信息互通共享机制；其次，以电信诈骗的信息流、资金流为追踪轨迹发现犯罪；最后，在侦查中注重现场勘查，加强侦查协作，线上线下侦查手段相结合，将现代信息技术运用于侦查之中。

（一）建立情报信息互通共享机制

情报信息是防范打击犯罪的基础。为彻底有效打击电信诈骗犯罪，公安机关以情报信息资源为支撑，建立了全国统一刑侦信息平台，实现了情报信息的共享与技术服务。各地公安机关在电信诈骗发案以后，第一时间把案件情况输入到平台上，通过对案件涉及的开户人、银行账号、作案手法、透传电话等信息进行检索、分析、研判，发现线索，实现远距离网上串并案件，达到快速破案的目的。同时，公安机关在基础工作中应注意收集深层次、内幕性、预警性的情报信息，深入分析、研判此类犯罪的活动规律和特点，对犯罪动向作出精准预判，及时防范、精准打击。

（二）追踪电信诈骗的信息流

电信诈骗是以通信、网络技术为依托，发布虚假信息，引诱被害人上当受骗，交出财物的过程。此犯罪过程涉及信息流和物流。所谓信息流，就是指犯罪嫌疑人利用现代通信技术，将诈骗信息传递至被害人的过程。因此，在侦查电信诈骗案件时，要追踪诈骗信息流轨迹，发现犯罪线索。在被害人报案时及时询问、止付后，要对被害人进行详细询问，询问被骗的经过、嫌疑人的骗术等，及时收集犯罪证据，追踪犯罪人所用犯罪工具的 IP 地址。对手机中电子数据进行取证，尤其是手机内存、闪存、SIM 卡、移动运营商网络系统中的存储的短信记录、聊天记录、图片、照片、电子文档等电子数据，从中提取出关键的线索、证据或者与案件有关联的诈骗事实。如果犯罪嫌疑人专门建立诈骗网站实施电信网络诈骗，则要注重从网站"域名"和"服务器"中提取信息。域名中的 Whois

信息（即域名注册信息）和服务器的 IP 地址都可以反映出犯罪嫌疑人作案时的地理位置或者居住地址。对于利用网络实施诈骗的，我们还要利用诈骗信息做好网上查控工作，利用扫描工具对网上秘密服务进行扫描，发现秘密服务端口，进行试探链接，分析获得的数据，通过密码破解对可疑行为进行秘密跟踪，对嫌疑对象实施监控，及时获得犯罪线索和证据。

（三）追踪电信诈骗的资金流

电信诈骗是传统型诈骗与现代通信技术结合而产生的一种新的诈骗犯罪形式，其具有隐蔽性强、覆盖范围广、容易逃避打击的特点，但其以非法占有为目的、用虚构事实或隐瞒真相的方法骗取财物的本质没有改变。因此，在电信诈骗中，可以说，钱财贯穿了整个诈骗活动的始末，因此抓住资金流向对于侦破案件来说具有重大的意义。

所谓资金流，就是被害人将财产转入犯罪嫌疑人指定账户，犯罪嫌疑人再通过拆分、取现、转账等一系列手段，将被害人财产据为己有的过程。在整个电信诈骗案件财务流动过程中，分为三个阶段：第一个阶段是被害人向嫌疑人汇款的过程，第二个阶段是嫌疑人向下一层级的账户中分流转账的过程，第三个阶段是提款人将钱款提取之后，留取自己的佣金之后再把钱回炉给上个层级的过程。行为人为了避免暴露身份，资金流动借助的方式主要是网上银行、ATM 机、刷 POS 机套现或通过第三方平台转入银行卡或在平台购物消费。侦查人员可通过查询资金所在银行卡的资金流转、消费和取款情况及查看监控录像发现取款犯罪嫌疑人特征，排查犯罪嫌疑人；根据刷卡信息查找 POS 机的所有者，以便发现其和犯罪人的关联关系；根据购物消费发现购物人信息；根据收货和邮寄情况，对物流进行监控，对财物的销赃渠道跟踪监控。有时根据案情也可对资金秘密监控跟踪，发现并查清犯罪链。

（四）通过现场勘查，收集犯罪证据

电信诈骗案件的犯罪过程主要通过网络空间完成，从表面看，似乎不像暴力犯罪那样有明显的犯罪现场。但对电信诈骗的犯罪过程分析可知，电信诈骗是犯罪行为人实施欺诈行为，被害人财产遭受损失，犯罪行为人获得财产的过程。在犯罪过程中犯罪不仅只存在于网络空间，每一桩犯罪在实体空间都对应着特定犯罪行为人、犯罪人的犯罪工具——电脑或手机、犯罪的赃物等。我们知道，犯罪现场是犯罪人实施犯罪，遗留有关犯罪痕迹、物品的场所。犯罪现场不仅包括预备犯罪的场所、实施犯罪的场所，也包括藏身、逃跑及隐匿赃物的场所。依据电信诈骗的过程，电信诈骗的犯罪现场应由三部分组成：一是犯罪行为人所处空间；二是被害人所处空间；三是犯罪的网络空间。电信诈骗侦查是实体空间的犯罪证据和网络空间的犯罪证据相互印证的过程。因此，在侦查时要注重现场勘查，除了线上信息数据的取证，线下犯罪现场的证据也不能忽视。例如，线下犯罪窝点的电子证据，犯罪嫌疑人作案用的电脑、手机、U 盘；犯罪窝点现场发现的物证、书证，如诈骗脚本、银行卡、账本、取款单等；犯罪人落脚处的手印、脚印、遗留的烟蒂、物品、微量物质、生物检材等；被害人的手机、电脑、被骗的银行单据等。电信诈骗的犯罪侦查往往从被害人处的现场勘查入手，追踪到犯罪窝点，对犯罪窝点进行勘查，收集有关犯罪证据。

（五）通过侦查协作，打击犯罪

电信诈骗犯罪可通过信息技术、网络技术实现远程犯罪，突破了犯罪的地域性，犯罪的实施地、发生地、危害后果可分离，分布于不同地点。电信诈骗犯罪一般是团伙犯罪，一旦诈骗成功，其他人就会迅速转移赃物，然后再次故伎重演，受害群众众多。有的犯罪团伙为逃避打击，将犯罪窝点设在国外。电信诈骗手段的特殊性、犯罪人的狡诈性对侦查提出了挑战，这就要求侦查部门及时取证发现犯罪线索，迅速锁定犯罪团伙，摧毁犯罪链，挽回群众损失。这就要求我们在侦查中加强侦查协作，加强国内侦查协作和国际侦查协作。

国内侦查协作要加强各警种的协作，形成合力侦查、反应迅速的侦查机制。加强刑侦、网侦、技侦部门合作，网侦充分发挥其特长，收集电子数据，进行网上追踪、网上布控、网上查赃；技侦通过监听、监控等，获取视听资料；充分发挥刑侦传统侦查手段的运用，实现对电信诈骗犯罪的合力围剿。在国际侦查协作中，要对协作国的法律作充分理解，依法联系沟通渠道，取得对方警方的理解与大力支持、配合，及时寻找到犯罪窝点，寻机抓捕犯罪团伙，将其带回国内接受法律制裁。

（六）对高危人群和可疑电话排查

电信诈骗犯罪团伙通常以血缘、地缘关系为纽带，有共同犯罪诉求的人集合在一起，结成利益团伙，犯罪地域性特征较为明显。同一地区的犯罪嫌疑人习惯使用相同作案手法和诈骗类型，各种类型的电信诈骗犯罪都有其相应的高危地区，所以，在侦查中，发生某类电信诈骗案件，通过信息系统对高危人群的活动情况和可疑电话排查，查看案发时高危人群的活动轨迹，进行相关数据信息碰撞，从而缩小侦查方向和侦查范围。确定高危人群所在重点区域后，根据视频监控、通讯信息、住宿信息等发现犯罪线索，挖掘犯罪嫌疑人之间的关联关系，排查犯罪嫌疑人。

(七) 线上侦查和传统侦查手段相结合

打击电信诈骗，除了运用网上侦查手段外，还要和传统侦查手段相结合。通过调查访问，收集证人证言；查看视频监控，发现犯罪线索，追踪嫌疑人轨迹；调集通讯记录，查看犯罪嫌疑人的通话情况，分析关联人，追踪犯罪同伙；走访银行、第三方支付平台调查资金流转情况；发现犯罪窝点后抓捕犯罪嫌疑人，搜查、扣押犯罪工具、物证、书证，讯问犯罪嫌疑人等，这都是必不可少的线下工作。同时，对抓获的"非核心"犯罪嫌疑人也要进行讯问，如收、贩卡人员、资金提取人员，获得的供述既可以作为侦查线索，也可作为证人证言，从侧面补充证实犯罪事实。只有将各种种类的证据提取、妥善保存，才能使线上证据和线下证据互相印证，形成完整的证据链，有力地指向犯罪事实，防止犯罪嫌疑人拒不供述犯罪事实。强化证据收集意识可保证侦查活动以事实为依据，依法取证，依法进行。在有的犯罪中，还要运用内线侦查，秘密贴靠犯罪嫌疑人，发现犯罪团伙的运作机制，有的放矢开展侦查。

第十章 敲诈勒索案件的侦查

第一节 敲诈勒索案件的概念和特点

一、敲诈勒索案件的概念

敲诈勒索案件是指犯罪人以非法占有为目的，对财物的所有人或保管人使用威胁等方法，勒索数额较大的公私财物的案件。

敲诈勒索案件的犯罪人在主观上具有非法占有公私财物的故意，犯罪侵害的客体是公私财物的所有权和公民的人身权利。在客观上，犯罪人对公私财物的所有人或财物保管人员实施了威胁，逼迫财物所有人或保管人当场或限期交出财物。

二、敲诈勒索案件的特点

（一）犯罪人在实施犯罪之前，一般都有预谋过程

敲诈勒索案件，除临时起意外，犯罪人一般都会有预谋过程，物色犯罪目标，根据目标的情况，制造能对被害人产生威胁的"证据资料"或潜在危险、损失；或者根据自己掌握的有关资料，对相关方进行威胁、敲诈。

1. 寻找选择犯罪目标。犯罪人在实施犯罪之前一般都要寻找选择一定对象作为目标进行作案，案发前都要对其目标对象的家庭状况、生活规律、经济状况、社会地位等情况进行深入了解。如果物色的对象是单位，一般会了解研究目标单位的生产经营状况、销售渠道、单位是否到了准备上市、融资等关键节点。

随着网上营销的普及，一些犯罪人将目标投向网店，他们物色选择一些商品质量有瑕疵的店铺，以买到伪劣商品为由，敲诈商家巨额赔偿，否则就差评曝光。或者故意有组织地对某些人气高的店铺进行差评，如果店主要求消除差评，

就索取巨额款项，很多商家忍气吞声，敢怒不敢言。

2. 选择犯罪的手段、方法。犯罪嫌疑人一般会根据自身的条件及选定的作案目标，选择作案的手段和方法，准备敲诈勒索犯罪中所需的各种犯罪工具和物品，为敲诈勒索制造条件，以保证其顺利实施犯罪活动。

3. 选择作案地点和时机。敲诈勒索案件中，犯罪嫌疑人十分重视对犯罪时间和地点的选择，他们事先对被害人的经常活动场所和行走路线或经营活动进行调查，选择既有利于犯罪人藏身埋伏，又便于成功作案的地点和时机实施敲诈勒索。对单位进行的犯罪，作案人选择单位正在准备上市、融资等的关键节点，在自己控制的媒体上发布不利于该单位的报道，借机敲诈勒索。

（二）作案目标明确

敲诈勒索案件犯罪人的目的是非法侵占公私财物，因此，其侵害对象多为有一定经济基础的个人、网店、实力雄厚的知名企业或拥有一定权力的人。

（三）敲诈手段的多样化和暴力化

犯罪人为达到其目的，会采取各种手段相威胁，当被害人对其敲诈勒索行为进行反抗时，犯罪人多会对被害人进行毒打、伤害，甚至杀害被害人；当被害人对犯罪人敲诈要求不予理睬或满足时，犯罪人会进一步升级威胁手段，以爆炸、纵火、投毒等相威胁，暴力化倾向明显。

敲诈勒索案件犯罪人的犯罪手段多样，有的以公开他人隐私相威胁；有的以揭发其贪污、受贿或被害人其他秘密相威胁；有的以色相引诱设圈套敲诈；有的以给产品投毒威胁；有的以给网上店铺差评、操纵媒体负面报道相威胁；有的诱骗被害人扫码后，发各种骚扰信息，并且卸载不了该APP，要卸载必须给敲诈人费用；有的用恶意软件狂呼被害人或其通讯录朋友；有的是利用适当时机制造机会作案；等等。

（四）犯罪人的人身形象在一定程度上有所暴露

敲诈勒索案件犯罪人在准备犯罪工具、物品以及对作案现场进行踩点、窥测及实施犯罪的过程中，其人身形象都会不同程度地有所暴露。犯罪人在犯罪的过程中，会通过各种方式与被害人接触，如以信件、电子邮件、微信、电话等方式接触，其人身形象会有所暴露。有的多次谈判、威胁，犯罪人身份明确。

（五）结伙犯罪突出

敲诈勒索犯罪人为保证犯罪的成功，往往明确分工，结伙作案。一旦成功，多会采取相同或相似的手法连续实施敲诈勒索犯罪。

第二节　敲诈勒索案件的侦查方法

一、认真询问被害人，正确分析、判断案情

敲诈勒索案件一般没有明确的犯罪现场，侦查工作最初以对被害人的调查询问为依据展开。做好被害人的询问工作，是正确分析、判断案情的重要条件和依据。

（一）分析、判断案情性质

分析、判断案情性质的依据是：一是从犯罪人实施敲诈勒索的方式进行分析；二是从犯罪人非法索取的财物进行分析。非法索取的财物，不仅限于一般的公私财物，而且包括财产性利益。

（二）分析犯罪人敲诈手段、方法

通过询问被害人，详细了解犯罪人敲诈手段、方法，分析犯罪人是否熟悉现场、是否熟悉被害人的情况、是否了解有关单位的经营渠道、经营方式等，是否在该网店购买过商品，犯罪人是惯犯还是偶犯，以及犯罪人所从事的职业等。

（三）分析犯罪人敲诈被害人的方式

敲诈勒索案件的犯罪人威胁、敲诈被害人的方式各异，有的是采取电话恐吓的口头威胁、书写带暴力性威胁的恐吓信或通过网络进行敲诈勒索活动；也有的犯罪人以爆炸、投毒、纵火等方式相威胁，以公开或暗示的方式，当面或通过第三人转达进行威胁和敲诈，迫使被害人交出财物；有的利用恶意软件敲诈。犯罪人对作案方式的选择，常常反映出犯罪人的自身特点。这一特点对刻画犯罪人条件具有重要的作用。

（四）分析犯罪人对被害人的威胁内容

敲诈勒索案件的犯罪人威胁被害人，多以伤害被害人人身、损害其财产、经营活动或对其家属实施暴力性伤害作为威胁的内容，有的犯罪人还以揭发被害人隐私或以某种利益关系相威胁，有的以骚扰被害人正常工作生活相威胁。从犯罪人威胁的内容看，常常能反映出犯罪人与被害人之间的熟悉程度和犯罪人可能从事的职业。

（五）分析犯罪人实施敲诈勒索时使用了何种工具、物品

犯罪人在公开实施敲诈勒索的过程中，为了防止被害人的反抗，使其犯罪活

动得逞，可能会使用犯罪工具及有关的物品，对被害人进行威胁，迫使其交出财物。犯罪人使用的工具种类及特征，是否具有专业技术或特殊技能，犯罪人使用工具的熟练程度如何等情况，都能反映出犯罪人的职业特点及是否为惯犯作案。

（六）分析犯罪人的基本情况

敲诈勒索案件的犯罪人无论是在犯罪的预谋阶段，还是在犯罪的实施阶段，都可能暴露出其人身形象。分析敲诈勒索案件犯罪人的情况，有助于确定侦查方向和范围。对犯罪人情况的分析主要包括：犯罪人的人身形象、居住范围、犯罪人与被害人的关系、犯罪的人数等情况。犯罪人在作案中使用的犯罪工具，威胁被害人的电话、信件、微信都能够反映出犯罪人的文化程度、说话口音、用语习惯、居住范围、社会职业等特征，这为分析犯罪，判断犯罪人的人身形象提供了十分重要的依据。犯罪人对被害人实施威胁的内容和方式，能够反映出犯罪人与被害人之间的关系。对犯罪人数的分析，主要是依据被害人提供的情况及现场周围群众提供的情况进行分析和判断，也可查看相关监控视频、犯罪人通讯关联关系、同行轨迹等分析发现犯罪人基本情况。

二、深入调查，发现犯罪嫌疑线索

在判明敲诈勒索案件的性质及对案件有关情况进行分析后，侦查人员应根据刻画的犯罪条件，在确定的侦查范围内及时开展调查摸底工作，重点调查被害人及其家属的社会关系及交往情况，调查被威胁单位的生产经营情况。由于敲诈勒索的犯罪人在发案之前对被害人有一定程度的了解，有的犯罪人甚至可能与被害人熟识或其本人、亲属曾在相关单位工作过，因此，侦查人员根据犯罪人的条件对与被害人及其家属或相关单位有过直接或间接接触的人员逐个进行审查，摸底排队，发现犯罪线索。调查摸底工作的重点应从以下几方面进行：

（一）从具有犯罪动机的人入手调查

敲诈勒索的犯罪人是以敲诈被害人的财物为目的，因此，在摸底排队时，要把平时有不良恶习、经济拮据、有犯罪前科或劣迹，能够直接或间接了解被害人及其家属或相关单位情况，胆大妄为的人员名单集中起来，对照刻画犯罪人条件，逐一进行审查，从中发现犯罪嫌疑人。对结伙实施敲诈勒索的犯罪案件，还应注意从具有结伙犯罪条件的人员中去发现犯罪人线索。

（二）从犯罪人的个性特征入手调查

根据被害人及现场周围群众提供的犯罪人体貌特征，在开展调查摸底时，应注意发现与犯罪人具有相似体貌特征的人员，从中发现犯罪线索。有的敲诈勒索案件，犯罪人是通过电话、网络或书信威胁被害人交出财物，根据犯罪人在电话和书信、网络中所反映出的口音、方言土语、书写的熟练程度、职业用语及信件、e-mail 邮件、微信、电话的来源地等特征，分析、判断犯罪人的文化程度及职业，刻画犯罪人的形象及居住范围。

（三）从具有犯罪时间、犯罪工具的人入手调查

犯罪时间是确定犯罪嫌疑人的重要依据，调查摸底时，应当将具有犯罪时间，并且在犯罪时间内行踪不明的人员纳入侦查的范围，查清可疑人在案发期间的行踪、去向情况。对犯罪人在敲诈勒索中使用的犯罪工具和物品，通过调查寻找、辨认，以物找人，发现犯罪线索。对侦查中发现的犯罪嫌疑对象，依据刻画的犯罪条件及时进行认真的审查，发现重点嫌疑对象。对重点嫌疑对象，要采取必要的侦查手段和侦查措施加以控制，收集有关犯罪证据，揭露和打击犯罪。

三、采取多种侦查措施，查缉犯罪人

通过被害人对犯罪嫌疑人的辨认，发现和确认犯罪人；使用技术手段监控威胁电话和发出可疑网络邮件的邮箱，查清、推测犯罪人所在位置；对敲诈书信进行文书鉴定；对犯罪人要求限期交出财物的案件，在犯罪人取款、物的地方进行布控，查缉犯罪人；通过视频监控、通讯工具监控、网络 IP 地址的追踪等发现犯罪嫌疑人行动轨迹。

四、通过检验、鉴定，获取犯罪证据

敲诈勒索案件的犯罪人常常会留下与犯罪有关的痕迹物品，如对被害人投递恐吓书信、打恐吓电话威胁被害人时使用的犯罪工具。对于犯罪人遗留的痕迹物品，应充分运用刑事技术手段进行检验、鉴定。对恐吓书信中的文字要进行笔迹鉴定；对恐吓电话要进行声纹鉴定；对相关电子数据进行电子鉴定，对犯罪工具进行工具同一认定或种属认定。对犯罪人在实施犯罪过程中留下的有关痕迹物进行检验、鉴定，不仅为我们发现犯罪嫌疑线索和犯罪嫌疑人提供了重要的条件，也为我们揭露与证实犯罪提供了重要的证据。

五、实施并案侦查

敲诈勒索案件团伙作案居多，并且连续作案的情况突出。犯罪人一旦敲诈勒索成功，往往会采取相同或相似的犯罪手法，选择目标，连续实施敲诈勒索犯罪，针对敲诈勒索案件的这一情况，侦查部门应对连续发生的系列敲诈勒索案件进行认真的分析、研究，及时向有关部门发出协查通报，根据犯罪人作案的对

象、作案的手法以及作案的时间等情况，判断系列敲诈勒索案件是否是同一人或同一伙人所为。通过串案分析，判断是同一犯罪人或同一伙犯罪人实施的系列敲诈勒索犯罪案件的，可对系列案件实施并案侦查，破获敲诈勒索案件。

第十一章 爆炸案件的侦查

第一节 爆炸案件的概念和特点

一、爆炸案件的概念

爆炸案件是指犯罪人以爆炸的方式故意炸死、炸伤他人，炸毁公私财物，危害公共安全的案件。以爆炸为手段进行犯罪的行为，视其制造爆炸的动机目的和侵害的客体不同，在刑法中分属不同的罪名。不论在刑法中属于何种罪名，凡是制造爆炸而构成的案件，均归属于爆炸案件进行侦查。

爆炸犯罪历来都是一种严重的犯罪，是一种暴力性的犯罪行为，犯罪人一旦实施爆炸，就会给人民的生命、财产和社会公共安全带来巨大的灾难和损失，后果非常严重。因此爆炸犯罪都是侦查机关打击的重点，对爆炸案件的侦查也成为侦查机关侦查工作的一个主要内容。

二、爆炸案件的特点

（一）预谋时间比较长

首先，爆炸案件的后果往往极其严重，犯罪人对于采用爆炸这种方式实施犯罪，其心理上应有相当充分的准备，这种心理准备包括：对犯罪方式、手段的反复权衡和考虑（是采用爆炸方式还是其他方式）；对爆炸可能造成伤亡和损失情况的估计和猜测；以及对案后可能遭受的处罚和打击的准备。这种心理准备必然会导致其在行动上作出相应的周密准备。其次，爆炸犯罪为一种比较复杂的犯罪，为使爆炸能达到预期的目的，犯罪人必须对爆炸物品、引爆物品、引爆装置、包装物品等进行细致的准备，有的还要反复进行起爆试验等。最后，犯罪人为犯罪得逞，要对爆炸的目标、时间、地点进行周密细致地选择，根据被爆炸对象选择爆炸方式,如采用投掷爆炸物品、定时引爆、自身拉线、接触引爆、遥控引爆等。所有这些预谋活动,都有可能在群众中暴露出蛛丝马迹。因此,在侦查中要加强对群众调查访问工作,发现可疑线索,为侦查、取证提供有利条件。

(二) 现场上可供利用的现象、痕迹和物品较多

和其他现场相比,爆炸现场往往有着比其他现场多的现场现象和痕迹、物品。这些现场现象和痕迹、物品主要包括:

1. 爆炸物品爆炸时产生的声音。这种声音与爆炸物的量成正比,炸药量越大,其爆炸声就越大,有时甚至涉及周围几公里范围,在这个范围内的人都能听到。

2. 爆炸物品爆炸时产生的光、烟尘、气味。炸药爆炸时,常常会伴随有强烈的闪光和烟尘。不同的炸药爆炸后,在一定时间内会在现场留下不同的气味。现场勘查时,根据不同的闪光、烟尘颜色和气味,勘查人员可大致推断炸药的种类和数量。

3. 爆炸后留下的爆炸残留物。所谓爆炸残留物,主要是指爆炸发生后,遗留在现场上的爆炸尘土、起爆物、导火索、电线、金属物残片等。这些残留物是分析爆炸物种类、爆炸方式、甚至案件性质的依据。

4. 被炸毁的物体、物品以及残渣。一旦发生爆炸,就会产生巨大破坏力,爆炸有效范围内的物体、物品就会遭到严重破坏,某些物品被严重毁坏、炸散、炸碎,依据这些被炸毁的物体、物品及残渣的情况,可以分析推断炸药的数量、种类及起爆方式等。

5. 被炸死、炸碎的人体以及血肉、组织和残渣。爆炸现场,一般除了对物体的毁坏外,有时还会炸死、炸碎或炸伤现场人员,形成尸体、尸块以及人体组织残渣,这是据以分析犯罪人和被害人身份、案件性质、爆炸发生时有关情况的重要依据。

(三) 现场破坏严重,勘验难度大

爆炸案件一经发生,现场上的建筑物和其他物体就会受到不同程度的冲击、压缩、震动、破碎、推移和抛掷,使现场的原始面貌遭到严重破坏,甚至变成一片废墟,难以辨认。爆炸甚至还会造成人员伤亡,加之听到或看到爆炸发生,群众会自发地赶赴现场,或抢救伤员,或排除存在的各种危险,或对现场进行围观,这些行为和活动也会对现场造成严重的变动和破坏。

这种破坏严重的现场,给现场勘查工作带来了很大的困难,需要提取、分析

的物证数量巨大；发现、提取、认定痕迹物证的难度加大。

（四）因果联系比较明显

犯罪人实施爆炸行为是基于一定的目的和动机。这种目的和动机一般有两种情况：一是不满现实报复国家和社会，爆炸的目标主要是社会的公共设施、重要建筑物、公共场所、人群密集地区和党政机关等要害部门，以此给国家造成财物的重大损失、人员的重大伤亡和对社会的重大影响；二是报复个人，爆炸的目标是特定的人和财物，如因财产、宅基地、婚姻、恋爱纠纷、工作升迁等产生矛盾，通过实施爆炸达到报复目的。无论是出于哪种目的和动机，爆炸案件中的因果联系都是比较明显的。侦查人员在侦查期间，要根据犯罪人选定的爆炸目标、采用的爆炸手段，平时的表现、思想动态等分析因果关系，排查犯罪嫌疑人。

（五）犯罪人具有获得爆炸器材的途径和使用技能

爆炸物品是危险物品，我国对爆炸物品有严格的管制制度，实施爆炸的犯罪人要用此种方法进行犯罪必须具备特殊的技能条件、活动条件和有关知识。实施爆炸的犯罪人必须具备有关爆炸方面的知识，即了解或掌握有关炸药的成分、种类、性能、起爆装置的原理和结构等；具有一定的爆炸技能，即安装起爆装置的技能，具有获得爆炸物品的途径。

第二节　爆炸案件的现场勘查

侦破爆炸案件，首先应从现场勘查入手，查明爆炸的性质和方法，提取爆炸的痕迹和残留物，分析制造爆炸案件的动机，确定侦查方向。

一、认真勘查现场，了解现场情况

爆炸案件现场勘查难度大，勘查时应注意抓住以下几个重点：

（一）勘验爆炸中心点

要勘验爆炸中心点，就首先要准确判断爆炸中心点，爆炸中心点是指爆炸的中心部位，即放置爆炸物的具体位置。爆炸案件，除爆炸物是悬空爆炸的以外，一般现场都有明显的爆炸中心点。判断爆炸中心点的主要依据：一是现场上破坏最为严重的部位即是爆炸中心点；二是根据爆炸现场上锥形炸点、穿孔炸点、截断炸点和塌陷炸点等所形成的形状位置确定爆炸中心点；三是根据现场上的遗留物、抛出物散落的方向判断爆炸中心点；四是根据人体受伤轻重来确定爆炸中心点，如尸体的下肢和手被炸掉、胸部肌肉向上翻起、下肢肌肉向下翻起，说明爆炸物可能放在腰腹部；五是在火车、汽车、轮船内发生爆炸，应根据四周的抛射痕迹和冲击波痕迹来判断确定爆炸中心点。

寻找到爆炸中心点后，要对其进行勘验，勘验应包括下列具体工作内容：①查明炸点周围介质的种类、特性。如爆炸装置是在地面上爆炸的，就要查明是在什么结构的地面上发生的爆炸，是水泥地还是泥土地。如是水泥地，要查清水泥地面的厚度、水泥层下的材料；如是泥土地，则要查清是什么土质，是松软的沙质土还是较硬的干黏土。②查明炸点的形状、类型，要观察分析炸点的形态，如锥形、球缺形、洞形、截断形、粉碎分离形、不规则形等。③查明炸点范围内的各种爆炸痕迹特征。如爆炸产物起始作用痕迹、爆炸抛掷作用痕迹、炸坑周围破碎介质堆积痕迹以及爆炸造成的周围介质松动和震动痕迹等。④测量记录炸点的大小。如炸坑的直径或半径、炸坑中爆炸起始作用痕迹的直径或半径及深度、炸坑的真实深度和爆炸物埋入深度、炸坑周围堆积物的高度等。⑤查明炸点范围内的其他爆炸痕迹、物证。如炸坑中的高温作用痕迹、烟痕的颜色及形态分布、炸点中的爆炸气体的气味、炸药残留物及爆炸抛出物等，依据爆炸遗留物、爆炸痕迹、被炸物品的分布方向、范围，结合现场的具体环境和特点，进行分析。

（二）发现、提取爆炸的有关物证

发现、提取爆炸的有关物证，有利于分析爆炸物的种类、炸药、数量、起爆装置、起爆方式以及确定侦查方向和范围。

（三）检验尸体

对爆炸现场上发现的尸体及尸体残肢，首先应进行拼接，并应逐个进行编号，详细记载其体貌特征和服饰特征以及有关能证明身份的证件。对伤痕的部位、数量、形状、大小、严重程度等应进行认真检验并加以记录，以逐个查明爆炸当时其所处的空间位置和所处的状况。对于在中心位置发现的损伤和撕裂最为严重的死者，应重点进行检验和查证，以确定其是否为犯罪人预先确定的杀害目标或是爆炸自毙的犯罪人。

（四）进行现场访问

在勘验现场的同时，应及时开展现场访问，了解爆炸现场及爆炸前后的情况，访问的对象主要是爆炸案件中的受伤人员、现场周围的群众及死者的亲属子女。

对爆炸受伤的幸存者要及时访问，访问当时的情况以及有无发现可疑人员；

对周围群众，应着重了解爆炸发生的时间、当时听到的声音、看到的火光、烟雾、闻到的气味以及案发前后发现的疑人疑事；对死者的家属，主要了解死者生前的社会关系、恩怨矛盾、经济纠纷等情况。

二、认真分析案情，确定侦查方向和范围

（一）分析案件性质

对爆炸案件性质的分析，可以从以下几个方面进行：

1. 根据爆炸目标推断。出于危害公共安全目的的爆炸多以党、政、军领导干部，党政机关，军事设施，重要工程，公共场所，公交车辆等为目标；而以私仇报复为目的的爆炸选择的作案目标多系特定的人身、住宅或其他个人财产。

2. 根据作案手段推断。出于危害公共安全目的的爆炸，引爆方式较为先进，破坏性强，甚至使用国内无法得到的物品；而以私仇报复为目的的爆炸的规模较小，引爆方式及所用物品比较简单。

（二）分析确定爆炸中心点

爆炸的中心地点，是由爆炸产物直接作用形成的，是爆炸现场上的重要痕迹。分析判断爆炸中心点，不仅是查寻犯罪分子的关键，也是判断案件性质和犯罪动机的主要依据。炸点往往遗留有许多的爆炸残留物，另外，爆炸中心点的形状、大小、深浅、烟痕颜色等是炸药的种类、数量、装药形状等在现场的外在表现，所以，爆炸中心点是勘验的重点之一。寻找和发现炸点的通常做法是：在爆炸现场中介质、物体受破坏最严重的部位去寻找，到爆炸现场中倒塌的物体下面去寻找，沿着爆炸作用力方向逆向进行寻找。爆炸爆炸中心点的位置一经确定，就可有效地使用实地勘验中的各种搜索法，分片分段，一处不漏地清理现场，必要时对爆炸中心点的物品、残渣逐一过筛、检验，从中发现身体残渣、衣服碎片、碎铁钉、爆炸残留物等，从中寻找可以确定侦查途径的各种物证。

（三）分析爆炸物品

分析爆炸物品主要是为进一步分析犯罪人的犯罪条件提供依据。爆炸物品主要包括炸药、雷管、导火索、包装物、捆绑物等，由于爆炸物品在爆炸瞬间被炸碎，因此，对爆炸物品的分析主要依据爆炸现场上残留的爆炸物品残渣、微粒、爆炸程度、抛掷物的距离和群众所提供的其在爆炸时所看到听到的情况进行综合分析。

对爆炸物的种类的确定，主要是收集爆炸的残留物质，即炸药未完全爆炸的部分和炸药的起爆装置里未爆炸药的颗粒和粉末；提取爆炸尘土，以爆炸中心点向某一方向、一定间距和面积提取尘土样本，通过对尘土样本与空白样本同时进行分析比较，才能确定现场炸药的种类。此外，还可以把现场的烟熏痕迹、爆炸时发出的火光强弱、声音、气味等，作为判断炸药种类的依据。对爆炸物品数量的判断，主要是从爆炸漏斗坑、压缩圈的直径、深度以及建筑物受到的破坏程度以及与爆炸中心点的距离来确定。对炸药量的确定，可依据爆炸痕迹的范围估算、用经验公式估算，也可通过模拟爆炸试验加以确定。如果在爆炸残留物中发现铁弹子、铁钉等物，则表明犯罪人为了加大杀伤力，在炸药中加入了铁弹、铁钉等物。另外，对现场收集的爆炸包装物、引信、引火索、雷管等物品也要予以重视，认真分析，从中发现与犯罪嫌疑人的联系。

（四）分析安置、起爆爆炸物的方式

分析安置、起爆爆炸物的方式能反映出犯罪人与被害人之间一定的关系；反映出犯罪人对现场的熟悉和了解程度；反映出爆炸人对爆炸技能的掌握程度。爆炸的起爆方式同犯罪分子本身的知识水平、职业技能有关，起爆方式有机械起爆、电力起爆（包括电雷管起爆）、导火索起爆、化学起爆等多种方式。每个案件的起爆方式要根据现场的遗留物品加以判断。如在现场上遗留齿轮、发条、弹簧以及各类家用电器定时器碎片等，可以推断为机械起爆（即定时炸弹）；如在现场残渣中发现有金属导线、钢管金属片、电池塑料盖等，可以推断为电力引爆或雷管引爆；在现场残渣中如发现有助燃、助爆的化学物质，而未发现其他引爆物，可以推断为化学引爆。从起爆方式反映出的犯罪特征，对我们判断案件性质和查找嫌疑人有着重要的意义，因为它可以反映犯罪分子对炸药性能的了解程度和爆炸技术的熟练程度。划定侦查范围时，可以把具有某些职业技能或懂得专业技术知识，作为摸底排队的条件之一。

在爆炸案件中，犯罪人针对不同的目标、不同的环境场所，常常采取不同的安置爆炸方式。如果犯罪人爆炸的目标是特定的人，一般会比较熟悉了解被爆炸对象的居住环境、生活规律，会把爆炸物安置在其办公室、住宅、车上或必经之路；如果爆炸的目的是为了制造政治影响、制造恐怖事件，报复社会，犯罪人一般会趁机将爆炸物事先秘密安置在相关场所，或伺机投掷爆炸物品，有的还自身携带爆炸装置，采取自杀式引爆。对不同的安置引爆方式，应根据爆炸现场所处的位置、环境、炸点的位置以及被炸地点的人员活动情况综合分析，分析案件的因果关系，缩小侦查范围，确定侦查方向。

第三节　爆炸案件的侦查途径和取证措施

一、爆炸案件的侦查途径

（一）从确定现场中的可疑死亡者身份入手

在有些爆炸案件中，一般可见尸体和受伤人员，尤其是在公共场所、交通工具上发生的爆炸案件中，爆炸装置携带者也在爆炸现场被炸死，这些案件往往是：犯罪行为人极端仇视社会，伺机报复或一些恐怖分子制造恐怖，以引爆身上炸药的方法实施犯罪，达到其犯罪目的；或是犯罪人诱骗被爆炸对象携带定时爆炸装置，在途中发生爆炸后杀死对方，或是秘密将爆炸物放在被爆炸人座位附近，其中因奸情引发的杀人情形居多。由于爆炸物品距犯罪行为人或被害人最近，因此，在现场上被炸得最严重的无名尸体应当引起侦查人员的高度重视，侦查人员应当对在爆炸发生时现场人员复位的基础上，结合伤情分析判断现场中的无名尸体在发生爆炸时所处的位置、距爆心的距离、生前姿态、有无引爆动作，进而推断出死者是否为引爆者、爆炸装置的携带者或被害目标。对可疑尸体要进行详细的检验，以查明其生理、病理特征，受伤情况，衣着情况及随身携带的行李物品，通过组织有关人员进行辨认、向有关地区发出协查通报等途径查明其身份，以发现犯罪嫌疑对象。

（二）从爆炸现场的遗留物入手

爆炸案件现场遗留的痕迹物证比较多，爆炸现场上的遗留物主要包括三类：一是炸药残留物，即炸点及其附近发现的未爆炸的炸药。对此类物质应通过检验鉴定，确定炸药的种类、成分，寻找炸药的来源和犯罪嫌疑线索。二是爆炸遗留物，包括炸药的包装物、起爆装置、炸药及添加物等的残留物。这些残留物的特征与犯罪人的个人特点有直接联系，在现场勘查时，应提取遗留残留物并注意发现残留物上的生物检材，对其鉴定以发现犯罪嫌疑人或线索。爆炸现场的遗留物可以直接反映出犯罪行为人的职业特点和对爆炸知识、技能掌握的程度，侦查人员可以通过调查这些物品的来源、生产、流转情况及其他特征，寻找、发现与此有关的嫌疑线索。三是无名尸体的衣物及其他，这些物品有助于查明死者的身份，从中发现嫌疑对象。

（三）从爆炸案件中反映出的因果关系入手

爆炸案件中，犯罪行为人的犯罪动机明显，因果关系突出。如果判明犯罪行为人实施的爆炸是指向的特定目标，如针对某人、某特定建筑等，一般情况下其犯罪动机大多为私仇报复，侦查人员就可以针对被害人的工作性质、社会交往情况、道德品质、婚恋状况、经济往来等方面展开调查，寻找、发现与被害人有激烈矛盾冲突的人员，从中发现犯罪嫌疑线索。如果判明犯罪行为人的爆炸目标不特定，例如，犯罪行为人出于危害公共安全目的而在公共繁华场所实施爆炸犯罪，侦查人员应根据发案当地的敌情、社情特点，进行广泛的摸底排队，从仇视现行社会制度、对现实不满，或由于某种原因导致精神崩溃、产生亡命思想的人当中发现犯罪嫌疑对象。

（四）从犯罪行为人进行爆炸应具备的物质条件入手

爆炸犯罪是一种技能型犯罪，行为人要进行爆炸犯罪，必然要具备一定的爆炸知识和具有获取爆炸物的途径。因此，侦查人员在调查时，要从此条件入手，对懂得爆炸技术、正在或曾经从事与爆炸有关工作、有条件接触或取得爆炸物的人员为重点进行调查。在发现具备条件的人员后，应当继续深入查证其发案时的具体行踪，其是否具备犯罪时间、犯罪动机及发案前后的反常表现，以查证其是否为犯罪嫌疑人。

（五）从爆炸现场上犯罪行为人遗留的痕迹入手

犯罪行为人在实施犯罪行为前的隐蔽处、逃离路线上和爆炸现场上必然要留下相应的痕迹，如手印、足迹、交通工具痕迹等，但由于爆炸发生后，现场破坏程度较大，加上现场的紧急处置工作的影响，一般很难在爆炸现场上发现犯罪行为人的痕迹。在侦查中，要注意在外围现场上搜寻相关痕迹，在有条件的情况下，尤其是当爆炸物品没有起爆就被群众发现或爆炸现场破坏并不严重的情况下，要尽量细致地寻找、发现犯罪行为人的手印、足迹等痕迹，一旦发现，侦查人员要及时予以固定、提取和鉴定，通过犯罪情报资料档案进行比对，以发现犯罪嫌疑对象。

（六）从并案侦查入手

有的犯罪行为人以爆炸为手段，于多地连续作案，在多起案件中，爆炸装置和引爆方法相同或相似；实施爆炸的时间、地点、侵害对象相同或有内在联系；爆炸现场上发现的痕迹、物证相同；反映出的犯罪行为人的个人特征和特殊技能等方面相同。通过分析发现上述案件具备并案条件的，应迅速进行并案侦查。

（七）从搜集情报信息入手

爆炸案件是一种暴力性犯罪，一旦发生，后果非常严重，尤其是敌视我国的恐怖犯罪分子及企图制造政治影响、报复社会的亡命之徒，一旦实施爆炸，就会产生巨大的破坏力和影响力。因此，对于爆炸犯罪，不仅要立足于事后侦破，更重要的是要预防犯罪，把犯罪制止在预谋阶段。这需要侦查部门开展敌情调查，布建秘密力量，加强情报信息系统建设，积极发展刑侦技术力量，及时发现犯罪线索，力求避免重大、特大爆炸案件的发生。

二、爆炸案件的取证措施

根据案件的具体情况，在排查出重点嫌疑对象之后，应迅速采取相应的侦查措施和手段，获取证据，证实犯罪。

（一）对爆炸物品进行深入调查，并查找与爆炸有关的物品

在排查出重点嫌疑对象之后，调查清楚爆炸物品的来龙去脉成为侦查本案的重要环节。由于爆炸物品是管制物品，以爆炸为手段实施犯罪的犯罪行为人必然具有获得爆炸物品的条件和相关方面的知识。因此，经过现场分析，确定犯罪人使用何种爆炸物品后，应对此种爆炸物品的来源、流向、用途、数量等调查清楚，有无被借用、偷盗、私拿、赠送等情况，嫌疑对象有无接触此种爆炸品的途径；根据嫌疑人的专业技能，判断其是否能自己配置炸药等。通过对嫌疑人住所的搜查，如果发现炸药、雷管、引爆装置、导火索、金属导线以及包装爆炸品的塑料薄膜、纸张、布片和绳头等物品与爆炸现场上的遗留物相同，则说明嫌疑对象与爆炸案件有着内在的直接联系。

（二）搜集鉴定样品，与有关检材比对、鉴定

在对爆炸现场上的痕迹物品进行分析判断的基础上，有目的、有针对性地提取犯罪嫌疑对象具备的物质样品。如嫌疑对象的手印、足迹、制造爆炸品的材料、工具、包装物，以及进行爆炸过程中所使用的交通工具等。通过对爆炸现场上提取的痕迹、物品与搜集到的有关样本比对、鉴定，进行同一认定或种属认定，以确定遗留痕迹的人身、分离物品是否属于同一整体，或爆炸物质是否是属同一种类。

（三）对人身和现场遗留物进行辨认

有些爆炸案件中，犯罪行为人的面目、人身形象会在群众中有所暴露，在犯罪现场上留有犯罪工具和犯罪人随身携带的物品。因此，在侦查中，可采用辨认的方法，以确定现场上的犯罪工具和其他遗留物品是否为重点嫌疑对象所有，或

重点嫌疑对象是否就是目击者所亲眼见过的犯罪嫌疑人。在辨认过程中，要注意辨认的原则和方法，并制作辨认笔录。

（四）爆炸现场的模拟实验

有的爆炸案件要进行爆炸现场模拟实验的查证，其是在现场勘查的基础上进行的，以检查验证侦查人员对案件的认识是否正确，证实犯罪的过程与犯罪行为人的口供是否一致，防止分析判断案情中出现的偏差，鉴别口供的真伪。爆炸现场模拟试验，必须是在对爆炸案件的基本情况掌握、对炸药的性能、种类、数量、包装、引爆方法、爆炸品放置的部位等进行了分析判断之后，才能进行。

爆炸现场模拟试验一般需要解决的问题有：爆炸物品的种类、性能和数量；爆炸物品的引爆方法、包装物和混合物；爆炸物品安放的部位；爆炸残留物及其他痕迹的形成；爆炸现场与犯罪的关系等。在进行爆炸模拟试验时，要制定模拟实验计划，遵守侦查实验规则，详细记录每次实验的过程和结果。在试验结束后，比较各次实验结果以获得科学数据，为侦查破案提供可靠线索，为认定犯罪提供确实证据。

第十二章 投放危险物质案件的侦查

第一节 投放危险物质案件的概念、分类和特点

一、投放危险物质案件的概念、分类

投放危险物质案件,是指故意投放毒害性、放射性、传染病病原体等物质,故意致人伤亡,或是导致公共财产遭受较大损失、危害公共安全的犯罪行为。即该种行为已经对不特定多人的生命、健康或者牲畜和其他财产造成严重损害,或者已经威胁到不特定多人的人身和财产的安全。

在通常情况下,使用少量的毒害性、放射性、传染病病原体等危险物质作用于人或者动物的肌体,便足以导致其肌体功能障碍、结构损害而发生疾患、残疾甚至死亡。在实践中,此类案件以投放毒害性物质居多。

毒害性物质,可简称为毒物。所谓毒物,是指含有毒质的有机物或者无机物,如砒霜、敌敌畏、氰化钾、西梅脱、1059 剧毒农药等。鸦片、大麻、吗啡等虽然也是毒物,但不包括在投毒罪的毒物范围之中。投放毒物的场所很多,为了毒害群众,有的犯罪行为人在公用的自来水池、水渠、水井、公共食堂的水缸、饭锅以及公共食品中投毒;为了毒害牲畜,有的在牧场的饮水池和牲畜饲料中投毒;为了毒害家禽,有的在饲料中投毒;等等。

毒物进入人体或动物肌体,会直接或因其累积效应导致中毒事件发生。法医病理学根据中毒原因,将中毒事件的性质分为自杀中毒事件、他杀中毒事件和意外中毒事件。意外中毒事件,包括日常生活中的不慎行为造成的中毒,如一氧化碳中毒;病源性中毒,如由于药物选用不当或用法不正确而造成的中毒;误食或食用变质食物而导致的中毒,如食用了非食用野生蘑菇、过期变质食物等而造成

的中毒。

某些物质的原子核能发生衰变,放射出我们肉眼看不见也感觉不到,只有用专门的仪器才能探测到的射线,物质的这种性质叫作放射性,含放射性元素的物质即放射性物质,它在工业、农业、医学、国防等各方面均有着极重要价值。但它通过空气、饮食等途径进入人体,则会以体内或体外照射方式危害人体健康。人体受放射性危害,轻者头晕、疲乏、脱发、红斑、白细胞减少或增多、血小板减少;而大剂量的照射,还会引起白血病及骨、肺、甲状腺癌变甚至死亡,放射性还能引起基因突变和染色体畸变。

传染病病原体是指能引起传染性疾病的细菌、霉菌、病原虫、病毒等。传染病病原体的传播,可以造成传染病疫情的大面积扩散,严重损害社会公众的身体健康,危及人和动物的生命,严重危害公共安全。

投放危险物质案件,即投放危险物质的行为对不特定多人的生命、健康或者牲畜和其他财产造成严重损害,或者已威胁到不特定多人的人身和财产的安全。如果投放危险物质行为只是指向特定的个人、特定个人家庭饲养的禽畜、承包的鱼塘等,并有意识地将损害结果限制在这个局部范围内,不足以危害公共安全的,在刑法上应根据实际情况,构成什么罪就定什么罪,如故意杀人罪、故意毁坏财物罪、破坏生产经营罪等。但在侦查中,以投放危险物质手段犯罪的行为都归为投放危险物质犯罪案件加以研究。

二、投放危险物质案件的特点

(一)犯罪行为人犯罪前有预谋活动

投放危险物质案件的犯罪人为了犯罪活动顺利进行,在实施投放危险物质犯罪前一般都有预谋活动,这种预谋活动主要包括:

1. 设法寻觅、获取危险物质。这是实施投放危险物质犯罪前必须准备的,犯罪人常常通过购买、讨要、借用、偷窃等方法获取其想要的危险物质。也有的犯罪行为人利用其职务之便,在工作中获取相关危险物品。甚至也有人在野外采集某些有毒的动、植物,利用其毒液、毒汁投毒。

2. 准备盛装或者包装危险物质的器具或材料。

3. 选择投放地点或对象。犯罪人选择投放危险物质方式实施犯罪,其目的就在于造成社会影响,危害公共安全。因此,对投放危险物质的地点和对象一般都要经过精心选择。

4. 选择投放时机和方法。简而言之,时机是指一定的时间和一定的机会。

犯罪人为使其犯罪活动顺利得逞，一般会对被害人的日常居住地、日常活动规律等进行深入了解，慎重选择投放危险物质的时机，使用适当的方法，暗中下手，既达到犯罪的目的，又能逃避侦查。

5. 进行试验。有的人为达到其犯罪目的，利用动物进行试验，以掌握危险物质的用量、毒性、造成的后果等。

虽然投放危险物质犯罪的行为人的预备活动很隐蔽，但仍可能在群众中露出蛛丝马迹，因此，在侦查过程中，要重视调查访问工作，以发现侦查线索和依据。

（二）作案人有得到危险物质的条件，且具有使用危险物质的知识和技能

危险物质种类繁多，仅投毒案件中常见的毒物有：有机磷农药、有机氯农药、磷化锌；盐酸、硫酸、一氧化碳、氰化物；巴比妥类的安眠药和其他安眠镇静药；乌头、钩吻、吗啡、马钱子等生物碱类；砷、汞等化合物；还有利用金环蛇、银环蛇等生物毒杀人的；等等。

我国对危险物质实行严格控制，特别是对剧毒物品和强放射性等危险物质的管理更为严格，一般不易获得。同时，毒物与药物是相对的，有的药物适量使用可以治病，如过量使用或使用的方法不当就会致人死亡。因此，犯罪人在选用毒物进行犯罪时，往往与其主观、客观条件相一致。犯罪人使用危险物质作案，说明其不仅了解该种危险物质的性能、剂量和使用方法，而且具有直接或间接获取该种危险物质的可能性。

犯罪人具有使用危险物品的知识、技能和获取的条件，与其职业、知识范围、社会交往关系等有着密切的关系，这为分析判断案情、刻画犯罪条件，提供了客观依据。

（三）有的案件现场明显；有的案件现场则隐蔽，无明显现场

在投放危险物质案件中，投毒案件的现场一般比较明显，犯罪人不易掩盖和消除，在投毒案件现场上，往往有较多的痕迹、物品，常见的有：

1. 中毒受伤或死亡的被害人；中毒的畜、禽。
2. 毒物的残留物。
3. 中毒受伤者或死者生前的呕吐物、排泄物、分泌物。
4. 包裹、携带毒物的包装物。
5. 犯罪人留下的作案工具及痕迹。

在投放危险物质案件中，以投放放射性、传染性病原体等物质作为作案手段

的，由于有的物质本身用肉眼很难看到或难以分辨，在有的案件发生后，人们认识结果往往需要一定时间，通常须对被害对象进行详细检查、深入分析研究，才能推断可能被投放的危险物质种类。因此，此类案件现场不明显，甚至难以找到。在侦查中，要重视对被害人的访问，寻找、推断具有犯罪条件的人，摸排犯罪嫌疑人。

（四）投放危险物质手段多种多样

投放危险物质，作案人通常是在被害人毫无察觉情况下进行的，其手段隐蔽、诡诈，常见的投毒手段有：在饮料、饭菜中投放毒物，诱骗被害人食用；用毒物冒充"药物"或"营养品"，以治病为名给被害人服用；暗中将毒物投入水源、水道、自来水池、水缸、粮食中致大量人、畜中毒，或自配毒剂、毒丸诱使被害人服用；乘被害人熟睡和门窗关闭之际，用煤气或热源挥发有毒气体，致被害人窒息死亡；趁病人输液时掺、换毒药或给病人注射时加大剂量，加速推进，造成被害人死亡伪装成医疗事故；将毒物涂抹在被害人经常接触、使用的物体上，使被害人慢性中毒死亡；施放放射性同位素使被害人慢性中毒死亡；传播能够引起传染性疾患的细菌、霉菌、病原虫、病毒等；利用毒蛇等有毒动物咬人致人死亡。

尽管投毒手段多种多样，但是犯罪人选择的投毒手段总是与其具备的条件相一致，会不同程度地暴露其自身某些方面的情况，认真加以研究有助于准确地确定侦查方向和侦查范围。

（五）犯罪人与被害人之间事前大多存在着某种矛盾冲突

以投放危险物质作为作案手段的杀人案件，多数是由私仇、奸情、恋爱婚姻家庭矛盾、经济纠纷、邻里纠纷、上下级、同事、同学之间的矛盾等被激化而引起，犯罪人与被害人之间存在着某种矛盾冲突，这些矛盾有一个产生、发展、激化的演变过程。虽然犯罪人的投毒行为是隐蔽的，但其与被害人之间的矛盾过程会暴露出来，为其邻居、亲友、同事所知晓，这为从利害关系和矛盾冲突中发现投放危险物质案件的因果联系及犯罪线索提供了可能。

第二节　投放危险物质案件现场勘查重点

一、现场实际勘验的重点

（一）对死者尸体认真勘验

1. 尸体的位置和姿态。注意观察尸体倒在室内还是室外、地上还是床上；仰卧还是俯卧还是侧卧，有无变动；姿态正常还是痉挛等。这对了解死亡过程有帮助，不可轻视。

2. 衣着情况。注意观察死者衣着是否整齐，特别要注意观察上衣前胸部、两肩部及衣领有无含毒物的淌痕、呕吐物及泡沫粘液附着；衣兜内是否有药瓶、药包或包装用的纸片等。

3. 尸体现象。尸体现象包括：①尸斑的颜色；②瞳孔的变化；③口腔内现象；④尸体气味；⑤死亡原因，注意尸体有无暴力性伤痕或机械性窒息死亡的征象；⑥尸体周身的皮肤有无可疑针眼。

4. 尸体解剖。根据尸体现象不能完全解决问题时，应当对中毒尸体进行解剖，提取检材进行化验。

（二）勘验现场的遗留物

在投放危险物质案件中，要注意发现有关遗留物，特别是比较隐蔽的遗留物，并予以妥善提取。

1. 注意发现、提取呕吐物和腹泻物及其他排泄物，并对它们的分布情况、数量、颜色、气味等加以研究。

2. 注意发现和提取现场上遗留的药瓶、药渣、包药用的纸张、塑料布（袋）及其他盛装毒物的器皿等。

3. 注意发现和提取被害对象吃剩下的饭、菜、汤等食物；对于没有剩余食物的现场，应提取盛装食物用的碟、碗、盘、盆，以供进行毒物化验。

4. 被害对象处的粮食、面粉、饲料等可进食物品，也应重点检查，从中发现可疑毒物。

5. 注意发现和提取死者生前的信件、微信、微博记录、日记及有关书报等。

6. 注意发现和提取现场各部位、各角落有无煤气或其他各种有毒气体渗入、导入的可能性，采集气体样品，以待检测化验。

7. 如果现场有已死亡，或有中毒征兆的家禽、家畜或其他饲养的动物，应予以检验。

（三）注意发现犯罪痕迹

勘查投放危险物质案件现场，除注意发现、提取含有危险物品的遗留物品外，还应注意发现和提取犯罪行为人投毒时遗留在现场上的手印、足迹、破坏工具痕迹、交通工具痕迹等痕迹，以便进行鉴定，从而揭露和证实犯罪。

1. 手印。它可以认定人身，是揭露和证实犯罪的有力武器。犯罪人作案离不开手，凡是被手触摸过的物体上都会留下指纹或掌纹，这是不以犯罪人的意志为转移的。所以，只要认真勘验现场，不难发现犯罪人的指纹，如进、出口的门、窗上面，盛装危险物品的物体上面等，应注意发现和提取。

2. 足迹。犯罪人遗留在现场上的鞋印、袜印和赤脚印。足迹在侦查破案中起着相当重要的作用，应注意发现和提取。

二、现场访问的重点

（一）现场访问的主要对象

1. 案件发现人、报案人和现场保护人。
2. 被害人、被害人亲属、邻居，被害动物的所有人、看护人。
3. 现场周围群众、现场所属单位或居民区的领导或其他知情人。
4. 参与救治被害人工作的医护人员和救治动物的兽医。
5. 已购买、食用、饮用或者有可能购买、食用、饮用被投放危险物质的食品、饮料或公共饮用水的群众。

（二）现场访问的主要内容

1. 中毒征象或传染病病情、疫情是于什么时间、什么地方、如何被发现的。
2. 中毒征象或传染病病情被发现后，是否经过抢救、当时受害者的具体情况，参与抢救的人是如何抢救的。
3. 危险物品造成的危害后果。
4. 被害对象在中毒征象或传染病症状出现之前，在何时、何地，食用、饮用何种食品、饮料，食品饮料的来源、和谁一起食用的、和谁接触过、此后多久发现中毒征象或传染病症状。
5. 被害对象被害前是否服用过药物，所服药品的名称、剂量，以及服用药物的原因等。
6. 中毒前是否感觉到了异常情况。如居所内有无特殊气味，对嗅觉器官有无刺激及其程度等。

7. 询问中毒人、中毒动物的所有人、被传染疫情的人对事件的看法。如果怀疑有人投放危险物质，应进一步了解嫌疑人的情况，怀疑他人投放的理由和根据等。

8. 了解受危险物质侵害的人工作、学习、生活、性格、爱好、精神面貌、健康状况等情况；家庭成员关系是否融洽，经济收入、家庭地位及和左邻右舍的关系方面的情况；生前是否跟人争吵过，与谁有尖锐矛盾，是否结下冤仇，案发前到过被害对象家中的人的情况。

9. 了解厨房、食堂的卫生情况，食品制作过程，销售食品的种类及过程，管理制度等。

10. 在本地区，在相近时间内是否发生过类似的中毒现象或传染病疫情，具体情况怎样。

11. 周围群众对此事的看法、议论和怀疑。

三、现场分析的重点

（一）分析事件性质

投放危险物质（尤其是毒性物质）犯罪案件与服毒自杀事件、误食中毒事件往往混合在一起，只有正确分析判断其性质，才能进行立案侦查，中毒性质是决定立案侦查的重要依据。

1. 服毒自杀的一般表现形式。自杀者生前曾流露过自杀的念头和迹象，衣着整齐，尸体留在现场，有亲笔遗书，有取得中毒物的条件，现场整齐不乱，除留有剩余的毒物容器外，未发现其他痕迹和可疑物品，现场遗留物上均留有死者的新鲜指纹。

2. 误食中毒的一般表现。误食中毒属于意外事故，发生的原因主要是麻痹大意或不负责任。此类中毒者无自杀因素，中毒者不了解此类毒物的性质等。如误食了变质食物，把工业盐当作食用盐等。在分析中毒事件性质时，应注意犯罪人使用的伪装手法。

3. 投放毒性危险物质被杀害的表现形式：

（1）现场上没有盛装毒物的容器和剩余的毒物。

（2）死者家中从未使用或存放过毒物。

（3）死者生前精神状态良好，无服毒自杀因素和迹象。

（4）现场上遗书并非死者所写。

(5) 在死者家中存放的粮、米、面和其他食物中发现毒物。

(6) 现场上发现其他犯罪痕迹或其他可疑物品。

(二) 分析判断危险物质的种类

危险物质的种类主要有：毒害性物质、放射性物质、传染性病原体物质。对放射性物质、传染性病原体物质的判断，一般首先需要根据被害对象的征兆，推断属哪类危险物质所致；其次，进行进一步的医学检查，明确具体的危险物质种类。在危险物质中，毒害性物质种类较多，由其引起的案件可分为三种情况：化学毒物中毒、有毒动植物中毒、细菌性及霉菌性食物中毒。这三种毒物都可被犯罪人用来作案，但在投毒案中，以化学性毒物居多。分析毒物种类，可根据中毒症状及检验来分析，在此基础上，根据该有毒物质的生产、加工、贮存、保管、使用、运输情况，确定该有毒物质的来源。

(三) 分析作案方法

分析投毒方法，要依各种危险物的性能所可能采用的方法分析。如液体的毒物一般被放进食物、水中；易挥发的毒物，一般被放进被害人的密闭卧室内，经被害人的呼吸系统进入人体内；如用有毒动植物杀人，一般将有毒动植物混入中草药或食物中，毒害杀人。

(四) 分析作案时间

对投放危险物质犯罪行为人作案时间的判断，应根据危险物质的种类、性质、症状开始出现的时间、死亡的时间、饭菜制作的过程、进食的时间以及投放危险物质的地点和方法分析。

(五) 分析作案地点

分析投毒地点，应根据被害对象生前活动过程、去过的地方、接触的人和物、进食食品的种类及其来源进行分析研究，确定作案地点。

(六) 分析因果关系

投放危险物质案件中，作案人往往有明显的目的性，有的为了宣泄对社会的不满情绪，对社会报复，向公共、公用场所投放危险物质，制造政治影响；有的因侵财而投放危险物质；有的因婚姻、恋爱、家庭纠纷而投放危险物质；有的因奸情而投放危险物质；有的为甩掉供养亲属中的痴、呆、傻、重疾病人而投放危险物质；等等。因此，分析因果关系，要根据被侵害对象的经济状况、生活作风、健康状况、家庭状况、案件发生地点、现场现象等分析。

第三节　投放危险物质案件的侦查途径和取证措施

一、投放危险物质案件的侦查途径

（一）查因果关系，找作案线索

对于立案侦查的投放危险物质案件，可以从因果联系入手开展侦查。投放危险物质案件的犯罪人是以危害他人生命、公共财产和公共安全为目的，但不同的犯罪人作案的动机有所不同。如有的为报私仇，有的为嫁祸于人，有的为掩盖罪迹、杀人灭口，有的为了发泄对现实的不满，等等。全面研究被侵害对象的情况，往往可以揭示出犯罪人作案的动机。调查具有该种动机的人员，可以从中发现犯罪嫌疑人。

为了准确判断犯罪人的作案动机，查明因果联系，应对被侵害对象进行全面了解：

1. 人员的伤亡情况，禽、畜以及其他财产损失的情况，财物的管理人、所有人是谁。如果是非特定的个人和家庭受到人身或财产侵害，应研究有无仇视社会主义制度、不满现实而作案的可能。

2. 被害人的职业、身份、政治态度、工作中有无与人结有仇怨，是否存在着被报复的可能性。

3. 被害人的生活作风、家庭婚姻状况、经济收入，是否存在着因奸情、图财投放危险物质的可能性。

4. 被害人及其亲属与谁有尖锐的矛盾或利害冲突，发案前后他们有何可疑言行等。

（二）查作案时间，确定嫌疑对象

有无作案时间，是排查犯罪嫌疑人的重要条件之一。因此查此种案件，应在发现的大量嫌疑线索中，重点排查具备作案时间的人。要重点查清嫌疑人在发案前的具体活动情况，何时在何地干什么，谁能证明等。为防止作案人在作案时间上耍花招，查证时一定要一环扣一环，环环卡死，取得旁证。通过排查，对具备作案时间的嫌疑人，应进一步查证落实；对不具备作案时间的嫌疑人，也应进一步查证落实。对重点嫌疑人，要查清其在发案前的具体活动情况。

（三）查投放的危险物质种类、方法，确定嫌疑线索

排查危险物质的种类和投毒方法，往往可以发现重要案件线索。这是因为在投放危险物质案件中，有的危险物质只有从事有关工作的人才可能得到；在使用方法上，有些需要作案人具备一定的专业知识或具备特殊便利条件的人才能使用。所以不难看出，把查清危险物品的种类和作案方法作为侦查投放危险物质案件的侦查途径，是有重要意义的。

二、投放危险物质案件的取证措施

（一）深入调查，获取证人证言

犯罪行为人投放危险物质，一般都有预谋过程，不论行动多么诡秘，都会在群众中露出一些迹象。因此，应深入群众进行调查研究，从各个方面收集与投放危险物质案件有关的证人、证言。

（二）危险物品的检验取证

现场勘查时提取的一些可疑物品，如包药的纸片、吃剩下的食物、盛装毒药的器皿、可能传播传染病源的物质等，通过化验，可以确定是否为危险物品以及其种类，以便与重点嫌疑人家中可疑危险物品化验的结果进行比较，从而获得揭露和证实犯罪的证据。

（三）尸体解剖取证

在投放危险物质杀人案件中，尸体解剖是取得物证的重要渠道之一。对尸体进行解剖，可以确定中毒的时间、中毒物和毒物的种类、数量、投毒的手段等。它是揭露和证实犯罪的重要证据，特别是在现场勘查未提取到其他痕迹、物品的情况下，通过尸体解剖可获得证据，必要时可以经过批准开棺验尸，获取证据。

（四）搜查取证

投放危险物质案件中，犯罪行为人的犯罪手段一般很隐蔽，往往秘密投放危险物品。因此，对于侦查中发现的重点犯罪嫌疑对象，依情况可以对其住所、工作、学习场所进行公开或秘密搜查，以发现作案工具、剩余危险物质以及其他犯罪物证。必要时，将秘密搜查转化为公开搜查，获取犯罪证据。如采用投毒杀人，一般在其住所、衣兜、书包内可能留有未用完的毒物，以及盛装毒物的器皿或毒物残渣等，只要认真仔细地搜查嫌疑人的住所及其衣物，一般可以获得犯罪证据。如果嫌疑人是被害人的家属，可以通过反复勘验现场，对其住宅进行仔细搜查，以获取罪证。

（五）讯问犯罪嫌疑人取证

犯罪嫌疑人的真实口供是重要证据之一，在投放危险物质案件中有其重要意义。这是因为，在一些投放危险物质案件中，虽然掌握了犯罪证据，但有时对作案手段和方法搞不清楚。在这种情况下，通过讯问，弄清楚犯罪人作案的动机、危险物质种类、数量和来源，作案的具体方法等，并取得真实口供，为搞清案件的来龙去脉提供可靠依据。

第十三章 放火案件的侦查

第一节 放火案件的概念和特点

一、放火案件的概念

放火案件是指采用故意放火手段侵害他人生命或公私财产安全的犯罪行为所构成的案件。由于犯罪动机目的、侵害对象及造成后果的严重程度不同,以故意放火为手段实施的犯罪行为分别构成《刑法》中规定的危害公共安全罪中的放火罪、故意杀人罪、故意毁坏公私财物罪等。由于其侦查方法相同,在侦查阶段均应归属放火案件立案侦查。

二、放火案件的特点

(一)犯罪行为人在作案前多有预谋

犯罪行为人实施放火的动机一旦形成,为了逃避打击,在实施放火之前大多要进行预谋策划和周密的准备活动。犯罪行为人在预谋准备中,首先,对放火的具体地点和部位窥视、踩点,了解和熟悉现场环境,选择放火的时间和进出路线。其次,确定放火的方法,准备放火物和助燃物,如打火机等点火物,煤油、汽油等助燃物等,有的还破坏消防设施或制造电线短路等假象。犯罪行为人选择放火物,有的是从自己的工作中偷取的,有的是专门购买的,有的是向他人要的。最后,有的放火犯罪行为人,目的在于报复社会,打算同归于尽的,会在作案前留有遗书、向家人交代后事,有扬言报复社会的言论等可疑迹象。犯罪行为人的预谋行为虽然隐蔽,但在群众中会有不同程度的暴露,案发后会引起群众的联想。因此,在侦查中要深入访问群众,广泛获取有关犯罪人放火的信息,从中发现线索。

（二）因果关系比较明显

犯罪行为人故意实施放火犯罪，目的是造成严重后果，以达到自己的目的。犯罪行为人实施这种具有严重危害性的犯罪，必然事出有因。犯罪行为人与被害人之间大多数具有明显的利害关系。有的是出于对社会的不满、报复社会；有的是出于私仇泄愤；有的是出于嫉妒泄愤；有的是出于掩盖犯罪，一般因果关系都比较明显，这种因果关系往往能从放火人作案时选择的侵害目标和对象上得到反映。放火案件中的放火者与被害人之间往往有着不可调和的矛盾和冲突，这些矛盾和冲突的产生和发展均有一定的过程，通常在案前都有迹可循，为人所知，而且近因比较突出，只要认真研究侵害目标和对象的具体情况，判明犯罪行为人的放火意图，深入群众进行细致的调查访问，就能够获取有关犯罪嫌疑人的线索。

（三）放火案件暴露快，易被发现

同其他隐蔽性较强的案件相比，放火案件暴露快，易被发现。放火犯罪人一旦实施犯罪，放火得逞，火势往往会很快蔓延，有时借助天气、风力、犯罪行为人添加的助燃物等，火势的蔓延和发展相当迅速，数分钟就会形成火光冲天、浓烟滚滚的态势，短时间内，房屋、建筑物就会在一片火海笼罩之中，大量财物被烧，人们争先逃生，因此，放火现场由于其暴露快，很快就会被群众发现。抓住这一特点，侦查人员在赶到现场后，要及时访问群众及有关人员，获取侦查线索，及时破案。由于放火案件被发现及时，有时犯罪人还未来得及远逃，侦查人员要根据现场所处位置，迅速封锁犯罪人可能逃离的出入口，搜索犯罪行为人。

（四）现场原始状态易遭破坏

因为放火案件发案快、危害大，一旦火势蔓延，就会造成更大范围的破坏。因此，放火案件一经被发现，群众就会先自发组织救人、扑火，消防部门赶到后，会采取各种技术措施灭火，最大限度地挽救人民生命财产；有时犯罪人还趁机毁灭证据。因此，放火现场的原始状态往往得不到保全，痕迹、物品往往遭到严重破坏。加之剧烈的燃烧，使现场中的各类物品以及犯罪行为人实施犯罪遗留的各种痕迹和物证都被完全烧毁，或被烧得残缺不全，这种破坏又常常是人们难以阻止和控制的。因此，在勘查中展现在侦查人员面前的往往是泥水遍地的废墟，烟熏火燎的残垣断壁，所剩无几的杂乱物品，给现场勘查和采痕取证工作带来很大的困难。只有在勘查中认真细致，才能发现、提取到犯罪痕迹和物证。

（五）初犯作案占大多数

放火犯罪，其目的在于用放火手段侵害他人生命、公私财产或危害公共安全。犯罪行为人放火作案，大多数作案人是泄愤报复、陷害他人或掩盖犯罪，心理上已得到满足，一般无财产性利益可图，就不再重复犯罪。因此，犯罪行为人多为初犯，惯犯较少。另外，很大一部分犯罪行为人初次放火即被查获落网，再无放火机会。也有少数犯罪行为人出于反社会动机连续实施放火犯罪；还有一些犯罪行为人放火后为了干扰侦查视线而先后多处多次放火，制造混乱，侦查人员在侦查中发现有并案条件的，要考虑并案侦查。

第二节　放火案件现场勘查的重点

一、现场实地勘验的重点

放火案件，在多数情况下会遭到严重破坏，给现场勘查带来不利影响。大多是在扑灭火灾后，通过勘查现场，调查访问，追查起火原因而确定案件性质，立案侦查的。因此，认真勘验放火案件的现场是侦查放火案件的首要环节。

（一）勘验现场的出入口

对火案现场进行勘验，首先要检查、勘验现场的出入口，对所有出入口必须逐一认真地进行勘验检查，以确定在火灾发生时各部位呈现的状态，有无异常迹象，有无犯罪行为人留下的痕迹，为分析案件性质提供依据。

1. 对门、窗进行细致检查。检查门边和门框是否有撬压痕迹，门锁是否有反锁情况，窗框有无破损，窗的插销或锁是开着的还是插着或锁着的。如果是开着被烧毁的，要查明起火前是否有人打开，为何打开。要认真检查门窗玻璃的状态，检查门玻璃是否被外力打碎，玻璃碎片是在门内侧还是在门外侧，玻璃上是否留下手印。要认真检查门合页的位置和状态，有的火灾现场，门被完全烧毁，门框被烧得残缺不全，这时要注意残留在门框上的合页的状态，如果合页的两半部分张开，有时合页上还挂着螺丝钉，证明起火时是开着门的。如果合页的两半部分合拢，证明起火时是关着门的。对门的检查，主要是判断在火灾发生时是否有人由门进入和逃出，若有人出入，还要进一步判断其进入的方法。勘查过程中应注意甄别犯罪行为人的行为痕迹和救火人员的行为痕迹。

2. 对其他部位进行勘验。在对现场出入口的勘验中，除注意对门窗勘验外，还应根据现场环境的具体情况，注意观察、发现犯罪行为人可能进入现场的其他部位，如库房的天窗、墙洞等，要注意上面有没有撬压、蹬踩、挖掘等痕迹，并认真调查核实，以判断犯罪行为人出入现场的部位和方法。

（二）发现、提取有关痕迹、物品

在对火案现场的中心部位进行勘验时，要注意发现与放火和救火有关的各种痕迹和物品，注意研究这些痕迹、物品之间的关系，注意这些痕迹、物品是犯罪行为人所留还是救火人员所留，搞好核实工作，以便通过现场遗留的痕迹、物品分析、判断犯罪行为人在现场的犯罪活动过程。

1. 提取引火物和助燃物。引火物是确定起火性质、分析案情、发现侦查线索的重要依据。勘验放火现场，要注意寻找、发现犯罪行为人放火时遗留的引火物和助燃物，如火柴梗、烟蒂、烟灰、蜡头、蚊香、草把、棉花、打火机等，以及盛装汽油、煤油、酒精用的油桶、油瓶，还有刨花、锯末、油纸或其他浸油物体。这些引火物和助燃物，有的是犯罪行为人从现场外带入的，有的是现场中就地取材的，因此要认真进行鉴别和调查。这些引火物和助燃物，大多留在起火点附近，也可能留在现场其他部位，因此应以起火点为中心向外围认真寻找。这些引火物和助燃物，有的可能被完全燃烧而只剩灰烬，有的只残留一部分，有的尚保留完好。无论是何种情况都要仔细寻找，认真提取，以备研究和检验引火物的种类。

2. 注意现场上的翻动痕迹和工具痕迹。勘验放火现场，要注意勘验现场内物品起火前被翻动、撬压的痕迹。例如，现场中桌子抽屉被拉出后烧毁的痕迹，抽屉内物品散落于现场中被烧毁或被残土埋压的痕迹，箱柜内的物品被翻出后烧毁的痕迹，现场桌子、箱柜上的锁被撬压的痕迹，箱子被搬于地面，抽屉被置于地上的痕迹，等等。现场中的这些异常迹象，在排除被害人和救火人员所为外，就应该考虑是犯罪行为人所为，这些痕迹有助于判断放火案件的案情，有助于判断犯罪行为人的作案活动过程和放火犯罪的目的。

3. 注意发现其他痕迹、物品。勘验放火现场，要注意全面收集犯罪行为人在作案中遗留的各种有关痕迹和物品。例如，注意发现犯罪行为人失落的手套、纸片、单据、账册、电影票、工作日记、手帕等各种物品。注意检查在现场地面、残垣断壁、床沿等隐蔽部位有无血迹、凶器、血迹擦拭物、残留绳索、盛装毒性物质的器皿等。注意检查现场床上、地面上有无精斑或精斑擦拭物等。这不仅可判断犯罪行为人在现场的活动情况，也有助于判断案件的性质。

4. 对现场外围进行搜索。放火犯罪行为人在放火之前一般对现场有踩点行为，会在现场周围留下交通工具痕迹、足迹、坐卧痕迹、烟头、吃剩的食物、瓶子等物品及痕迹。在放火后，由于现场具有易发现、暴露快的特点，犯罪人在匆忙逃跑中常常把装油的瓶子、油桶和撕扯的油毡纸碎块、带入现场的刨花、锯末、草屑、打火机、火柴盒、浸油物等抛弃在来去现场的途中。通过仔细搜索，不仅能发现这些与犯罪有关的痕迹和物品，同时也可判断犯罪行为人来去现场的路线，判断引火物和助燃物的来源。必要时，用警犬进行搜索。

（三）查明起火点

起火点即最先燃烧起火的地点。放火现场的起火点可以是一个，也可以是几个。在对火场的勘验中，查明起火点至关重要，这是确定起火原因和性质的基础。因此，寻找起火点是对放火案件进行实际勘验的重点。如果火势在最初就被及时扑灭，现场破坏较轻，则起火点比较明显，容易确定。如果火势很大，并向四周扩大蔓延，燃烧的程度较重，则查找起火点就比较难。查找现场起火点的方法通常有以下几种：

1. 认真询问事主，调查最早发现起火的群众，了解最先冒烟、起火的部位，或最初发现浓烟和喷射火焰的部位。

2. 根据火柴杆、烟头、蚊香头、蜡烛头、油毡纸、油浸的棉花等引火物及油类物体、刨花、草把、锯末等助燃物所在的部位，查找起火点。

3. 根据现场上物体的燃烧程度判断起火点。一般情况，起火点处物质最先燃烧，燃烧时间长，燃烧程度比较重。因此，在火案现场勘查中，寻找烧得最严重、最彻底的部位，一般情况下，这就是起火点。

4. 根据火案发生时的风向、风速、查看火势燃烧的自然趋势，从火势蔓延的逆方向寻找最早起火的地点。

5. 根据木器、可燃物品被燃烧时的倒向。一般哪个方向有火源，哪个方向就先被烧毁，被燃烧物由于这个方向先失去支撑而向这个方向倒塌。

6. 根据放火焚烧的目标寻找起火点。如果在现场发现尸体，除应对尸体检验外，应围绕尸体查找起火点；如果发现会计账簿、会计凭证被烧，应重点围绕箱柜查找起火点。

7. 要注意寻找、发现遗留的油迹、浸油物体和有油气味的地方。有的犯罪行为人在放火时常借助油类燃烧，所以，有油迹、浸油物和有油类气味的地方，一般要考虑是起火点所在。

8. 根据火场上被烧的木材裂纹粗细深浅判断起火点。一般情况下，燃烧的强度越高，其所形成的裂纹越粗而深。在起火的初级阶段，火势的热能相对较小且弱，此阶段所形成的木材表面裂纹细而浅。根据这种规律，结合起火时的风向，来判明起火点和火势的蔓延方向。

（四）寻找可能造成起火的诱因

勘验火灾现场，除寻找发现引火物、助燃物、痕迹物品、起火点外，还要根据现场的不同情况，寻找、发现可能造成起火的各种因素。例如，在室内现场，有无电气设备，是否有漏电和短路情况，有无其他火源，像煤气管道漏气，使用电炉、煤火炉等，有无存放或生产易爆物品、易燃化学药品等。在室外现场，有无高压电线扯断，有无闪电雷击，有无野外吸烟、带电作业等。在现场勘验中，必须把现场所有能够引起火灾的各种因素都充分地予以考虑和细致地逐一检验，发现造成火灾的诱因。尤其是在没发现明显放火迹象的现场，更要认真细致地寻找、发现各种可能造成火灾的迹象，并要认真查证核实，以便作为判断起火原因的依据。

（五）勘验尸体

在勘验清理火场时，如果发现尸体，应由法医认真检验。检验火场上的尸体应注意以下问题：

1. 尸体在火场上的位置，其呈现的姿势有无逃险的动作、样式。根据尸体所在位置，判明起火后被害人能否逃出火场。

2. 尸体烧伤的部位和程度，尸体接触的地面的衣物和皮肤是否有烧灼的痕迹。

3. 尸体上有无其他暴力损伤。伤势严重的程度和所在部位。尸体附近处有无血迹、凶器等。验明该伤是生前伤，还是死后伤；是自杀伤，还是他杀伤；或是逃险时造成摔伤，撞碰伤；等等。

4. 检验尸体的口、鼻、咽喉以及气管等呼吸系统有无烟灰、炭末等附着物。

5. 对于在公共场所发生的放火案件，如果有尸体的，要特别注意勘查起火点处的尸体，根据其呈现的状态、周围的痕迹、物品，如汽油的流向痕迹、引火物等，判断其是否可能是放火犯罪嫌疑人。

通过上述检验，对死者致死的原因和致死的手段作出判断。目的在于判明是他杀还是自杀，或者是灾害事故。必要时可进行现场尸体解剖检验。

（六）勘验放火现场要注意的问题

因放火现场具有遭到多方面破坏的特殊性，大多是在烧完、泼水、撒土、扑打之后才能进行认真勘查，所以在勘验中会遇到很多困难，为更好地勘验这类现场，在勘验中要注意以下几点：

1. 现场遗留的痕迹和物品，大多数埋压在残垣断壁、砖石土灰之中，为不变动这些痕迹、物品的位置，不改变尸体的原始位置和姿势，在勘验和清理中，对于砖石土块必须由上到下，逐层地清理搬运，小心地挖掘。切忌使用锹、镐或机械设备随意地翻刨和铲挖，尽量使物证和尸体能保持在现场中的原来位置和方向，以原始状态出现在勘查人员的眼前。

2. 现场遗留的痕迹和物品的毁坏程度很大，有的被全部烧毁，有的被烧得残缺不全。在勘查中首先要坚定信心，哪怕是被烧后相关物品所剩无几，只要可能与犯罪有关，就要一并提取。对于清理中的残垣断壁、砖石土灰要认真检查，查明有无挖掘痕迹、喷溅血迹和有关痕迹物品；对于散落的土灰、草屑等，必要时按现场区域用筛子筛滤，以发现细小的物证。切不可随意将其当成垃圾丢弃。

3. 勘验中，要特别注意核对工作。例如，对遗留的痕迹、物证及现场物品的翻动、撬压、损坏、丢失以及位置变化等，必须请事主、消防救火人员进行调查核对，搞清是犯罪行为人在犯罪中遗留或形成的，还是救火人员在救火中遗留或形成的，或是被害人形成的，以便对现场进行正确的分析和判断。

4. 勘验中，要与消防救火人员紧密配合，取得他们的大力支持和帮助。要详细向他们了解在扑救过程中的火势、现场情况等，为正确分析、判断案件提供依据。

二、访问知情群众，了解起火情况

放火案件的现场访问，应当在勘查现场的同时抓紧时间进行。在访问中要找火场发现人、报告人、救火人、值班人、路过火场人、围观群众、被害事主、知情人等，详细了解起火的现场情况、被害事主情况和犯罪嫌疑人情况等。在现场访问中，通常应访问以下内容：

1. 是谁第一个发现火情的，是在什么时间、怎样的情况下发现的，发现时其距离火场有多远，当时看到火场是什么情况，是先冒烟还是先起火，火光和烟雾是什么颜色，当时的风向和火势如何，在火场的什么部位火烧得最旺，有无特殊气味和声响，在火场周围有无可疑人活动等。

2. 是哪些人最先赶到火场扑救的，是在什么时间、从什么部位开始扑救的。他们最早赶到现场时火场是什么情况，哪一部位火烧得最旺，有无特殊气味和声响，火光和烟雾是什么颜色等。

3. 都有哪些人参加了救火，在救火中对现场的门窗是否碰动和破坏，对现场内部物品进行了怎样的搬动和破坏。在火场中发现了哪些引火物、助燃物和其他的可疑痕迹和物品，嗅到了哪些可疑的气味。尸体在现场的什么部位、呈什么姿势，有无捆绑和损伤。现场中有无被撬压和翻动迹象等。

4. 在火灾发生前后，火场周围有否可疑的走路声、跑步声、爆炸声、狗叫声、呼喊声、灭火声和燃烧物质作响的声音等。在什么时间曾闻到火场附近有某种气味，或是某种物品燃烧时的焦糊味等。

5. 在火灾发生前，谁在现场值班、住宿、巡逻或工作；有哪些人曾到过现场；最后离开现场的人是谁，是什么时间离去的。在现场他们是否曾摆弄电、火或其他易燃物品，离去时现场情况如何，离去后多长时间发现冒烟、嗅到气味或发现起火的；值班、住宿或巡逻人员在什么时间曾发现过哪些可疑情况等。

6. 现场中是否存有账目、贵重物品、爆炸物品、可燃化学物品或重要文件档案等，这些物品存放在何处、是否被撬盗、是否被烧毁、损失情况如何，这些物品平常是属谁保管、怎样保管、如何使用等。

7. 火场是住室还是仓库、工厂、机关，烧毁后的主要损失是什么，这些部位安全设施、消防设备情况如何，有否电源、火源、可燃物品等引起火灾的因素等。

8. 火灾事主或被害人的平时表现如何，如政治态度、生活作风、经济收入、群众关系、往来人员等，与哪些人有矛盾冲突，什么原因等。

9. 火灾发生后，群众认为这场火灾是放火、失火还是自然起火，根据是什么，怀疑哪些人作案，这些人有无作案的时间和因素等。

三、认真分析判断，确定事件性质

对放火案件的案情分析，必须在认真勘验现场，深入调查访问，掌握大量事实材料的基础上进行。只有掌握充分的事实材料，才能正确地确定事件性质，判明是故意放火、不慎失火还是自然起火。只有确定是故意放火，才能予以立案，进行侦查。通常情况下，经过认真勘验现场和调查访问，发现下列情况之一者，要考虑是故意放火。

1. 在火场的起火点处发现有烧剩的火柴杆、棉花、蜡烛、草把、油毡纸，盛装汽油、煤油、酒精的瓶子等引火物品的。

2. 在火场及其周围没有电源、火源、易燃易爆物品，没有失火和自然起火因素的。

3. 在火场中发现事先破坏消防设备、电讯设施，或打开住室门窗助长火势蔓延，或泼洒汽油、煤油、酒精等助长火势燃烧的。

4. 在火场中发现有被盗迹象，如起火前撬坏了门窗、箱柜，发现丢失了财物、文件或材料，烧毁或缺少了账页和单据等迹象的。

5. 在火场中发现有被害尸体，尸体被捆绑、堵嘴，或有其他损伤，或已炭化或灰化，或确认为死后焚尸的。

6. 在火场周围的某一单位或相邻地区连续发生多次火灾，或在同一时间内多处起火，或在同一火场内有两处以上起火点的。

7. 在起火前，曾经有人扬言要放火，或事主收到过匿名恐吓信的。

8. 在火被扑灭后，在火场及其周围发现有与放火有关的可疑痕迹和物品的。

值得提出的是，有些火场通过勘验和调查比较容易确定是放火、失火还是自然起火，但有的火场的情况比较复杂，通过一般的勘验和调查一时还难以确定其性质，查不清起火的原因。在这种情况下，不要轻易地下结论，必须深入调查研究，请电工或化学、炸药等方面的专家共同进行研究和试验，在掌握充分依据的情况下，再作出正确的判断。

四、研究因果关系，确定侦查方向

通过分析判断，确认为放火案件后，就要根据现场勘验和访问群众所获得的事实材料，认真分析犯罪行为人的放火动机和目的，从因果关系入手，排查嫌疑线索，正确地划定侦查范围和确定侦查方向，采取有效的侦查措施。确定侦查方向，通常可从以下几个方面考虑：

在公共交通工具上放火，对国家、集体财产放火，或在一个地区连续多次放火的案件，要注意分析是否由于对社会不满而进行报复破坏；会计室账册、单据等被烧，或公款短缺，要注意分析放火是否为了掩盖贪污、挪用公款、盗窃等罪行；发现现场内有被害人尸体和大量钱财短缺，要分析盗窃、抢劫杀人后毁尸灭迹的可能；如现场内有被害人尸体，但钱财却无短缺，则要考虑是否为奸情杀人、报复杀人之后放火灭迹。

通过对因果关系的研究，准确划定侦查方向和范围，部署侦查工作。

第三节　放火案件的侦查途径和取证措施

根据放火案件的规律特点，在确定侦查方向和侦查范围之后，要抓住犯罪行为人与被侵害对象因果关系明显的特点，有针对性地采取相应的措施和策略开展侦查，通过广泛调查、摸底排队，发现嫌疑对象。

一、放火案件的侦查途径

（一）从犯罪的因果关系入手

放火是犯罪行为人有目的、有预谋的故意行为，通过该行为达到剥夺他人生命、健康、毁坏公私财物、毁灭罪证、危害公共安全的目的。因此，通过分析放火的动机、目的，找出放火人与被害人或与某一事件的内在联系，它是寻找放火嫌疑人的重要依据。侦查工作应紧紧围绕着因果关系，调查、发现犯罪嫌疑人。从现场勘查和调查访问分析，如果认为放火出于报复、破坏的动机、目的，就应从有敌视社会、报复社会思想基础的人中间排查犯罪嫌疑人；如果分析认为放火犯罪的动机、目的是私仇报复，就应从与被害人有矛盾冲突的人中排查犯罪嫌疑人；如果分析认为放火犯罪是出于毁证灭迹，掩盖其他罪行的动机、目的，就应从有可能因某种罪行而放火毁证灭迹的人中间排查犯罪嫌疑人。放火案件不管基于何种动机、目的，其因果联系在作案前后都会有所表现，只要查清其中的因果联系，就能很快发现犯罪嫌疑人。

（二）从查证作案时空入手，

一般采取"三定"的排查方法，即定人、定事、定位。着重查明起火当时此人是否到过现场，是否在现场周围逗留，起火时此人在何地，做何事情，谁能够证明等，严格把控时间、空间。特别要查清具有因果关系的犯罪嫌疑人员在发案时间内的去向。

（三）从调查有无犯罪行为人应具备的条件入手，寻找犯罪嫌疑人

主要是查证具备因果关系的犯罪嫌疑人是否熟悉作案现场环境，是否具有与现场上相似的可疑引火物或引火工具，是否持有与现场遗留物相同的嫌疑物品，是否具有与现场丢失物品的数量、种类相应的赃款、赃物等。

（四）从调查发案前后的可疑迹象入手，寻找犯罪嫌疑人

侦破刑事案件的实践告诉我们，犯罪行为人在作案前后，其心理表现与正常人有所不同，他们的言行往往表现反常。因此，注意调查研究放火案件发案前后的反常表现，是排查发现犯罪嫌疑线索不可忽视的一个方面。如发案前后是否有人扬言要放火报复或者有预谋犯罪的活动情况；起火前哪些人到过现场，有无窥视、踩点等情况；在救火过程中，是否有人伪装积极救火，趁机破坏现场，或故意助长火势蔓延；发案后是否有人表现出四处探听消息、散布谣言、无故外出、

装病等反常现象；工作态度积极变得消极、言语上由爱说爱笑变得沉默寡言；在调查访问中，事主前后陈述是否不一，在陈述中是否有突出的矛盾点和可疑点，有无自身作案的可能。

二、放火案件的取证措施

在寻找犯罪嫌疑人的侦查中，通过对一般犯罪嫌疑人的审查，突出了重点嫌疑对象。确定重点嫌疑对象后，应采取有效的侦查措施，尽快获取犯罪证据，捕获犯罪嫌疑人。证实放火犯罪的证据，可以从以下几个方面获取：

（一）调查访问，获取证人证言

侦查人员应当深入群众，调查重点犯罪嫌疑人与被害人因何事结下了冤仇及其发生、发展过程和激化程度；以及发案前是否有扬言放火报复或者预谋犯罪的活动的迹象，发案后有无探听消息、散布流言和借故外出等反常现象。全面收集证实其犯罪的证人证言。

（二）监控重点嫌疑对象，获取证据

在调查取证过程中，对重点犯罪嫌疑人的行动要严格监控。对其来去踪迹、接触人员，有何种反常表现都要具体掌握，要注意犯罪嫌疑人有无与他人订立攻守同盟、销赃毁证迹象。如果放火前财物被盗，应立即采取措施控制赃物，扣押与该案有关的可疑物品。

（三）组织辨认，获取证据

对放火现场提取的犯罪痕迹、物证，或者被害人指控的从现场逃跑的犯罪嫌疑人，要组织有关人员进行辨认。

（四）适时搜查，获取物证

在侦查过程中，发现在犯罪嫌疑人家中或其他处所可能存有与放火犯罪有关的证据时，要对其可能隐匿罪证的场所依法进行搜查，寻找放火使用过的工具、容器、引火物以及其他与现场提取到的引火物、遗留物相类似的物品；通过秘密侦查的方式，提取嫌疑人的足迹、手印及其他痕迹。

（五）进行物证技术鉴定

对现场上提取到的油棉纱、衣服、纸张、破草席、棒香等残存引火物，应与犯罪嫌疑人家中相似的物品进行种类同一认定或整体分离痕迹鉴定。获取犯罪嫌疑人的足迹、手印，与现场上犯罪行为人遗留下的足迹、手印进行比对鉴定。对放火现场上的犯罪遗留物和犯罪嫌疑人衣服、口袋、袜子上沾附的油迹、棉花、油棉纱等纤维进行科学鉴定。有的日常用品除了可以组织辨认外，还可以使用警犬加以鉴别，从中获取证据。

（六）讯问犯罪嫌疑人

将主要犯罪事实查清，取得主要犯罪事实的证据后，可以依法传讯犯罪嫌疑人，让其陈述犯罪的情节或进行无罪的辩解。对已被拘留或逮捕的犯罪嫌疑人，应抓紧时间依法进行讯问，进一步查明放火的情节和作案过程，讯问其纵火的动机目的和作案手段，并反复与现场情况和已掌握的证据进行核实。通过讯问犯罪嫌疑人，进一步收集和补充证据，保证破案质量。

第十四章 重大责任事故案件的侦查

第一节 重大责任事故案件的概念和特点

一、重大责任事故案件的概念

重大责任事故是指工厂、矿山、林场、建筑企业或者其他企业、事业单位的职工，由于不服管理、违反规章制度，或者强令工人违章冒险作业，因而发生重大伤亡事故或造成其他严重后果的案件。

重大责任事故罪在客观方面有两种表现形式。一种是行为人在生产、作业活动中不服管理，违反规章制度，因而发生重大伤亡事故或者造成其他严重后果的，即一般职工本人直接违反规章制度，造成严重后果的行为。"不服管理"是指企业、事业单位的职工不服从本单位安全生产的要求或者不服从单位领导有关安全方面的工作安排。"违反规章制度"是指违反有关生产安全方面的操作规程、劳动纪律和劳动保护等规定。"不服管理"与"违反规章制度"的表现方式是多种多样的，既可以表现为作为，也可以表现为不作为。

重大责任事故罪在客观方面的另一种表现形式是行为人在生产、作业活动中，强令工人违章冒险作业，因而发生重大伤亡事故或者造成其他严重后果，即有关生产、指挥、管理人员利用职权强令职工违章冒险作业。在这种表现形式中，首先是工人不愿听从生产指挥、管理人员的违章冒险作业的命令；其次是生产指挥、管理人员利用自己的职权强迫命令工人在违章的情况下冒险作业，即强迫工人服从其错误的指挥，而工人不得不违章作业。在这种情况下，虽然工人在客观上是违章作业，但由于违章作业不是出于工人本人的意愿，而是被指挥、管理人员强迫去违章作业。

二、重大责任事故案件的特点

（一）案件主体是特殊主体

重大责任事故案件犯罪人具有特定的职业身份或特定责任。从我国刑法的有关规定看，重大责任事故案件的主体是特殊主体，即工厂、矿山、林场、建筑业或其他企事业单位的职工。这里所说的"职工"，是指直接从事生产的工人，科技人员和生产指挥人员，并非指一个单位从事各种工作的职工。这里所说的"单位职工"范围极其广泛，根据有关规定，具体包括：国有的、集体的企、事业单位的职工；群众合作经营组织、私营企业、中外合资企业、外商独资企业的职工和主要负责人，以及企、事业单位职工利用业余时间私自到外单位揽活或应聘到外单位工作，在生产过程中违反规章制度，在管理过程中玩忽职守，致使发生伤亡事故、造成严重后果的人员。在押犯是劳改企业中直接从事生产的人员，可以构成重大责任事故罪的主体。企、事业单位中不直接从事生产作业及指挥的党政管理人员和行政人员，一般不构成重大责任事故案件的主体。

（二）案件常发生在生产作业过程中

重大责任事故犯罪是和犯罪人的职业身份及特定责任密切相关的，因此这类犯罪常发生于某些人从事某项职业活动之时，具体说即常发生于制定生产计划、进行生产设计、从事生产作业、实施现场施工直到生产作业完成的整个过程之中。根据特定责任不同，又可把这种过程分为：管理人员管理、指挥工人生产作业的过程；科研技术人员进行科研、实验、设计的过程；一般工人直接从事生产、操作的过程等。如果不是在生产活动而是在商业活动中、体育活动中、娱乐活动中，由于违反有关安全规定或有关工作人员失职所造成的重大经济损失，不能视为重大责任事故。

（三）案件现场暴露明显，但变动、破坏较大

重大责任事故一旦发生，无论是造成人身的重大伤亡还是财产的重大损失，其结果一般都暴露得比较明显，其现场迹象常常比较明显，如倒塌的建筑、支架、烧毁的房屋、财产、爆炸的锅炉、油库、塌陷的矿井、滑坡的山体、受伤或死亡的人员等，令人触目惊心。重大责任事故发生后，现场易受到自然因素或人为因素的影响，出现变动或破坏的情况。重大责任事故发生后，大多会造成严重的人身伤亡和财产的重大损失，在场的人员或现场附近群众一般都会对伤员和国家、集体财产实行施救，由此会对现场造成很大的甚至严重的变动和破坏。此外，重大责任事故案件的直接责任人员，为了回避责任、逃避制裁，有时也会伪

装和破坏事故现场，转移侦查人员的侦查视线。

（四）重大责任事故案件的事故种类繁多，情况复杂

由于重大责任事故案件发生于不同行业和单位，不同的行业所发生的重大责任事故案件就其具体性质、种类、呈现的状态、造成的后果又各不相同。如建筑行业常发生的是建筑物垮塌、高坠、中暑等事故；矿山行业常发生的是瓦斯爆炸、粉尘爆炸、塌方透水等事故；而化工行业常发生的则是火灾、爆炸、毒物泄漏等事故。而且，每一种具体的责任事故都与具体的管理指挥、技术设计、生产操作有关；都与某个特定行业的技术标准、操作规范、规章制度有关。例如建筑行业修建房屋所用的钢筋强度标准、水泥的标号、沙石的比例、墙体的厚度标准等；化工行业关于化学物品的储存标准、防泄漏标准、运输标准等，假如某一责任人员所实施的行为是在技术规范、行业部门规则许可的范围之内，则其对出现的事故一般不应承担责任。因此，重大责任事故案件种类繁多，情况复杂。这就要求侦查重大责任事故案件，必须要熟悉事故所发生的行业的有关技术标准、参数、操作规范、各种规定、规则，否则就无法确定事故的具体性质，无法进行进一步的调查。

（五）犯罪嫌疑人一般比较明显

重大责任事故案件的发生是由于责任人员违反有关的规章制度所致，所以案件一旦发生后，根据事故的具体性质，往往可以很快地查明具体的责任人员，由此也可很快地确定犯罪嫌疑人。但有些现场比较复杂的案件，还需要深入调查，等待鉴定结论，查清事故原因后，才能确定犯罪嫌疑人。由于重大责任事故案件的犯罪行为主体是特殊主体，因此，和其他刑事案件相比，犯罪行为人排查范围小，犯罪嫌疑人相对易确定。

第二节　重大责任事故案件的侦查方法

重大责任事故案件，一般情况下都是事故现场范围大、人员伤亡大、经济损失大、社会影响大的案件。因此，侦查部门接到报案后要调动充足的警力赶赴现场，做好施救、警戒工作，迅速介入现场勘查，开展侦查工作。

一、积极开展现场施救，管制、控制嫌疑人员

1. 应当采取有效措施维护现场秩序，保障施救和先期调查工作顺利开展。

侦查人员赶到现场后首先要划出现场警戒范围，并对有关地区实行交通管制，既保证抢救车辆、施救工具和队伍以及事故调查人员能够顺利进出现场，又保证事故现场秩序井然。

2. 侦查人员在参与现场施救过程中要注意指导有关人员保护原始现场。因排险施救需要变动现场，事先必须做出标志、绘制现场简图并书面记录，妥善保存现场的主要痕迹物证，最好是先进行拍照录像然后再予以变动。

3. 要及时派出刑事技术人员介入事故现场调查工作，及早认定事故性质。还要注意及时有效地控制涉案的嫌疑人员以防逃匿，同时要采取措施防范其转移银行资金等躲避法律制裁的行为。

二、组织事故现场勘查，提取相关物证

勘查事故现场是侦查重大责任事故的首要环节。现场勘查的质量直接关系到案件侦破的进度与质量。为此，要求在进行现场勘查时，要做到以下几点：

1. 勘查要及时。为了保证现场不受或少受破坏，在警力较为充足的情况下，勘查可与现场抢险施救同步进行。

2. 勘查要细致。由于重大责任事故案件的专业技术性极强，有些痕迹物证的固定、提取与认定，单靠侦查人员无法完成，所以必须按照国家的有关规定，会同劳动部门、事故发生单位及其上级主管部门、安全监督和技术鉴定等部门组成事故现场勘查组，共同进行事故现场的勘查工作，必要时可聘请有关专家参与。

3. 寻找、发现事故原点。事故原点，是指事故现场最先引起事故发生的场所。通过对原点位置、与周围物品的关系、原点的范围、状况、原点周围的痕迹、物品等进行细致勘查，可分析判断事故原因及性质，查明事故原点是责任事故现场勘查的重要任务。事故原点，是发生责任事故直接原因的汇合处和作用点。勘查人员应根据不同责任事故现场的实际状况，以及现场痕迹、物品的情况，人员伤亡、财产受损失的情况，寻根溯源，综合分析，确定事故原点。

4. 发现、固定、提取与事故有关的痕迹、物品。与事故有关的痕迹、物品往往分散在各个不同部位的角落，有的体积很小，有的肉眼很难看见，因此必须认真、全面、细致地运用一定技术或文字等手段把有关痕迹、物品固定、提取下来。

5. 对伤亡人员进行勘验。勘查时，首先要注意这些伤亡人员的现场位置、形体姿态、与周围物体的关系，然后分别就人员伤亡情况进行人身检验或尸体检验。不管是人身检验或尸体检验,都要由表及里地进行细致勘验,对责任事故造成的伤损部位尤其要详细检查,并作出检验或鉴定报告。

三、调查访问,搜集、发现侦查线索

调查访问的主要目的在于搜集有关的证人证言以及有关群众对案件的看法和意见,以从中发现查清案件和犯罪人的线索。调查访问的对象主要有:事故发生时在现场的人员;事故的目击者;与事故有关的生产作业的管理人员、技术人员和具体操作人员;单位的其他技术人员和工作人员;其他群众。

归纳起来讲,通过调查访问应了解、查清以下问题:

1. 事故发生时的具体情况。
2. 事故发生时在场工作人员的具体情况。
3. 单位的规章制度、技术安全措施的制订、落实情况。
4. 技术设备、设施情况。
5. 造成事故的当事人是谁,其职务、职称、技术水平、文化程度、业务操作能力、劳动纪律、思想品德、生活作风等。
6. 原来是否发生过类似事故以及事故发生的原因、事故的性质、事故发生前后有无疑人疑事。

四、分析确定事故性质

根据现场勘查和访问情况进行对事故性质进行分析。事故发生的原因很多,情况比较复杂,因此对已发生的重大事故不应一概而论,统统归结为重大责任事故,而应根据事故发生的原因结合事故现场本身的情况进行分析。以事故发生的原因来分,事故性质可分为自然性事故和人为性事故两种。所谓自然性事故,是指不依人的意志为转移的自然原因而造成的事故,如雷电、暴风雨造成电路故障而引起的人员伤亡或经济损失。如果无人违章,纯属自然事故,不构成犯罪。

人为性事故是指由于人为的原因所造成的事故。这具体又可分为:技术事故、破坏事故、责任事故。所谓技术事故,是指由于技术手段或者设备条件所限而无法避免的人员伤亡或经济损失。在生产和科学实验中,总会因现有科技水平和设备条件的限制而不可避免地出现事故,造成损失,这不是犯罪问题。但是,如果凭借现有的科技和设备条件,经过主观努力本来可以避免事故的发生,而由于疏忽大意未能避免的,则可能构成重大责任事故罪。破坏性事故是基于故意心理状态而为的一种事故,这是一种故意犯罪,即犯罪人有明确的犯罪动机和目的,且常常是出于报复领导、报复社会,向党和国家示威而破坏生产建设所造成的重大事故。重大责任事故则是由于责任人或行为人不遵守规章制度、玩忽职守而酿成。它与破坏性事故的本质区别就在于行为人心理状态的不同，前者是过失心理，后者则是故意心理。如果是破坏性事故，其性质就发生了变化，不再是重大责任事故案件，重大责任事故案件的犯罪主观方面只能是过失。

破坏性事故的作案手段比较隐蔽，其表象往往同重大责任事故相似，起初其性质不易判断，随着侦查的深入，才能确定其案件性质。

一般通过以下方法判明案件性质：①根据现场情况进行分析。现场本身的特点和痕迹、物品能帮助分析事故性质，如根据爆炸现场本身并无可以引起爆炸的物品，可推断爆炸事故极有可能是破坏性事故；②根据有关当事人陈述的情况进行分析，分析互相之间有无矛盾之处，与现场实际情况有无相悖之处；③根据发生事故单位的领导和群众所提供的情况进行分析，发现有无反常现象；④通过侦查实验，对事故性质进行分析。

五、通过检验、鉴定，获取证据

由于重大责任事故案件的专业性、技术性强，公安机关很难单独承担鉴定工作，因而要聘请相关专家依法鉴定，以保证鉴定结论的客观公正和权威，以揭示被鉴定对象与案件的内在关系。

在重大责任事故案件侦查中，针对不同的检验、鉴定目的和对象，主要有以下几种检验、鉴定：

1. 法医鉴定。法医鉴定主要鉴定死者的死亡原因、死亡时间，找出与事故的关系；伤者的伤情，是重伤、轻伤还是轻微伤；受伤与事故之间的关系如何等。

2. 痕迹、物品鉴定。痕迹、物品鉴定主要是针对现场提取的指纹、脚印、血迹以及设备、设施上的某些可疑痕迹，如撬压痕迹、打击痕迹、钳剪痕迹、断裂痕迹和现场上的某些物品，如烟头、火柴、纸张等一些可疑物品进行鉴定。通过痕迹、物品鉴定，可以帮助侦查人员认定某些事实和案情。

3. 技术鉴定。技术鉴定主要是为了查明事故的发生是否与技术问题有关，技术鉴定主要应鉴定设备、设施的技术状况、生产工艺、生产流程；也可对工人的技术水平，技术操作情况进行鉴定，以判断其是否符合技术标准。

4. 其他鉴定。重大责任事故案件的侦查有时还需作一些其他鉴定，如生产环境鉴定，即对现场所在的生产作业场所的光线、空气、噪音、尘埃密度、有害气体密度等进行检测、鉴定，以确定生产作业环境是否符合安全生产的要求和标准,事故的发生是否与环境因素有关系。

六、讯问犯罪嫌疑人

犯罪嫌疑人供述和辩解是一种重要的证据,有利于印证已有证据、发现其他证据。在侦查之初,为了防止犯罪嫌疑人逃跑、自杀、串供或继续作案,侦查机关可及时采取监控措施,控制犯罪嫌疑人,并及时对其进行讯问,查明案件真相。通过讯问,主要应查清以下问题:

1. 造成事故的原因。包括直接原因和间接原因,思想原因和行为原因等,如其当时的思想状况、心理状态、身体情况、是粗心大意造成事故还是轻信自信造成事故;

2. 事故发生的情况。事故是什么时间发生的;发生当时的情况如何;造成事故是否由于操作失误或操作失灵所致;事故发生时其所处的位置;事故发生前是否有某种预兆,是否采取了必要的预防措施;事故发生后,是否采取了抢救措施和补救措施。

3. 行为人的技术水平。其是否受过专门技术培训和学习;是否具有专业资格上岗证书;参加工作的时间长短,是否有工作经验;以前是否出现过相类似的事故等。

讯问中,应根据对象的不同情况采用一些不同的策略进行讯问,分析犯罪嫌疑人的心理,采取不同的讯问方式,根据具体情况,调整讯问方法。对讯问中会遇到的一些技术性较强的问题,侦查人员应事先请教有关专家或查阅有关资料,准备充足,然后再进行讯问。

第十五章 伪证案件的侦查

第一节 伪证案件的概念和特点

一、伪证案件的概念

伪证案件是指在刑事诉讼中证人、鉴定人、记录人、翻译人对与案件有重要关系的情节，故意作虚假证明、鉴定、记录、翻译，意图陷害他人或隐匿罪证的行为构成犯罪的案件。所谓作虚假的证明、鉴定、记录、翻译，是指证人作了虚假的证明，鉴定人作了不符合事实真相的鉴定，记录人作了不真实的记录，翻译人作了歪曲原意的翻译。隐匿罪证，是指掩盖歪曲事实真相、毁灭证据，将应该提供的证据予以隐匿。与案件有重要关系的情节，主要是指对案件是否构成犯罪、犯罪的性质或者对罪行轻重有重大影响的情节。

二、伪证案件的一般特点

（一）伪证案件的主体是特殊主体

伪证案件的主体只能是刑事诉讼中的证人、鉴定人、记录人和翻译人，均是原案的诉讼参与人。在刑事诉讼过程中，"证人"是指根据司法机关的要求，陈述自己所知道的案件情况的人；"鉴定人"是指司法机关为鉴别案件中某些情节的真伪和事实真相而指派或聘请的，具有专门知识或者特殊技能的人；"记录人"是指为案件的调查取证，询问证人、被害人或审问犯罪嫌疑人、被告人等作记录的人；"翻译人"是指司法机关指派或聘请为案件中的外籍、少数民族或聋哑人等诉讼参与人充当翻译的人员，也包括为案件中的法律文书或者证据材料等有关资料作翻译的人员。

（二）有明显的犯罪嫌疑人

在原刑事诉讼案件中，由于其证人、鉴定人、记录人、翻译人对与案件有重要关系的情节，有故意作虚假证明、鉴定、记录、翻译，意图陷害他人或隐匿罪证并构成犯罪的行为，原案中的有关证人、鉴定人、记录人、翻译人才成为伪证案件中的犯罪嫌疑人。因此，在立案侦查时，其在原刑事案件的诉讼过程中作伪证的事实已经查清，或者已经证实伪证行为人所出具的证言、鉴定、记录或翻译与事实不符，只有在此基础上才能对伪证案件进行立案侦查。如果在原来的事实没有查清的情况下，就很难确定行为人所出具的证明是否为伪证。由于这一条件，对伪证案件的侦查，被侦查的犯罪主体从一开始就比较清楚，有明显犯罪嫌疑人。并且在立案之初，伪证行为人所出具的证言、鉴定、记录或翻译已经形成书面文件，这些文件与原案中的案件事实是伪证案件的重要证据。伪证罪犯罪嫌疑人，主要是在对其他刑事案件的侦查、公诉、审判活动中，由侦查机关、公诉部门、审判机构在审查证据过程中发现的，也有一部分是其他案件的犯罪人在坦白自己的犯罪事实过程中揭发出来的，或者是在其他公民的检举、被陷害人的控告中发现的。

(三) 伪证行为人与原案中的被告人、犯罪嫌疑人，有利益关系

伪证案件中的行为人均是在原刑事诉讼案件中的诉讼参与人，除证人外，其他从事鉴定、记录、翻译工作的人员一般情况下均有较高的专业水平要求，有的甚至是司法机关的工作人员、国家公务人员，并且了解作伪证可能承担的后果，伪证行为人作伪证，在主观上只能是故意。因此，伪证行为人之所以会在明知其伪证行为可能承担的法律后果的情况下，仍然借机故意作虚假证明、鉴定、记录、翻译，意图陷害他人或者隐匿罪证，对司法机关提供不真实的证据材料，试图以此影响司法机关对案件的正确处理来实现其犯罪目的，通常是因为他们同原刑事诉讼案件中的犯罪嫌疑人（被告人）有千丝万缕的联系，他们之间有一定的利益关系。这种利益关系在司法实践中一般表现为以下几种：

1. 亲情关系。伪证行为人与犯罪人之间存在血缘或婚姻的亲属关系，因此，在原刑事犯罪案件中，犯罪行为人的亲属作伪证，试图帮助犯罪人逃避法律制裁。因亲情关系而作伪证的，在伪证案件中占的比例较大，通常是父母与子女间相互作伪证，或者是夫妻间相互作伪证等，通常表现为在刑事诉讼中对与案件有重要关系的情节上作伪证包庇被告人、犯罪嫌疑人。

2. 牵连关系。伪证行为人同原刑事案件中的行为人有利益关系，怕牵连到自己的问题或利益，为掩盖事实真相，作伪证使自己脱身，达到保全自己的目的。如有的贩毒案件中，吸毒人担心如实作证可能会牵出自己的吸毒问题，而否

认毒贩向自己贩卖过毒品。或者有的是夫妻间相互作伪证，等等。伪证行为人作伪证常常出于其自身与原刑事诉讼案件犯罪嫌疑人或被告人有牵连，或担心因其牵连，会影响、危及自身利益。在刑事诉讼中，伪证行为人对与案件有关的重要情节作伪证，借此来保全自身的利益。

3. 报恩。犯罪嫌疑人、被告人过去对自己曾有过某种照顾或恩惠，伪证行为人出于感激报恩，掩盖事实真相作伪证，企图使自己的"恩人"逃避法律制裁。

4. 利益诱惑。原案的犯罪嫌疑人或被告人为逃避法律制裁，以金钱或其他利益诱惑证人、鉴定人、记录人、翻译人借机或利用职务之便为其作伪证，而证人、鉴定人、记录人、翻译人贪图被告人、犯罪嫌疑人允诺的好处或利益而作伪证。

5. 胁迫。伪证行为人由于受到他人的威胁或要挟而作伪证。如以暴力、以伪证行为人的家人生命安全相威胁或以揭发伪证行为人的隐私、违法行为等相威胁迫使行为人作伪证。

6. 报复。伪证行为人平时与被告人、犯罪嫌疑人有私仇宿怨，借机泄私愤而作伪证。这在证人作伪证中较为多见。

（四）犯罪手段隐蔽性较强

一方面，因为伪证案件的犯罪行为人是原刑事案件的诉讼参与人，身份比较特殊，有利用身份之便的条件；另一方面，作证、鉴定、记录、翻译行为与一个人的能力有很大关系，有时，此种行为本身会受到客观因素的影响，而使结果与客观真实性之间产生一定差距，如证人证言会受当时的天气、光线、证人的记忆力等影响，或者案件的检材、样本的数量、质量、检验人的水平、技术等有时会影响到鉴定结论的正确性。因此，一旦案件的证人、鉴定人、翻译人、记录人实施了伪证行为，被办案人员发现后，他们便寻找各种各样的借口进行辩解，如自己记忆不清出现失误或由于原案件发生当时外部条件影响而出现感知错误，或者称自己技术水平、专业知识能力、理解能力有限等。伪证行为人将故意作伪证与正常的失误加以混淆，使得作案手段更隐蔽，常常使得案情复杂化，不仅难以发现，而且侦查取证变得也更加困难。伪证案件中，伪证行为人为达到其实施伪证犯罪的目的，多个伪证行为人之间常常事先串通，使所谓的"证据"一致，事后订立攻守同盟，企图逃避侦查。

（五）犯罪行为是在刑事诉讼过程中产生的

伪证行为是证人、鉴定人、记录人、翻译人在参与刑事诉讼过程中借机或利用职务之便，对与案件有重要关系的情节故意作虚假证明、鉴定、记录、翻译，意图陷害他人或隐匿罪证的行为，因此伪证案件可以说是其他刑事案件的派生案件，它同其他刑事案件相比，是在刑事诉讼中产生的，也就是说，伪证行为的产生，必然是在刑事案件的立案、侦查、起诉、审判的过程中。伪证案件的这一特性，为我们认定伪证犯罪案件以及区分罪与非罪都提供了重要依据。

第二节 伪证案件的侦查方法

一、核查、收集与伪证犯罪相关的刑事案件证据

伪证案件的行为人是与伪证犯罪相关的刑事案件中的诉讼参与人，是在诉讼过程中利用职务之便或借机对与案件有重要关系的情节，故意作虚假证明、鉴定、记录、翻译，意图陷害他人或隐匿罪证的行为的特定主体。因此，必须查清与伪证犯罪相关的刑事案件事实真相，才能揭示有关伪证行为。如果在查证刑事案件中有证据表明有人存在隐匿罪证包庇犯罪行为人或伪造有关事实、情节以陷害他人的情形，为查明伪证的存在，就应当收集、核实证明刑事犯罪真相的有关证据，并形成完整的证据链条，这样伪证行为就自然被揭示。伪证案件在立案侦查前，一般情况下，与之相关的刑事案件中的伪证事实已基本查清，因此，侦查人员主要核查并收集与伪证犯罪相关的刑事案件证据，对证据的真实性、合法性和关联性进行审查判断。

二、对伪证证据本身进行审查、鉴定

在伪证案件中，对于与有关刑事案件相关的虚假的证言、虚假的鉴定、篡改的记录、歪曲的翻译，要重点审查，多数情况下有关部门在发现其是伪证前，都作了重新鉴定或者对有关证据进行了固定、审查。对那些已经作过重新鉴定和审查的结论，侦查人员经过必要的核实后即予以收集。如果有关部门未作过重新鉴定，审查不够严格，程序不够合法，或者虽然作过重新鉴定和审查，但仍有某些疑问，应当重新进行鉴定和审查。重新鉴定时，应将检材及有关样本送交其他机构进行鉴定。争议比较大的，应聘请专业技术水平高、经验丰富的专家进行鉴定会诊。

三、对伪证犯罪嫌疑人的伪证动机进行调查，发现隐藏案后的利害关系

在伪证案件的犯罪构成中，犯罪嫌疑人在主观方面表现为故意，犯罪嫌疑人之所以冒违法风险作伪证，往往在案后隐藏着一定的利害关系，也是其实施伪证犯罪的动机。因此，侦查中应当围绕其与刑事犯罪嫌疑人、案件被告人的关系开展调查，从中发现作伪证的动机。有的刑事案件被告人、犯罪嫌疑人或其家属、关系人在刑事案件的诉讼过程中，想方设法寻找能为被告人、犯罪嫌疑人开脱、减轻罪责的人。他们经常使用威胁、攀亲、拉拢、金钱诱惑或允诺事成之后的某种好处等方式使证人、鉴定人、翻译人、记录人作有利于被告人、犯罪嫌疑人的伪证，这些行为都在一定程度上有所暴露，为有关群众所知晓。有的伪证人本身就与犯罪嫌疑人、被告人有亲缘关系、世交关系。此外，如果伪证犯罪嫌疑人与刑事案件被告人、犯罪嫌疑人之间曾有过某种仇怨，也可能导致其作伪证。一般来说，伪证人与有关刑事案件的犯罪嫌疑人、被告人或其关系人之间存在着亲情、报恩、金钱、胁迫、诱惑、报复等利害关系，只要查清双方之间所存在的某种利害关系，伪证犯罪动机也就不难认定。

四、询（讯）问与伪证案件有关的刑事案件犯罪行为人

在与伪证案件有关的刑事案件中，刑事案件的犯罪嫌疑人有的被伪证所陷害，有的被伪证所包庇，他们对案件事实的陈述，是查明伪证案件的重要证据之一，对他们的询（讯）问，是查证伪证案件所必须的。如果被伪证所陷害的原刑事案件犯罪行为人已经被释放，应将其作为伪证案件的证人之一再次进行询问。通常情况下，被伪证包庇的被告人在侦查伪证案件时已经被司法机关采取了强制措施，或者被依法判决。对被羁押的或正在服刑的被伪证所包庇的人，在侦查伪证案件时，应与有关部门取得联系，对其进行讯问。

无论询问被伪证所陷害的人或者提审被伪证所包庇的人，都应首先让他们如实陈述，陈述自己是否犯罪、犯罪事实、情节等。被伪证所陷害的人，由于自己是被陷害的，询问时要注意让其冷静，如实陈述案件的有关情况。询问被伪证所陷害或讯问被伪证所包庇的人，重点是问清与伪证有关的重要情节和他们与伪证案件犯罪嫌疑人之间的关系，从而收集证明伪证案件的证据，并为查清伪证案件犯罪嫌疑人的犯罪动机提供线索。

五、讯问伪证犯罪嫌疑人

讯问伪证案件的犯罪嫌疑人是为了对掌握的案件事实进行进一步核实审查，并发现新的线索。在伪证案件的侦查中，由于伪证犯罪嫌疑人事先有所准备和防

范，证人是否具有证人资格、能否感知案件真实情况；鉴定人是否确有技术水平、能力、经验作出正确鉴定；翻译人员是否具有翻译水平、能力、经验；记录人是否能够进行正确记录，这些问题应当在和伪证犯罪嫌疑人正面接触之前就充分掌握，防止其在讯问中进行狡辩。

如果有多个犯罪嫌疑人，往往是存在组织、策划人，他们之间有攻守同盟，在讯问时应当先就其和刑事案件行为人的关系，其能力、经验、条件等各方面情况进行讯问。在必要的情况下，采取讯问策略，如适当时机出示证据，利用矛盾、分化瓦解等，突破薄弱环节，获取口供。

第十六章 倒卖文物案件的侦查

第一节 倒卖文物案件的概念和特点

一、倒卖文物案件的概念

倒卖文物案件是妨害文物管理犯罪案件的一种,它是指行为人以牟利为目的,倒卖国家禁止经营的文物,情节严重的行为构成犯罪的案件。

"文物"是指具有历史、科学、艺术价值的人类的历史文化遗物。根据《中华人民共和国文物保护法》第2条的规定,在中华人民共和国境内,下列文物受国家保护:①具有历史、艺术、科学价值的古文化遗址、古墓葬、古建筑、石窟寺和石刻、壁画;②与重大历史事件、革命运动或者著名人物有关的以及具有重要纪念意义、教育意义或者史料价值的近现代重要史迹、实物、代表性建筑;③历史上各时代珍贵的艺术品、工艺美术品;④历史上各时代重要的文献资料以及具有历史、艺术、科学价值的手稿和图书资料等;⑤反映历史上各时代、各民族社会制度、社会生产、社会生活的代表性实物。

本罪侵犯的对象并不包括上述所有文物,而只是"国家禁止经营的文物"。"国家禁止经营的文物"是指未经许可不得经营的一、二、三级珍贵文物以及其他受国家保护的具有重大历史、文化、科学价值的文物。具体包括:中国境内的出土文物、水下文物、田野石刻、受国家法律保护的壁画、雕塑、建筑构件等;法律规定应当移交文物行政部门的文物。包括国家各级执法部门在查处违法犯罪活动中依法没收、追缴的文物;国有文物收藏单位以及其他国家机关、部队和国有企业、事业单位等收藏、保管的文物;非国有馆藏珍贵文物;法律、法规规定的其他不得流通的文物。根据《中华人民共和国文物保护法》的规定,除经批准的文物商店、经营文物拍卖的拍卖企业外，其他单位或者个人不得从事文物的商业经营活动。文物商店应当由省、自治区、直辖市人民政府文物行政部门批准设立，依法进行管理；依法设立的拍卖企业经营文物拍卖的，应当取得省、自治区、直辖市人民政府文物行政部门颁发的文物拍卖许可证。拍卖企业拍卖的文物，在拍卖前应当经省、自治区、直辖市人民政府文物行政部门审核，并报国务院文物行政部门备案。

倒卖是指违反法律规定，非法收购并转手加价出售，从中牟利。倒卖国家禁止经营的文物，包括两层意思：一是指无权从事文物经营活动的单位或者个人，从事文物的收购和销售业务活动，从中牟取暴利的行为。二是经营国家不允许自由买卖包括拍卖的文物，即使是具有文物经营权的单位，也不得经营国家禁止自由买卖的文物。

二、倒卖文物案件的特点

（一）没有明显的受害人和犯罪现场，犯罪线索难以获取

和其他暴力犯罪相比，倒卖文物案件没有明显的受害人和犯罪现场，犯罪行为人倒卖的文物是国家禁止经营的文物，其所有权属国家所有。从表面上看，不像其他犯罪案件那样有具体的受害人，因此，群众对此种犯罪的危害性认识不够深刻，加之犯罪人犯罪手段隐蔽，普通群众对此种案件了解相对少，犯罪线索就相对难以收集。

倒卖文物案件买卖双方均是非法行为的受益人，也明知其行为的非法性，因此犯罪人作案手段狡猾、诡秘。有的犯罪人是利用自己具有合法经营权作掩护，倒卖禁止经营的国家文物；有的文物交易活动，则是在地下黑市进行；有的在"成交"之前，通过中间人或自己物色买方，在谈好价格后约定地点一手交钱一手交货，交接完毕则迅速逃离。因此，除非当场抓获，交易完毕后一般没有明显现场，难以搜集到有价值的线索。

倒卖文物的双方均是受益人，有共同利益，且明知行为违法，一旦被查处，就会受到惩处，他们一般不会主动提供线索。所有这些情况，往往导致倒卖文物犯罪线索难以获取。

（二）犯罪人具有有关文物方面的知识

倒卖文物的犯罪主体，既可以是由自然人构成，也可以由单位构成。由于犯罪人倒卖文物的目的是为了在倒买倒卖过程中牟取暴利，因此，犯罪人为达到其目的，必须具备甚至精通文物鉴赏、价格、销售渠道等知识。这些知识有的是犯

罪人在与其他妨害文物管理犯罪案件的犯罪人接触交流过程中所逐渐积累起来的，有的是从书籍中了解的，有的则是犯罪人在倒卖文物犯罪活动中从其他犯罪人那里逐步"学习"到的。有的犯罪人为了避免在倒卖文物活动中"上当受骗"，甚至勾结具有文物鉴定能力的专业人士，专门为其鉴定把关。为在倒卖文物过程中获取暴利，犯罪人需要关注有关文物交易的行情、熟悉交易渠道、价格、文物等级鉴别、交易地点及其他犯罪人的活动情况，对地下交易市场的情况比较了解。有的犯罪人为逃避侦查，对有关法律法规也有一定研究。

（三）文物一般被多次倒手，侦查及追索困难

由于倒卖文物案件的犯罪人的目的是通过倒买倒卖文物谋取暴利，文物具有不可再生性，尤其是国家珍贵文物，有的价值连城，因此，文物往往被不同的犯罪人多次倒卖。在作案中，犯罪人为逃避侦查，手段诡异，有的通过中间人买卖，有的买卖双方虽然相识，但均互不了解双方真实的姓名、住址等情况，被盗卖的文物如果不能被及时发现，或发现以后文物可能已经被多次转手，甚至被转至国（境）外，则追索难度很大。在文物多次被倒手转卖过程中，犯罪人之间虽然可能不了解对方的真实身份、姓名、住址，但犯罪人的体貌、衣着、口音等特征却有所暴露。因此，在侦查中，要根据犯罪人的各种线索、文物特征、一般的地下文物交易渠道等，及时开展侦查，追回文物，保护国家历史文化遗产，同时作为诉讼证据以惩治犯罪。

（四）与多种犯罪交织在一起

倒卖文物，首先必须要有文物的来源。为了谋取暴利，从源头上控制文物，实施供、销一条龙，有的犯罪人进行有组织犯罪，他们勾结他人有组织地盗掘具有历史、艺术、科学价值的古文化遗址、古墓葬群。有的地方的古墓葬几乎全部被盗掘、损毁，据调查，在非法文物市场出卖的文物中，出土文物占了80%以上，可以说，盗掘古文化遗址、古墓葬的犯罪活动，为非法倒卖文物提供了文物源。倒卖文物犯罪的犯罪人不仅包括自然人，也包括单位，从文物的来源情况看，有的是国有博物馆、图书馆、纪念馆和文化考古事业机构等单位，违反文物保护法规，将国家保护的文物藏品出售或者私自送给非国有单位或者个人，使文物流入非法交易市场；有的是犯罪人通过盗窃博物馆、图书馆、文化考古事业机构等单位而获得文物，进行转手倒卖；有的违反文物保护法规，将收藏的国家禁出口的珍贵文物出售、倒卖给外国人；等等。从上述文物来源情况可以看出，倒卖文物和许多妨害文物管理犯罪互相交融，甚至有的犯罪人实施的犯罪兼有多种

其他刑事犯罪行为，如盗窃、杀人、抢劫、盗掘古文化遗址、古墓葬等行为。

第二节　倒卖文物案件的侦查方法

倒卖文物案件的侦查，通常涉及有关文物方面的专业知识，因此侦查人员要掌握和了解国家文物等级和鉴别的一般方法和常识，熟悉《中华人民共和国文物保护法》及其实施条例、《文物认定管理暂行办法》、《文物藏品定级标准》、《文物出境审核标准》、《文物进出境审核管理办法》、《文物拍卖管理办法》、《涉案文物鉴定评估管理办法》、《近现代一级文物藏品定级标准（试行）》、我国1989加入的《关于禁止和防止非法进出口文化财产和非法转让其所有权的方法的公约》等规定的相关内容，提高自身的侦查能力和业务素质，在侦查倒卖文物案件、打击犯罪的同时，要注意防止在侦查过程中文物被毁损，确保文物的完好。

一、从控制销赃渠道入手，发现倒卖文物犯罪线索

倒卖文物犯罪人要实现其犯罪目的，往往要通过销赃渠道进行文物非法买卖，进行销赃。文物销赃渠道一般有公开的销赃渠道和秘密的销赃渠道，公开的销赃渠道是指经有关部门批准交易的合法市场，如古玩城等，有的犯罪人自己打着合法买卖的幌子，实际干着倒卖国家禁止买卖的文物的活动；有的犯罪人同交易市场经营古玩的商家相互勾结，利用其销售渠道，进行非法倒卖活动；也有相当数量的犯罪人利用地下文物交易市场进行交易，也就是秘密交易市场，这是倒卖文物犯罪人长期以来聚集形成的市场。这种市场不仅是倒卖文物犯罪人交流经验、信息、文物行情、文物买卖等的活动场所，也是倒卖文物犯罪人和其他犯罪人经常聚集的场所。因此，侦查倒卖文物犯罪，发现犯罪线索，要从控制文物交易的销赃渠道入手，在控制文物交易市场时，对那些不易控制的场所、窝点应公开予以取缔，以压缩倒卖文物犯罪活动的范围，同时对抓获的违法犯罪嫌疑人，及时组织审查，发现倒卖文物案件线索，适时开展侦查。对文物非法交易比较集中，且能有效进行控制的场所，可以通过工商检查，发现可疑线索，对发现的倒卖文物犯罪嫌疑人要进行秘密的监视控制，顺线侦查，以发现更多的犯罪线索。对一些关系复杂的地下交易市场、秘密的销赃渠道，可运用秘密侦查手段设法派遣秘密力量或精干的侦查人员打入其内部，或运用诱惑侦查的方式摸清犯罪人、犯罪团伙的基本情况，寻机以公开的方式予以彻底打击，然后根据所获得的线索侦查，进一步侦查打击犯罪。

二、从文物经营单位入手，发现倒卖文物犯罪线索

在倒卖文物的案件中，除自然人外，单位也可成为犯罪主体。一些经营文物的单位利用自己的便利条件，在合法交易的掩盖下进行文物倒卖。有的博物馆开办"古玩"交易所，有的出境开办文物发展公司，其经营范围中有文物购销；有的是无权从事文物经营活动的单位，有的虽有文物经营权却经营国家不允许自由买卖包括拍卖的文物。对单位犯罪主体进行侦查时，应当对其是否有文物经营权进行核实，必要时与国家文物局或省、自治区、直辖市人民政府有关文物行政管理部门及工商行政管理部门取得联系，审查其是否办理登记手续和经营范围，从无证经营或超经营范围经营中，发现倒卖文物犯罪线索。依据我国现行法律、法规的规定，经营文物的单位必须首先经国家文物管理部门或省、自治区、直辖市文物行政管理部门批准，文物外销或文物拍卖均要经过国家文物局批准；经营文物的单位要持批准文件到工商行政管理部门登记，并在登记的经营范围内从事经营活动。在审查经营许可及其范围中，要注意其所经营的物品是否超越其许可经营范围，是否有非法行为存在，必要时，检查其会计资料和库存物品，到开户银行提取银行对账单，追踪资金流向；检查会计资料发现有无小金库，追查小金库资金的来源，为了使侦查工作进展顺利，在对文物经营单位倒卖文物案件侦查中，应当对倒卖相关凭证、票据进行提取，对有关物资依法进行扣押、封存。

三、从其他妨害文物管理犯罪入手获取倒卖文物线索

倒卖文物犯罪通常同其他犯罪交织在一起，犯罪人为最大限度地谋取非法利益，往往将其犯罪链延伸，有的除倒卖文物外，还组织犯罪团伙盗掘古墓葬、古文化遗址或为其销赃，走私文物等。在侦查中，可从查处其他妨害文物管理犯罪入手，发现倒卖文物犯罪线索。从事妨害文物管理的犯罪人之间平时也有往来，有的还比较熟悉，相互间了解对方的一些基本情况。在这些犯罪人被抓获以后，常常能够提供倒卖文物犯罪活动的其他犯罪人的情况，如姓名、绰号、居住地、年龄、身高、口音、倒卖的文物种类、价格及其去向等。根据这些情况，应当及时开展侦查，防止犯罪人远逃和文物流出国（境）外。

四、从情报入手，发现并监控有重大倒卖文物犯罪行为的犯罪嫌疑人

倒卖文物案件没有通常意义的犯罪现场和具体的受害人，案件的侦查往往是根据一些线索开展，因此，要加强情报系统建设，布建秘密力量发现有关文物犯罪的蛛丝马迹，发现并监控有重大倒卖文物的犯罪嫌疑人，对于已经掌握的有重

大倒卖文物犯罪的犯罪嫌疑人，可以使用秘密力量予以贴靠，了解其活动内容、动向和接触的关系人，并在掌握其确有文物准备并进行倒卖时或在倒卖文物过程中将其抓获以及时保护文物，避免损毁。

五、通过搜查，获取证据

对于发现的倒卖文物犯罪嫌疑人，要及时对其人身、住所及可能藏匿赃物的处所进行搜查，其身上或其住址处可能藏有尚未"处理"完的文物、文物碎片，挖掘、修补文物的工具、有关文物鉴赏书籍、有关倒卖文物的记录、倒卖文物所获取的资金等。在搜查中，应当充分注意那些不引人注意的地点，如废弃物、杂物或垃圾、下水道等。还应注意审查犯罪嫌疑人的近亲属，有无帮助其藏赃的可能性，必要时，对其住址也要进行搜查，以发现犯罪的相关线索、证据。

六、通过文物鉴定评估，确定其等级及价值

根据我国《刑法》第 326 条的规定，倒卖文物行为构成犯罪，要求是情节严重的行为。依据《最高人民法院、最高人民检察院关于办理妨害文物管理等刑事案件适用法律若干问题的解释》的规定，具有下列情形之一的，应当认定为情节严重：①倒卖三级文物的；②交易数额在 5 万元以上的；③其他情节严重的情形。由此可见，涉案文物的等级及价值关系到是否构成犯罪及犯罪情节是否严重。因此，在侦查中，对于涉案的等级不明确、价值不确定的被倒卖的文物应当进行鉴定，依据《涉案文物鉴定评估管理办法》的规定，办案机关应将涉案文物委托所在省（自治区、直辖市）行政区域内的文物鉴定评估机构进行鉴定评估。鉴定评估活动完成后，涉案文物鉴定评估机构应当对文物鉴定评估人员作出的鉴定评估意见进行审查，对鉴定评估意见一致的出具鉴定评估报告。鉴定评估报告作为确定涉案文物的等级及价值的依据。

第十七章 招摇撞骗案件的侦查

第一节 招摇撞骗案件的概念和特点

一、招摇撞骗案件的概念

招摇撞骗案件是指为谋取非法利益，假冒国家机关工作人员的身份或职称，进行招摇撞骗，损害国家的威信和正常活动的行为构成犯罪的案件。本罪侵害的客体是国家机关的良好形象，冒充人民警察招摇撞骗的，从重处罚。

二、招摇撞骗案件的特点

（一）犯罪手段多样，犯罪结果具有多样性

在招摇撞骗案件中，犯罪人故意冒充国家机关工作人员的身份到处炫耀、吹嘘，吸引他人注意力，并围绕着自己冒充的身份、职称，进行包装，使他人信以为真，诱使他人上当受骗，从而谋取非法利益。这里所说的非法利益，即可能是物质利益，也可以是非物质利益，如骗取某种政治待遇、荣誉待遇、技术职称、知识产权等，甚至骗取"爱情"、玩弄异性的机会等。这种犯罪行为所造成的结果是多方面的，不仅可能造成物质损失，如实物、款项、有价票据、有价证券等的损失，也有可能影响或者破坏国家机关的信誉和正常活动，还可以骗取地位、荣誉、爱情或其他非物质性非法利益。犯罪人冒充的身份往往是其比较熟悉或接触过的行业人员的身份，对其工作性质、工作程序等比较了解。

（二）犯罪人与被害人有一定时间的接触、交往过程

在招摇撞骗案件中，犯罪人为了达到自己的目的，获取非法利益，首先必然要包装自己，物色可能上当的对象，然后冒充国家机关工作人员的身份或职称与被害人或事主进行接触、交往，设计诱骗圈套，获得被害人或事主的信任，从对

方获得非法利益。有的招摇撞骗案件，仅凭双方的一两次接触不能奏效，犯罪人便可能采用向被害人施以小恩小惠的物质利诱，造成很有派头的假象，通过打电话、发 E-mail、发微信、一起娱乐游玩、借钱给对方、帮助对方解决困难等方式进行感情拉拢，反复多次联系交往，最终取得信任，骗取非法利益。并且为了消除被害人或事主的疑虑，这种接触往往较为公开，在正式场合进行，有的犯罪人为取得被害人信任，和他的团伙成员在公开场合分扮不同角色，还有的利用被蒙骗而不知情的人，充当说客，加速取得被害人的信任。在这些接触过程中，犯罪人的体貌特征、衣着打扮、生活习惯、口音、语调等个人特征有充分暴露，有时还可能被监控视频记录到。有的犯罪人在与被害人的多次交往中可能从其言谈中暴露出某些真实的经历、社会交往关系、联络方式、往来地址以及某些能够反映犯罪人真实情况的相关事件等多方面的情况。被害人在发现上当受骗后，往往能够准确描述犯罪人的特征，详细陈述被骗事实、经过、交往中去过的地方及损失财物的特征及去向。这是开展侦查工作的有利条件，在侦查中首先要详细询问被害人，以分析和判断案情。

（三）一般留有书证、物证

招摇撞骗案件的犯罪人为了骗取被害人的信任，打消疑虑，往往还要出示与其冒充的身份、职务相关联匹配的有形物等，如伪造或从其他渠道获取的证件、信函、合同、票证、图章、名片或者留下犯罪人亲手书写的字条、往来资金票据，或者给被害人赠送过的馈赠礼物等，这些东西多留在被害人手中。这些物品在案件侦查中具有十分重要的作用，通过查证这些物品，不仅可以为侦查工作提供线索，判断案情，而且也是揭露犯罪、证实犯罪的重要诉讼证据。

（四）一般会多次作案，犯罪行为具有重复性

招摇撞骗犯罪人在招摇撞骗案件中，犯罪手段多种多样，但都具有"骗"的特征，即编造谎言、隐瞒真相骗取他人的信任，使被害人产生错觉，从而"自愿"交出财物或出让其合法权益。并且，犯罪人一般都是在多处多次连续作案。有的犯罪人以招摇撞骗为谋生手段，一旦犯罪人用某种手段获取成功，其侥幸心理增强，会多次使用，多次作案。

犯罪人选择冒充何种国家机关工作人员身份、职务、职称进行诈骗活动，用何种手段和方法，往往要考虑文化程度、社会经历、知识范围等自身条件和被害人的需求以及不同的行业与冒充的国家机关工作人员特点（如身份、职务）等多方面的因素。也就是说，犯罪人犯罪手段、方法的选择受其个人情况的制约，

因此，犯罪人的犯罪手段具有特定性和习惯性，其犯罪行为具有重复性。

从招摇撞骗犯罪行为过程来看，犯罪人要使招摇撞骗得逞，一般都是要多处多次进行，重复其犯罪行为。犯罪人为谋取非法利益，对某一特定对象进行欺骗，一般要在多处多次进行。因为犯罪人招摇撞骗过程中与被害人的短暂接触往往难以取得信任。为此，犯罪人需要在不同地点，以冒充的国家机关工作人员身份做出与公务职权相适应的行为取信于被害人，为达到最后谋取非法利益进行铺垫。另外一方面，犯罪人为更多地谋取非法利益，往往对不同地点的多个对象进行欺骗。在犯罪人实施招摇撞骗得逞以后，往往不满足于既得的非法利益，可能故伎重演，再次使用冒充国家机关工作人员的身份所使用的证明材料，对其他被害人实施招摇撞骗，谋取更多的非法利益，连续作案，形成系列案件。

第二节　招摇撞骗案件的侦查方法

一、详细询问被害人、知情人和被冒充身份的国家机关工作人员

招摇撞骗案件的犯罪人是通过隐瞒事实真相，假冒国家工作人员身份和被害人"交往"，获取非法利益的，因此，招摇撞骗犯罪是持续、动态的犯罪，一般没有明显的案件现场可供勘查。由于犯罪行为人一旦达到其非法目的，就会终止与被害人的联系，所以，少数情况下报案之初有明确具体的犯罪嫌疑对象，而多数情况下报案之初没有具体的嫌疑对象。加之由于报案人对国家机关工作人员具体职务活动的规范和要求以及有关法律、法规等不甚了解，可能在认识上产生错误。因此，受理报案后，要从详细询问被害人入手，向知情人、被冒充身份的国家机关工作人员了解情况，发现案件线索，进而查明行骗事实和经过，确定事件性质，以便在此基础上采用各种措施查缉犯罪人。

由于被害人与犯罪行为人有较长时间的正面接触，对于犯罪人和犯罪活动过程情况最为清楚。因此，在侦查中，要首先询问案件被害人，询问的内容主要包括：犯罪人的外貌特征；被害人与犯罪人是怎么认识的，是否有中间人介绍，接触交往的时间、地点和过程情况；犯罪人在交往中所谈及的有关人、事、物与地点情况；是否赠送礼物、什么种类的礼物；犯罪人以何种手段（包括所使用的证件、所称的身份等）获取信任，对于使用证件等证明身份的，则应问明证件的真实程度；犯罪人在冒充国家机关工作人员并冒用职权时，形成了哪些书面材料；

造成了何种后果及后果的严重程度如何，如有财物的损失，则应问明财物的种类、特征、数量、价值大小、支付方式及其去向等情况。

招摇撞骗案件中的知情人，有的是被害人的家属、朋友、同事、周围群众，有的是不知情受犯罪人蒙骗而给其一定帮助的人，他们虽然对招摇撞骗犯罪的全部情况不完全了解，但其提供的情况对于案件的侦查工作却有重要作用：一方面可以对被害人提供的线索情况进行补充和印证，另一方面也可以提供直接反映有关犯罪和犯罪人情况。因此，在调查中对知情人应当予以重视，根据其了解案件真相的程度，询问的内容主要是：什么时间知道被害人与犯罪人开始交往的，被害人与犯罪人事前有无接触交往及在犯罪人招摇撞骗过程中的谈话内容，对其交往的过程了解多少；知情人与犯罪人在何种情况下接触和相识；犯罪人的体貌等个人特征；犯罪人招摇撞骗所冒充的国家机关工作人员身份、冒用何种职权及达到何种目的等。

访问被冒充身份的国家机关工作人员，主要询问其是否与被害人相识，哪些人可能冒充其身份，其所在机关的工作程序、工作性质等。

二、从犯罪人出示、遗留的证件、物品和使用过的其他物品入手

犯罪人为取得被害人的信任，一般在交往过程中，会向被害人或其他知情人出示证明其身份的证件、介绍信、通行证、空白单据、支票、名片，侦查机关可以从这些物品的来源、制作方法入手，发现线索。有些犯罪人为骗取被害人或其他人员的信任，常常向他们赠送一定的礼品，有的犯罪人在与被害人的接触交往中会无意把自己的物品遗留在被害人处，有的犯罪人则在作案过程中，可能给被害人发过邮件、微信、给过收据等，这些物品在案件侦查中可以加以利用。通过查证，往往能够发现线索和犯罪嫌疑人。

有的犯罪人在招摇撞骗时，为显示其身份地位，可能使用与被冒充的国家机关工作人员身份相称的交通工具，以及与被害人进行电话联系。侦查中，可以根据犯罪人所使用的交通工具的种类、牌号，查找犯罪人，如果是租借的，查找租借背后隐藏的真实信息，也可以取得邮电部门的配合，根据犯罪人与被害人进行联系时所使用的电话号码，调取其在犯罪期间的通话单据等进行查证，以发现线索和犯罪嫌疑人。

三、从控制赃款赃物入手

在招摇撞骗案件中，犯罪结果有物质性利益和非物质性利益。在犯罪人以获取物质性利益为目的的招摇撞骗案件中，赃款赃物是证明犯罪嫌疑人犯罪的重要

证据。案件发生后，及时地控制、追查赃物，是收集证据、揭露犯罪，避免或减少公私财产损失的一项有效措施。侦查中，根据被骗财物的种类、数量和特征，分析犯罪人可能采取的处理方式，组织力量，发动群众，请求有关部门协助，对犯罪人可能的处理场所、渠道进行严密控制，从中发现赃款赃物，以物找人，发现犯罪人。对于犯罪骗取的是款项的，可以根据款项的转账方式，查清钱款的去向和收款人的情况。

四、从犯罪人的人身形象、作案手法入手

由于被害人、知情人与犯罪人接触较多，能够比较准确地提供犯罪人的有关特征情况，可据此对犯罪人进行模拟画像或通过视频监控，沿犯罪人可能逃跑的方向以及途经的交通站点，进行寻查；以及组织能识别犯罪人的被害人、知情人前往犯罪人可能露面的地区和场所，秘密寻找辨认。

由于犯罪人作案具有多次作案、犯罪手段重复的特点，也可向有关地区公安机关发布协查通报，通报有关案情、犯罪人的体貌特征、作案手段等，以发现流窜其他地区作案的犯罪人；在侦查中，也可充分利用公安内部网络信息平台，发现收集犯罪人的犯罪、逃窜情况。

五、从查账入手

在单位、个体工商户被骗的案件中，一般都有账目可查。可通过查阅受害人的现金流水账、物资保管账、银行往来账以及其他相关账目，查明被骗款物的来龙去脉，追踪资金的流向。查账的内容是围绕被骗款物的收支时间、数额、支付方式、去向等进行核对，并与被害人、知情人提供的情况相对照，侦查中，对与被骗款物有关的原始凭证、记账凭证、提货单、支票、汇票等会计资料，应及时进行提取。

六、从犯罪人的行骗过程中所谈及的有关事项入手

犯罪人在与被害人进行接触过程中，往往会谈及自己比较熟悉的有关人、事、物，这在一定程度上反映了犯罪人与这些特定的人、事、物之间的联系。侦查中，根据犯罪人谈及的这些事项开展调查，常常可以发现侦查线索或犯罪嫌疑人。

七、通过技术检验鉴定，固定犯罪证据

在招摇撞骗案件中，犯罪人不仅仅口头虚构事实，而且还可能使用伪造的证件、印章以冒充国家机关工作人员。此外，有的犯罪人在行骗过程中还可能在有关单据、凭证上签字，留下字条、信件、指印等。在侦查中，对证明招摇撞骗的

重要书证、物证、痕迹等应及时进行鉴定，进行人身同一认定，揭示它们与犯罪人的联系，以固定证据。

八、讯问犯罪嫌疑人，全面查明案件情况

在侦查中抓获犯罪嫌疑人后，要对其进行讯问，进一步查清案件情况、追查同案犯罪嫌疑人、追缴赃款赃物以及核实已经掌握的材料和证据。由于招摇撞骗犯罪行为人一般多次作案，反侦查能力较强，因此应当在掌握一定的证据材料并做好充分准备的条件下进行讯问，防止其否认、抵赖。讯问时应结合招摇撞骗案件的具体情况和犯罪嫌疑人的特点，确定讯问的重点和策略，除查明犯罪时间、地点、手段、骗取的利益等以外，还应当追讯犯罪嫌疑人的真实姓名和身份、招摇撞骗的动机、预谋过程、犯罪过程、行骗方法、赃物的去向和同案犯罪嫌疑人的下落。在讯问的方法和策略上，应根据犯罪嫌疑人的具体情况，采取相应讯问策略。

此外，招摇撞骗案件的犯罪嫌疑人，往往重复进行多次犯罪，在他们身上常有一些未被揭露的犯罪事实，因此，对于拘留、逮捕的犯罪嫌疑人，要根据其流窜活动的范围、社会交往关系、经济收支情况、账务往来情况以及作案的手段方法，加强讯问，并与相关地区公安机关联系，发现积案线索，并案侦查。

第十八章 毒品犯罪案件的侦查

第一节 毒品犯罪的概念和特点

一、毒品犯罪的概念

根据我国相关法律、法规规定，毒品是指鸦片、海洛因、甲基苯丙胺（冰毒）、吗啡、大麻、可卡因以及国家规定管制的能够使人形成瘾癖的麻醉药品和精神药品。毒品不同于药品，也不同于毒物，它具有四个基本特征，即依赖性、耐受性、非法性和危害性。毒品的泛滥不仅对吸毒者本人，而且对家庭、对社会都会产生极大的危害。

毒品犯罪案件是指违反国家禁毒法规，种植、贩卖、运输、制造毒品以及从事其他与毒品有关的应受刑罚处罚的行为构成的案件。

根据犯罪行为类型、特点，毒品案件可分为包括走私、贩卖、运输、制造毒品，非法持有毒品，包庇毒品犯罪人，窝藏、转移、隐瞒毒品、毒赃，走私制毒物品，非法买卖制毒物品，非法种植毒品原植物，非法买卖、运输、携带、持有毒品原植物种子、幼苗，引诱、教唆、欺骗他人吸食、注射毒品，强迫他人吸食、注射毒品，容留他人吸食、注射毒品，非法提供毒品等。其中，贩卖毒品是我国当前毒品犯罪中极为突出的犯罪行为。

目前，在我国毒品犯罪表现为：从查获的数量看，贩毒数量增长异常迅猛；从毒品种类看，毒品的种类增多；从查获的吸毒人群看，吸毒人群呈低龄化趋势，女性比例上升；毒品分布由边境地区向内地急剧延伸和渗透，大中城市逐渐成为毒品的主要消费地并不断延伸扩展，地区分布呈现出西高东低的鲜明特征。

二、毒品案件的特点

（一）犯罪手段隐蔽、狡诈多样

毒品犯罪是一种高利润的犯罪，非法暴利的诱惑是毒品犯罪发展的经济原因。同时，毒品犯罪具有十分严重的社会危害性，为各国政府严厉打击，法律对其判处重刑直至极刑。因而，犯罪人为了逃避打击，在实施犯罪的过程中，采用的犯罪手段多种多样，愈来愈隐蔽。主要表现为：

1. 藏匿毒品的手法不断推新。贩毒人为了逃避公安机关的缉查，从传统的"人体藏毒""混杂藏毒""车辆藏毒"发展到利用化工、物理、医学、电子等高科技原理的手法藏毒、运毒，利用网络、快递物流藏毒、运毒。混杂藏毒就是将毒品混杂于其他物品之中的藏毒方式。人体藏毒，包括体外带毒和体内藏毒。体外带毒，即贩毒人将毒品绑在腹部、胸部、腋窝、脚部、假肢等部位的藏毒方式，或是藏在衣物夹层、乳罩内等的藏毒方式；体内藏毒，是贩毒分子将毒品用橡胶包裹后植入、吞入体内，过关后再通过手术或排泄方式取出毒品的藏毒方式；车辆藏毒，即贩毒分子将毒品精心处理藏入车体某些部分，如备用胎、箱夹层、底盘架等，而车辆又用于装载其他正常流通货物予以掩蔽。利用化工、物理、医学、电子等高科技原理的手法藏毒、运毒，主要表现在将毒品溶解在可以公开携带或运输的饮料、食品之中，甚至渗透于碗碟、塑料等手工或工业制品中，到达目的地后再将毒品分离、提炼还原。目前，出现新的毒品形式，包括以卡通人物形象、贴纸、彩虹豆、饮料等儿童食品、玩具出现，具有极强的隐蔽性。目前也有通过伪装快递件运送藏毒。

2. 在运送毒品方式上，从以前的人背马驮走山路，现在已发展到用车辆、火车、船，甚至飞机、伪装后邮寄、利用快递物流等。有的高价雇用他人少量多人次运送，而且在同一线路上经常交换使用，使其难以被发现查获。在运送方式上往往采用"人毒分离"方式，其表现为三种：同车分离、同车异人分离和雇人运输。同车分离，即贩毒者携毒乘车时将装有毒品的包裹放在远离其座位的位置，人"货"分开，便于否认毒品与自己的联系；同车异人分离，即多人护运毒品时各自的座位分离开，彼此照应和监护；雇人运输，贩毒分子以各种借口高价收买与案件无关的不知情人员运送毒品至指定地点，而贩毒分子则单独前往接"货"。在毒品犯罪人之间的联系、交易方式上，大多单线联系或定时定点联络。

在长途贩运毒品途中，有的采用跳跃式运输，即不断改变运输路线、运输工具；有的采取分段式运输，即将毒品从甲地运到乙地后要探听风声，在认为有把握后再启运到丙地，如此反复，步步为营，确保"安全"。

随着网络、物流的发达，很多的犯罪人将毒品伪装成其他商品，利用网络和快递物流传送毒品，手法更加隐蔽。

3. 在贩毒方式上，毒品犯罪人在贩卖这个环节更加小心谨慎，以防功亏一篑。一般采取三种方式：一是直接寻找买主，但通常是甲地藏毒、乙地寻找买主、丙地实施毒品交易。二是间接寻找买主，即委托"中间人"出面活动，自己则在暗中窥视、遥控。使用这种方式的毒贩大多精于此道或有贩毒前科，深知抛头露面的危险性，所以才委托他人出面，一旦觉察危险便逃之夭夭。三是通过网络寻找买主。犯罪嫌疑人利用网络的便捷性，用虚拟身份，通过一些社交软件，发展犯罪团伙。

4. 毒品犯罪信息化。随着信息网络和现代物流业的飞速发展，毒品犯罪手段也逐渐多样化：通过互联网，毒品犯罪分子可以在一些非法网站、社交群上面学习制毒技术，然后通过网络购买制毒原材料，在自己家里或者比较隐蔽的私人场所生产制造毒品；也可以在网上寻找买家，进行毒品交易，联络实施毒品犯罪；还有些吸毒人员通过QQ、微信等聚集交流吸毒感受，甚至约定时间地点集体吸毒，引诱发展新成员。互联网毒品犯罪几近形成一个吸毒、贩毒、制毒的完整产业链条。

（二）集团犯罪突出

在我国，重特大毒品犯罪案件多团伙犯罪、集团犯罪，这些犯罪团伙、集团甚至与国（境）外黑社会组织或毒品犯罪集团勾结犯罪。在长期的从事贩毒活动中，逐步形成了相互勾结的毒品犯罪集团，其内部有严密的组织纪律、章程和管理指挥体系，职业化程度较高，犯罪成员间单线联系，既相互勾结配合，又相互监视督促。犯罪集团根据其成员的能力、经验、公开身份、客观上的方便条件等因素进行严密的分工，专人负责种植、生产加工、进货、验货、贮货、押运、交易、收账等环节的犯罪活动。犯罪集团的规模大小不等，不少犯罪集团以少数几名惯犯为核心，指挥整个犯罪集团的活动，而且攻守有序。

（三）获取证据的难度较大

毒品犯罪案件侦查中，获取证据的难度较大。主要原因如下：

1. 毒品多次流转，犯罪路线复杂。毒品犯罪一般犯罪路线较长，尤其在假道我国过境的贩毒案件中，由于毒源在外，因而贩毒路线相应较长，需在境内同伙的参与下，多次辗转、倒手，经港、澳销往欧美。由于贩毒犯罪的环节多，犯罪人之间大多单线联系，一般不轻易暴露自己的真实姓名、身份、住址，也不打听对方的情况。有的贩毒者利用"马仔"和一些贪财图利不明真相的公民携带毒品，有关人员仅知道其中点滴情况；有的贩毒集团若某个环节被暴露，便采取"丢卒保帅"的方法，中断线索。此外，贩毒犯罪人的活动范围广，流动速度快，可以迅速从甲地逃至乙地，甚至国外。即使被查获，他们也自知罪孽深重，拒不供述毒品来源、去向、涉及的同伙的真实姓名、住址及其相关的社会关系。有的即便交待一些情况，由于其同伙在逃或不能掌握真实的姓名、身份、住址等原因，侦查取证也十分困难。

2. 毒品案件一般没有可供勘查的现场。毒品犯罪没有明确具体的犯罪结果，毒品犯罪一般不会直接造成对人身、环境、场所的直接破坏，客观上不会遗留像杀人、盗窃、抢劫或其他人身伤害或侵犯财产犯罪的现场。这并不是说毒品犯罪没有现场，而是说毒品犯罪现场很难被发现；即使发现毒品犯罪现场，也很少留有足以指证犯罪的物品、证据或者可以提供侦查方向的线索、痕迹物证。所以绝大多数毒品案件都没有严格意义上的犯罪现场、犯罪后果、犯罪遗留物可供勘查分析，多数是以"从人到事"开展侦查，主要依靠情报线索发现案件和侦破案件，相比其他留有明显犯罪现场的案件，侦查难度大，不易获取证据。

3. 毒品犯罪案件中，一般无特定的被害人和报案人。通常毒品案件的侦查并非始于现场，一般没有被害人或事主的报案，毒品案件的直接被害人——吸毒者，他们不同于其他刑事案件的被害人，不仅没有向侦查机关报告的动机的愿望，反而会千方百计地隐瞒自己"受害"的经过和事实。而且毒品交易是买卖双方在极其秘密状态下进行的，双方都是贩毒活动的受益者，又都触犯了法律，谁都不想暴露自己的活动。因此，虽然有些毒品案件已成既遂，如果公安机关没有线索，也无法觉察。贩毒案件除少数零星贩毒活动是局限于一定的社区范围内之外，绝大多数都是在跨区域的流动状态下进行的。这种情况的存在，使毒品案件的侦查在方法上有别于其他犯罪案件，难度也相应增大。并且，除当场查获贩毒犯罪人外，很难获取毒品实物证据，尤其是精制毒品数量相对较少，容易销毁，便于隐藏和混杂于类似物品中，查寻和鉴别也有一定困难。

4. 利用网络进行毒品犯罪增多。犯罪分子身份虚拟，用黑话交流，所涉犯罪地域广，团伙成员分散，且线下也可能不熟悉，犯罪更隐蔽，加之利用快递物流伪装传输毒品，取证困难。

(四) 毒品犯罪案件大多与其他刑事案件交织在一起

1. 毒品犯罪诱发其他刑事犯罪。毒品犯罪需要耗费大量钱财，普通的工资收入根本不能满足吸毒的需要。许多人为满足其吸毒需求，又贩卖毒品，从事贩毒活动。近年来的研究证实，许多毒品能直接改变人脑中部分化学物质的结构，破坏、扰乱人体正常的高级神经活动，有的甚至毒害、损伤了神经组织，导致精神心理异常、智力衰退、性情乖张、冷漠孤独、人格扭曲甚至心理变态，惟有对毒品的依赖却越来越严重。正是这些原因，犯罪人实施毒品犯罪行为往往伴有多种犯罪行为，有的吸毒者在耗尽个人和家庭钱财后就会铤而走险，走上违法犯罪的道路。主要有：走私、诈骗、盗窃、抢劫、强奸、杀人、引诱容留或强迫妇女卖淫、贩运贩卖枪支、洗钱等犯罪。

2. 诱发职务犯罪。贩毒集团为攫取更大利润，降低法律风险，会用大量金钱贿赂、腐蚀政府官员，特别是高级官员，使之成为毒品犯罪活动的保护伞，这使得毒品犯罪活动日益猖獗。

3. 制造混乱，制造恐怖犯罪。在有些国家和地区，毒品犯罪集团或是直接参与政治活动，影响政府决策，或是重金支持反政府组织，发动政变，制造恐怖活动，由此造成一系列的政治问题。

第二节 毒品案件的侦查途径和取证措施

一、毒品案件侦查的主要途径

(一) 加强毒品犯罪情报工作，获取缉毒情报

情报工作对于缉毒活动极为重要。各国为了提高缉毒成效，无不重视毒品的情报工作，并设置相应的情报机构，收集、评价、核对、分析和报告所有关于毒品犯罪的信息。可以说，缉毒情报工作就是有目的地筹划从各种公开或隐秘的来源收集尽可能系统和全面的缉毒情报资料，从而拼出一幅图画。通过对画面含意的解释，获得问题的有效解决办法，从而拟定行动计划，开展缉毒活动。

缉毒情报工作的目的在于：建立有关毒品犯罪的中心情报库，为打击毒品犯罪提供对策和依据；收集可以用来打击国内和国外贩毒组织的高质量、可靠和准确的情报资料，进行国内以及国际贩毒机构的情报交流，为具体的侦查活动提供依据；评价某一地区毒品犯罪的规模、特点、手段和规律。缉毒情报的主要内容

包括：毒品供应的来源，运送毒品的路线，运送毒品的犯罪组织及其成员，存放毒品的地点，交易的集散地、生产地；进行零售交易的组织及其销售手段，贩毒者经常使用的通讯、运输和生产的手段；评价打击毒品犯罪的政策和措施成效的相关情报资料。从缉毒情报工作的目的和内容来看，缉毒情报工作是通过建立系统的缉毒情报网络反映一定地域的从宏观到微观的毒品犯罪状况，为缉毒活动服务。

我国的毒品犯罪主要是过境贩毒和因此带来的消费问题，这一特点决定了毒品犯罪涉及面广。毒品案件侦查的成败在很大程度上取决于毒品犯罪的情报获取，因此，我国应重视情报工作，广泛开辟毒品犯罪线索来源，将毒品堵在境外，截在境内，防止蔓延。与毒品犯罪斗争的情报网应根据具体情况布建，凡毒品犯罪所涉及的地区、犯罪人活动和隐藏的区域都是情报网的建设范围。毒品犯罪情报网的建设要求网络化、系统化，即应当多层次、多渠道、点线面交接而联成一体，形成疏密相宜的情报网络体系。

（二）开展内线侦查

毒品犯罪往往以集团犯罪形式出现，大宗的毒品犯罪案件都与隐蔽很深的毒品犯罪集团有关。因此，在侦查中要善于运用内线侦查的策略。缉毒工作中的内线侦查，是指缉毒机构派遣侦查人员以某种身份为掩护，深入犯罪组织内部，摸清犯罪事实，获得或输送犯罪情报，掌握犯罪证据，摧毁犯罪组织的一项秘密侦查策略。

缉毒部门通过内线侦查人员收集犯罪证据，查清犯罪组织活动，应在法律规定的范围内进行。任何侦查人员未经组织批准不得自行开展内线侦查活动。这样做可以保障行动的协调配合，避免发生不必要的人身危险。在周密的准备工作已经完成而且充分了解了其需要扮演的角色之后，内线侦查人员应熟悉作为行动目标的嫌疑人。内线人员通过一定方法进入贩毒组织后，在不引起猜疑的情况下迅速获得嫌疑人信任，之后才可以采取相关的行动。

采取内线侦查的策略，内线侦查人员的任何行动必须得到后备小组的支持。后者的主要职责是保护内线侦查人员，协助行动。在交易逮捕的行动中，后备小组负责逮捕。在其他行动中，后备小组负责保护内线侦查人员的安全。因此，后备小组的成员和内线侦查人员有密切的工作关系。他们不仅必须有一个对预期出现情况的行动计划，而且要有为应付其他意外情况的防变措施。内线侦查人员在任何时候都要做到行动从容，拖延时间，以便监视人员能保证对行动的控制，不要贸然改变行动计划,只有在后备小组能继续跟踪的情况下,才能改变地点。内线侦查人员应在每次行动前,确定与后备小组和指挥部的联络方法。

(三) 从吸毒人员入手,查缉制毒、贩毒犯罪人

吸毒人员同贩毒人员一般都有接触和稳定的联系,并对自己周围的其他吸毒、贩毒人员的情况有所了解。尤其是由于吸毒、贩毒双方的相互依赖性,他们都共同关心毒品的市场行情、毒品的交换方式、质量、价格、毒品来源等购销问题。同时,吸毒者为了获得更便宜、方便的毒品,彼此之间大多要交流毒品信息。贩毒者尤其是外地贩毒者,为了吸引更多的毒品消费,开辟毒品消费市场,也往往会利用吸毒者寻找、介绍买主。相当一部分吸毒者为了维持其吸毒所需的资金,也参与贩毒,而贩毒者一般也要通过吸食来鉴别毒品真伪、品种、质量优劣等,一般也会是吸毒者,因而吸毒者多掌握与之接触的贩毒者的体貌特征、语言习惯、贩毒手法、经常活动的范围等情况。吸毒、贩毒者之间的这种相互依存、紧密联系的特点是侦查人员从吸毒人员入手查缉制毒、贩毒者的基础和依据。所以,侦查人员必须设法发现吸毒人员,以便通过进一步开展工作发现毒品案件线索。

(四) 跟踪监控

毒品犯罪是对涉毒犯罪的总称,它包括从毒品制造经流通到消费的各个环节。因此,缉查毒品犯罪不仅要打击制造、流通、消费毒品的行为,更重要的是要摧毁毒品生产、交易的整个关系网。毒品犯罪最容易暴露的是流通环节的犯罪,即在运输毒品过程中被察觉。但侦查机关对此却面临着难题,因为如果在毒品的流通环节当场拘捕嫌疑人,也只能抓获毒品犯罪最底层的运输人员和携带人员,而无法查获他们背后的秘密贩毒组织和幕后策划者,侦查的效果就会大打折扣。因此,缉查毒品犯罪必须把握有利的战机,在必要的情况下,即使发现了毒品,也不能急于抓捕犯罪嫌疑人,而应当采用"放长线、钓大鱼"的侦查策略,积极深挖犯罪的"上线"与"下家",争取一举捣毁从毒品生产到交易、消费的整个犯罪网络。而跟踪监控就是实现这一侦查策略的最有效的侦查手段。所谓跟踪监控,是指侦查机关虽然知道某种物品是违禁品,但不当场没收,而是在侦查机关的监视下允许并追踪其流通,以确定参与其非法交易的人员。

(五) 控制下交付

1998年《联合国禁止非法贩运麻醉药品和精神药物公约》中明确提出了"控制下交付"这一方法,鼓励各国警方在毒品案件侦查中互相配合,以便实现

跨国境的控制下交付。国家间控制下的交付，是指当某一国的缉毒机关在获悉毒品运输的线索或是在查获毒品后，经过与毒品目的地国和途经地国缉毒机关联系，请求他们给予协作、配合和支持，对跨国越境贩毒活动实施的侦查措施。国家之间的控制下交付大大方便了警方查明跨国贩毒集团的组织内幕和犯罪事实。在一个主权国家内，控制下的交付，是指警方在明知毒品的情况下，仍然让毒品继续进入运转渠道正常运行，同时秘密监控运转的全过程和具体交付地点，以便在毒品进行交付之时将所有涉案人员和涉案毒品一网打尽。"控制下交付"在国际、国内缉毒斗争中被广泛采用，尤其是在贩毒案件侦破中。"控制下交付"已成为各国警方最为重要的侦破方法之一，具有灵魂和统帅的作用。该方法的顺利实现，成为侦破贩毒案件的关键环节。

贩毒案件中集团贩毒最为突出，往往是在少数贩毒惯犯的组织下，从进货、验货、送货、贮运到接交等组成了极为严密的贩毒体系，经过周密的预谋准备，以狡诈多变的贩毒手法，跨地、跨省、跨境长途贩运，因此，警方为了实现控制下交付，对控制下交付实施的全过程和所有细节都应周密设计，充分估计到可能会出现的各种情况，制定周密的行动方案，使事件发展牢牢掌握在警方控制之中。控制下交付必须充分做好侦查指挥工作，在保证毒品正常运转的情况下，对毒品的控制进行周密设计，合理安排。

在毒品侦查中，是否实施控制下交付，应当考虑以下两方面的因素进行决定：①有无实施控制下交付的必要。这主要应从毒品种类与数量来确定。毒品的种类和数量的大小是判断毒品犯罪严重性的基本依据。如果属精制毒品，且数量较大，就应实施控制下交付。当然，如果有情报表明案件涉及境外贩毒集团，为了捕获境外毒品犯罪人，一般也应当实施控制下交付。而在实施国际控制下交付之前，必须研究毒品输出国、目的地国和途经地国家在刑事立法上的有关规定。②有无实施控制下交付的可能。如是否有足够的时间与途经地、毒品交付地的警方联系，取得配合；毒品交易双方是否察觉毒品已被警方查获过；是否能够控制毒品的动向，确保其在运行过程中不出现意外；是否能够有效控制"逆用"的运输人员等。在实施国际控制下交付时还要考虑到国与国之间的外交关系、涉案国家的警方有无经常性的联系及过去合作的情况如何等因素。在掌握毒品运输的线索或发现毒品后，如果认为有实施控制下交付的必要和可能，就应迅速与有关地区的警方沟通情报，共同拟定实施控制下交付活动的方案。方案应体现将此次贩毒人员一网打尽的指导思想，对有关地区的警方应承担的主要任务、基本要求和合作方式应加以明确。必须合理安排具体的时间、地点，并考虑可能发生的意外情况，设计多个预案，以确保警方对毒品、对案件的绝对把握。

（六）设计购买，在毒品的成交过程中缉拿贩毒犯罪人

设计购买是在侦查机关获知某贩毒者手中有大量毒品急待出售，但尚未找到合适买方的确切情报时，派员以"中间人"或"购买者"身份同贩毒者联系，以出价购买为诱饵，查明案件基本事实，选择适当时机，抓获贩毒犯罪人的一种方法，也是诱惑侦查方法的实际运用。使用这一侦查方法的基本条件是：①确实掌握某贩毒犯罪嫌疑人手中有毒品，并急待出售，但又没有找到合适买主；②确实掌握某人正在或将要从事重大的贩毒活动，而采用其他侦查手段无法获取其贩毒的可靠证据。

实施设计购买，应注意的问题是：①设计购买必须由公安机关缉毒部门专门采取，或以缉毒部门为主联合有关部门共同采取。②充当"购买者"的人选必须恰当。毒品购买者必须由没有购买意图的隐蔽力量或化装侦查的侦查人员充当，并由隐蔽力量充当中间人，还必须了解毒品犯罪的规律特点、各种"禁忌"、行规、熟悉毒品交易的行情、方式、毒品的鉴别方法，具有较强的应变能力。③把握抓获贩毒者的时机。侦查指挥要借助一定的通讯联络手段，随时掌握"购买"活动的进程。抓捕时机的确定，以既不暴露侦查意图，又能达到人赃俱获为最佳选择，一般是双方钱、货都到位，正欲"成交"之时，事先要设计好预案。④要特别警惕贩毒者拐骗、抢劫购毒资金。

（七）加强缉毒的国际合作

当今的毒品犯罪问题，已不再是一个国家或地区的问题，而是一种国际性犯罪现象，是全人类共同面临的灾难和悲剧。由于世界范围的毒品泛滥，毒品的种植、加工、走私、消费已形成全球格局，要实现禁毒目的，仅凭一国的缉毒力量远不能胜任缉毒斗争的需要。因此，必须要相应地形成全球性的缉毒网络，积极开展区域间乃至全世界在缉毒领域的密切合作和协调行动。加强国际禁毒合作，对于推动世界范围内的禁毒斗争的发展，以及从更广泛的视野及更深的层次解决我国的毒品问题，有着重要的现实意义和深远的历史意义。

缉毒的国际合作领域非常广泛，如有关国家互通毒品犯罪情报、相互交流缉毒经验和培训、国际禁毒经济援助、互相协作联合禁毒、国际禁毒司法协助等。国际刑事警察组织以及毒品生产大国和消费大国在禁毒的国际合作中起着非常重要的作用，同时各国缉毒机关与有关国际组织的合作［如国际麻醉品管制局

（INCB）、联合国麻醉品委员会（CND）、联合国麻醉品司（DND）、联合国管制滥用麻醉品基金会（VNFCNC）等］以及与国际金融、投资等机构的合作也是缉毒国际合作的重要组成部分。

二、毒品案件侦查的取证措施

（一）金融调查

即缉毒执法部门在银行等金融机构的配合下，对贩毒非法收益和金融领域资金的可疑流动所进行的调查工作。金融调查的意义在于：

①追缴贩毒非法收益。从经济上摧毁贩毒分子及贩毒组织的经济基础。②发现毒品案件的线索。贩毒组织如果购买相当数量的毒品时，则需要一笔可观的资金，或是借贷，或是取存款，也有的是通过公司账目从银行提取现金。通过可疑的资金流动的调查，可以发现资金去向的疑点，为缉毒侦查提供有关线索。③可以打击贩毒"洗钱"活动。公安机关都应依法没收毒资，经拍照存卷后上缴国库，同时在讯问、询问笔录中明确其在毒品犯罪活动中的确实用途，对于贩毒非法收益也应依法没收上缴国库。

（二）搜查取证

搜查是缉毒人员发现、收集和保全毒品犯罪证据的重要方法。由于我国当前毒品犯罪中所涉及的毒品，一般数量不大，且毒品犯罪人隐藏毒品的手段十分狡猾，因此对毒品的搜查较之其他搜查行动具有更大的难度，且需讲究策略方法。

1. 人身搜查。对拘留、逮捕的毒品犯罪嫌疑人以及缉毒工作中发现的毒品犯罪嫌疑人，均应进行人身搜查。搜查前应注意发现并解除被搜查人携带的武器、剧毒药物以及其他可能用以伤人的物品，以防止其行凶、反抗或自杀。同时，注意观察被搜查人的举动、表情和其他异常行为。为确保执行搜查人员不受到被搜查人的突然袭击，防止被搜查人毁灭、丢弃有关犯罪证据，应配备一定的力量担任警戒和监视被搜查人的行为。

对毒品犯罪人的人身搜查，包括三个方面的内容：①被搜查人的服饰。重点是帽子夹层、衣服夹层、垫肩、衣领、腰带、乳罩、鞋袜、鞋底等可能隐藏毒品的部位。②被搜查人的身体。注意检查头发、假发、口腔、假牙、腋窝、乳房下侧、肛门、假肢、身上的绷带、阴部、脚趾。③被搜查人的随身物品。如香烟、打火机、化妆品、相机、胶卷、手表、雨伞、饮料、药品、钢笔等。对于人体藏毒的检查，应当注意观察被检查者的表情和反常行为、反常现象。多数情况下，贩毒分子在身体某个部位携带毒品，会出现服饰不合体的现象并有反常的举止和行动。有的贩毒分子戴墨镜，目光不敢与检查人员对视；有的贩毒分子发现公安检查人员登车检查时，会离开座位，进行人货分离，或出现扔掉包裹或者皮箱的钥匙、托运单等现象；有的本来就是吸毒者，走路摇晃，衣袖较长，爱用舌头舔嘴唇等。还应注意，有的贩毒分子把衣服放在稀释过的海洛因溶液中浸泡，然后晾干穿在身上（到达目的地后再提炼）。这种情况主要是看衣服是否有皱褶和浸泡过的附着物。至于将包裹后的毒品吞服的（到达目的地后再通过吃泻药排出），则携毒者往往在途中不进食物而是吃润滑油，呼出的气有酸性味，进一步通过透视检查可发现腹内异物。对人身的检查，由于一些贩毒分子可能采用暴力反抗，因而存在潜在的危险。检查人员应采用一定的方式进行检查，一般要求被检查人以站立式、面壁式、跑式或俯伏式进行检查。

2. 住宅搜查。毒品犯罪人的住宅通常隐藏有毒品、毒资、吸毒用品、毒品行情和交易记录、毒品鉴别器材和药物、毒品地和交易聚散地特有的物品、地图及车船票、住宿单据等。搜查中除遵循住宅搜查的一般规律外，还要充分利用现场快速毒品检测装备（如常见毒品快速检验箱及各种毒品检验包、检验管、检验板、试纸、喷雾瓶等单项检验装置）和警犬，重点注意对一些物品的分析检测，如烧焦的锡纸、注射器、药品盒、药粉、味精瓶、肥皂、饮料、凝固的动物油、空心物品等。在搜查中，要特别注意观察被搜查人或其家属、关系人的神态表情，对他们特别注意的某些部位进行反复搜查。

3. 对交通工具的搜查。各种交通工具都有可能成为犯罪人藏毒、运毒的工具，在我国，毒品犯罪人多是利用公用、租用、借用或私人汽车贩运毒品，乘坐轮船、飞机贩毒多是随身携带或夹藏在货物之中，极少使用飞机、船舶藏毒、贩运毒品。因此，对交通工具的搜查主要是指对汽车的搜查，实施搜查的侦查人员应熟悉汽车的结构，了解藏毒手法，对重点部位仔细搜查，以发现隐藏的毒品，尤其注意犯罪人使用免检的特种车、牌、证贩运毒品。

（三）技术鉴定

侦查毒品案件涉及的技术问题较多，如发现的可疑物品是否为毒品，如果是毒品，首先应确定属于何种毒品，是纯品还是混合品，毒品的标准含量的换算等。现场快速检验只能起到初验、筛选的作用，供缉毒人员对可疑物品是否可能为毒品作出快速识别。由于这种检验相当粗糙，其专业化、精确化程度不高，所以它的结论不能起到证据作用。要对可疑物品作毒品定性、定量、成分分析，必须通过实验室，才能作出全面、科学的鉴定，以获得定罪的证据。

(四) 突击审讯

毒品犯罪案件的情况比较复杂，涉及的犯罪分子较多，而这些毒品犯罪分子极少是偶犯、初犯，不仅其本人还可能有未被揭露的毒品犯罪行为，而且还可能了解其他毒品犯罪分子的有关情况。因此对于抓获的毒品犯罪分子，要集中力量突击审讯，打开缺口。这对于掌握毒品犯罪活动的规律，收集情报信息和采取进一步的侦查措施，都有非常重要的意义。

对毒品犯罪分子实施突击审讯，应注意以下问题：①要认真做好审讯前的准备工作。只有做好审讯前的准备工作，才能牢牢掌握审讯的主动权，抓住毒品犯罪案件的中心和要害问题进行审讯，才能确保审讯效果，才能使审讯工作有计划有步骤地进行，避免盲目性或随意性，避免暴露缉毒侦查工作的底细和审讯意图，保证审讯成功。②第一次审讯时要灵活运用侦查讯问的一般方法，除注意选择提问的方式，还应当重视审讯中的思想教育和审讯突破口的选择。③审讯中应灵活运用各种讯问策略。毒品犯罪嫌疑人对于审讯都有不同程度的对立情绪。因此，审讯人员除了要进行细致耐心并且有针对性的教育外，还应当善于根据案件的具体情况运用相应的讯问策略。

此外，侦查毒品案件，还可以采取辨认、调查访问、实地控制等多种措施开展侦查，发现线索，收集证据。

第十九章 黑社会性质组织犯罪案件的侦查

第一节 黑社会性质组织犯罪案件的概念和特点

一、黑社会性质组织犯罪案件的概念

黑社会性质组织犯罪案件是指以一定的组织形式为纽带,以一定的经济实力为支撑,以暴力、胁迫或者其他手段在某一区域或行业称霸一方,欺压、残害普通群众或其他经济组织,严重破坏社会经济、政治秩序、生活秩序的犯罪案件。黑社会性质组织犯罪是一种给社会带来严重危害的犯罪活动。当前,中国的黑社会性质组织表现为组织体系日益严密、涉案范围扩大、同社会经济发展的热点相伴相生,向国际化发展,拉拢、腐蚀国家公职人员的力度、层次提高,以"软暴力"形式逃避打击的特点,给社会造成了巨大危害,在一定程度上削弱了党和政府在人民群众中的威信,对国家政权造成了严重冲击,因此必须采取措施予以严厉打击。根据我国刑法及相关司法解释,黑社会性质的组织应该具备以下特征:①形成较稳定的犯罪组织,人数较多,有明确的组织者、领导者,骨干成员基本固定;②有组织地通过违法犯罪活动或者其他手段获取经济利益,具有一定的经济实力,以支持该组织的活动;③以暴力、威胁或者其他手段,有组织地多次进行违法犯罪活动,为非作恶,欺压、残害群众;④通过实施违法犯罪活动,或者利用国家工作人员的包庇或者纵容,称霸一方,在一定区域或者行业内,形成非法控制或者重大影响,严重破坏经济、社会生活秩序。具体由三个罪名组成:①组织、领导、参加黑社会性质组织罪,②入境发展黑社会组织罪,③包庇、纵容黑社会性质组织罪。

二、当前黑社会性质组织犯罪案件的特点

(一) 以暴力、胁迫、恐吓为主要犯罪手段，目前向"软暴力"转化

使用暴力是黑社会性质犯罪行为人最基本的手段，他们成群结伙对被害人实施殴打、电击、捆绑、非法拘禁、伤害，甚至杀害的残暴手段，使被害人不能反抗而屈服。他们以暴力和各种手段对被害人相胁迫、恐吓，使被害人不敢反抗。如在涉黑的"套路贷"案件中，他们根据需要，分工配合，有组织地去被害人生产、生活、工作场所拉横幅、堵门、在门上、墙上泼污物、堵锁眼或强行换锁，在电梯上张贴被害人隐私信息，到其子女所在学校、工作单位骚扰威胁，有的甚至胁迫被害人自扇耳光、自残，有的猥亵女性被害人。有的被害人或家属不堪其扰，精神出现问题或被逼迫自尽，妻离子散，造成严重的社会后果。黑社会性质组织犯罪的犯罪行为人通过暴力、胁迫、恐吓等手段大肆进行敲诈勒索、放高利贷、聚众斗殴、寻衅滋事、欺行霸市、扩大自己的势力范围，使用暴力手段作为后盾进行抢劫、贩毒、走私武器、控制卖淫、开赌场、收取保护费甚至强行索要股份以攫取高额利润，从而在一定区域或者行业内，形成非法控制或重大影响，称霸一方，为非作歹。随着力量的壮大，黑恶势力为掩盖犯罪，通过开立公司、企业"洗白"自己，以隐蔽的手段逃避打击；犯罪的组织领导者还以保护下属为名，要求下属尽量少使用易暴露的暴力手段，多用"软暴力"手段，如辱骂、让被害人自虐、精神强制被害人，采用跟踪滋扰、聚众造势等威胁被害人。

(二) 犯罪人数众多，犯罪成员相对固定，具有比较严密的组织性和纪律性

黑社会性质犯罪组织结构比较紧密，人数众多，且以青壮年男性居多。社会性组织结构严密，组织者、领导者明确，骨干成员基本稳定。黑社会组织机构层级分明，有权限分工，各执其责，不能互相打听，有严格的纪律和惩治措施。有的还有纲领、帮规，有入会的标准和门槛，有入会仪式，甚至有的还要统一服装、文身，配备统一犯罪工具。犯罪集团内往往等级森严，不能越级联系。一些黑社会犯罪组织为避免引起注意，通常设有不同公司或其他组织，看似无关联或松散，实则由犯罪骨干掌握。犯罪成员相对固定，以犯罪为职业和生活来源，该类成员主观恶意深，人身危险性大。

(三) 以贿赂、腐蚀等为手段，寻求"保护伞"，向政治渗透

黑社会性质组织犯罪的另一基本手段是贿赂腐蚀。一般情况下，黑社会性质犯罪的行为人在用暴力初步完成原始积累，具有一定的经济实力后，会转向寻求

保护伞。他们也深知暴力手段过于暴露，手段激烈，过于公开张扬，暴露于众目睽睽之下，犯罪现场明显，危害后果严重，容易激起公愤，易受到社会公众、媒体、政府关注，往往会受到司法机关打击，有时会受到重创。因此，为了寻找靠山，增强安全感，他们将目标瞄向政府官员，贿赂、胁迫他们同流合污，充当其"保护伞"。为稳定发展，持续扩张势力范围，黑社会性质组织通过贿赂、拉拢、腐蚀官员，建立自己的保护网，随着势力的扩充，结识拉拢的官员级别越高，人越多，织的网就越大越密，给自己套上了厚厚的保护层。通过贿赂腐蚀，黑社会性质组织可以从腐败官员那里得到诸多的利益，相对省力、体面，又能实现利益最大化。有的犯罪行为人通过拉拢腐蚀有关干部，拉选票，控制选举，把自己人推进机关、企业，当自己的代言人，有的甚至通过包装自己进入国家机关、企事业单位，有的当上了政协委员等，改头换面，以更隐蔽的手段巩固犯罪成果，扩大地盘和影响。

（四）以敛财为主要目的，手段更隐蔽

以敛财为目的，是黑社会组织犯罪的原动力，他们以暴力、胁迫等为手段，恐吓被害人使其不敢反抗，对被害人敲诈勒索、设套路贷、暴力催收、抢劫、强买强卖、非法交易、抢夺经济资源；依仗自己强大组织的恶势力，开设赌场，聚众赌博，控制、逼迫、诱骗他人卖淫，贩卖毒品、枪支。贿赂腐蚀国家干部，寻找"保护伞"，扩充势力，巩固地位，借助"保护伞"以更容易、更隐蔽的方式大肆敛财。他们往往设立公司，进行投资洗钱或以合法形式掩盖犯罪，有的发展成集团公司，向更多的行业渗透，不但攫取更丰厚的经济利益，而且以更隐蔽的方式敛财，转移资产，以犯罪为职业和生活来源。金钱是联接犯罪组织成员的纽带，是保障犯罪组织运行扩张的保障，也是贿赂腐蚀政府官员的武器。因此，黑社会组织犯罪通过有组织的违法犯罪活动获取经济利益，进行大肆敛财，以支持该组织活动。

第二节　黑社会性质组织犯罪案件的侦查途径和取证措施

一、黑社会性质组织犯罪案件的侦查途径

（一）广泛收集情报资料，收集犯罪线索

黑社会性质组织犯罪以暴力、胁迫为主要手段，以组织性、集团性相互呼

应,以追求经济利益,扩大势力为目的,以贿赂腐蚀为手段,寻求"保护伞",甚至想向政治渗透。其犯罪既有公开张扬的一面,又具有"合法"的经济实体掩人耳目,犯罪活动往往以合法的面目呈现,极具欺骗性,比如,合同资料齐全,符合法律要件,使掉在圈套里的被害人莫口难辩。他们通过合法包装使犯罪活动更隐蔽,具有很强的反侦查能力。因此收集其线索要注意其显性和隐性的两重性特点。一方面要求侦查人员对黑社会性质组织犯罪线索有高度敏感性,善于通过日常基础工作、日常案件办理发现涉黑犯罪主体、涉黑线索;另一方面要坚持依靠群众的原则,发动人民群众,及时发现涉黑线索,广泛开辟涉黑线索来源。

1. 群众举报。公安机关可以专门设立涉黑举报电话,也可以充分利用网络媒体多渠道举报,如可设网络举报平台、可通过微博、微信举报,既方便群众,也利于保密,解除举报者思想顾虑。在黑社会性质组织犯罪案件中,主要了解犯罪情况的人是被害人和知情人。被害人是案件的亲身经历者,对犯罪行为人犯罪过程、犯罪手段最了解;知情人往往和犯罪人有某种利益关系,或和犯罪人有亲戚关系或熟识。被害人受犯罪行为人残害、欺压,恐惧之心无以言表;知情人也对嫌疑人忌惮,担心举报被知道后遭到报复,思想顾虑很深。因此公安机关面对涉黑犯罪,要拿出果敢的态度和必胜的信心,拿出具体的打击计划、打击时间表,针对群众顾虑,通过各种途径进行法律宣传,营造打击声势,鼓舞人民群众斗志和与黑恶犯罪作斗争的勇气,激发其正义感,因为他们也深受其害,内心也渴望早日除恶。对举报严格保密,建立信息平台多渠道举报方式,加强保密性和举报便捷性,鼓励群众和涉黑犯罪作斗争,对举报的涉黑线索要及时进行研判。

2. 公安部门在日常管理、侦查中发现的案件线索。①对治安案件的处理中发现涉黑案件线索;②对重点人口管理中发现涉黑线索,涉黑犯罪组织行为人多是有前科劣迹人员、无业游民、逃失学青少年等,对这些重点人口的踪迹多加关注,发现线索;③从个案侦查中发现涉黑线索,黑社会犯罪组织案件行为人多涉及团伙暴力犯罪、欺行霸市、强迫交易、聚众赌博、卖淫、设套路贷等犯罪案件,因此,在侦查这些案件中,对证据进行仔细审查,判断犯罪行为人之间是否有关系,是否有组织纽带。从中发现涉黑线索;④在对宾馆、饭店、娱乐场所等特殊行业的管理中发现涉黑线索;⑤从发现的持有管制刀具、枪、爆炸物、违法携带电警棍等人中发现涉黑线索;⑥从涉及暴力催收、拆迁的报警案件中分析涉黑线索;⑦从扫除"黄赌毒",治爆缉枪、整顿公共交通、集(黑)市和物流秩序中查找线索;⑧从纪检、监察委查处的职务犯罪案件中发现保护伞线索;⑨从已破的案件中梳理出有组织的其他犯罪线索。

3. 其他职能部门在管理中发现移交的涉黑犯罪线索。工商管理部门、市场管理部门、税务、金融监管部门、海关、边检部门等在管理工作中发现向公安机关移交的涉黑线索。

(二) 核实案件线索,分析案情

对于收集到的案件线索和证据材料,要及时核实,分析研判是不是涉黑犯罪线索,采取秘密调查访问等措施对案件材料进行审核。有组织的黑社会犯罪案件具有双重性,一方面就具体个案而言,要分析是不是犯罪案件,同时要看这些系列案件是不是同一犯罪主体意志的体现,是否有关联性,是不是符合黑社会性质组织犯罪案件的特征,即组织特征、经济特征、犯罪手段特征及其严重的社会危害性。对于符合黑社会性质组织犯罪案件立案条件,有属于自己管辖的案件,要在法律规定的时间内立案,并告知举报人。对立案后的案件,要全方面分析犯罪的组织结构、犯罪的时间、地点、犯罪过程、犯罪造成的危害后果、犯罪人的特点等案情,成立专案组,进行分工负责,做好侦查计划和方案。

(三) 运用特殊侦查措施,秘密侦查

黑社会性质组织犯罪案件,涉及犯罪主体多,犯罪集团组织严密,纪律严格,具有相当的经济实力,有的依靠"保护伞",犯罪集团还发展成为集团公司,在所在区域具有相当实力,具有对抗司法的经验和反侦查能力,犯罪手段比较隐蔽,集团组织者往往不参与具体的犯罪,主要通过身边亲信、下属传达意志,由具体的人实施犯罪。因此在侦查中,仅依靠传统的侦查措施很难收集到集团犯罪主体的犯罪证据,针对这类案件的特殊性,侦查人员更多要运用秘密侦查措施。一是运用技术侦查措施取证,如电子侦听、监控,电话监听、密拍、密录,邮件检查,网络监控轨迹追踪等;二是通过提供机会诱惑措施侦查,对符合机会诱惑条件的嫌疑主体可以通过制造购买机会获取证据;三是通过特情侦查获取证据,包括派线人、耳目接近嫌疑人,获取情报;四是隐匿身份侦查,根据案件需要,经严格批准,选派卧底打入黑社会犯罪组织内部,摸清犯罪情况、组织情况等,里外配合,实施收网,彻底打击涉黑犯罪集团。也可以根据案情需要实施内线侦查。进行秘密侦查,要符合法律规定,要及时做好证据转化工作。

(四) 并案侦查

并案侦查是指在侦查过程中,对本地区和其他地区相继发生的作案手段、方法、特点和遗留痕迹、物证相同的案件，串并起来联合侦查，统一组织，分工负责，协同作战，重点突破，全面取胜的侦查方法。这是侦破多发性、系列性案件的有效措施，是打击流窜犯罪和有组织犯罪的重要方法。黑社会性质组织犯罪具有作案连续性的特点，犯罪主体相同或有内在联系，犯罪工具相同，以相似的暴力、胁迫方法为手段，遗留的痕迹、物证相同，侵害对象所在行业相同或都与某一公司有牵连，有时虽然犯罪性质不同，但主体相同，或前一种犯罪为后一种犯罪做准备，犯罪之间存在勾连关系。针对日常侦查中发现的这些犯罪特征，要进一步分析，运用信息平台和初查研判是否同一伙人所为的涉黑案件，进行并案侦查。

（五）秘密调查访问

冰冻三尺，非一日之寒，黑社会性质组织犯罪案件由一系列具有勾连关系的案件构成，指向同一犯罪集团。犯罪集团平时仗势欺人，称霸一方，残害百姓，被害人大都敢恨不敢言，证人也害怕打击报复，心有顾虑，有的犯罪嫌疑人因不服从管理也遭受所谓"帮规"残害，而成为受害人。有的即便举报也是匿名举报，害怕被犯罪嫌疑人知晓遭遇打击报复。但在这类案件中，被害人陈述、证人证言是了解犯罪过程、犯罪组织的关键，因此，在侦查中要对被害人、证人秘密访问，并采取针对性的策略和方法，消除他们的顾虑，如选择适当的时间、场所访问或个别走访、侧面访问。调查访问应当保守秘密，对于知情人、证人及其近亲属要予以特殊保护。

（六）查财务资料，发现资金流向

黑社会性质组织犯罪具有明显的经济特征，有组织地通过违法犯罪活动或者其他手段获取经济利益，具有一定的经济实力，以支持该组织的活动。金钱是联系该组织的纽带，其有自己的分配标准，有的发展成集团公司，资金流向复杂，有专门的财务管理和财务计划。因此在侦查中，通过查犯罪集团的资金流，搜集财务资料，进行账账核对、账证核对、账实核对、账表核对、和银行对账单核对及结算单位账户核对，发现资金流向，发现和收集犯罪证据。

（七）缉捕犯罪嫌疑人

黑社会性质组织犯罪相对复杂，涉案人员众多，有的案件有"保护伞"，容易走漏风声，抓捕不当，会打草惊蛇，犯罪行为人会闻风而动，尤其犯罪集团的组织者、策划者非常狡猾，一旦逃脱，就很难再抓捕。因此，再抓捕犯罪嫌疑人时要弄清楚被抓捕人的踪迹和所处的环境，制定周密的抓捕计划，组织分工，必要时对重点犯罪嫌疑人诱捕，保证缉捕的成功和案件的侦破，同时制定抓捕应急预案。

二、黑社会性质组织犯罪案件的取证措施

（一）询问证人、被害人取证

黑社会性质组织犯罪的证据主要是以言词证据出现，证人证言、被害人陈述是非常重要的证据，而实物证据相对匮乏。其主要原因在于黑社会性质组织犯罪的行为特征具有分层性、隐蔽性的特点。一方面，为了证明具体的违法犯罪行为属于黑社会性质组织的犯罪，而非组织成员个人犯罪，往往通过实物证据很难认定，证人证言和被害人陈述是很重要的证据。另一方面，由于黑社会性质组织的具体犯罪行为、案件之间存在着勾连关系，想要证明这种勾连关系，认定黑社会性质犯罪的组织关联性，也主要依靠证人证言、被害人陈述。

黑社会性质组织犯罪具有人数众多的特征，不仅犯罪成员多，受害人多，而且关系人、目击者等知情人也多，这种特征就必然导致证人证言、被害人陈述的大量性和丰富性。该特征也说明了收集黑社会性质组织犯罪的证据采取询问证人和被害人的重要性。

（二）搜查取证

在黑社会性质组织犯罪侦查中，会涉及多种不同性质的犯罪，对犯罪嫌疑人的人身、物品、住所和可能藏匿犯罪证据的地方要及时予以搜查，搜查与犯罪有关的犯罪工具、有关书证、账册、物证、通信工具、交通工具、银行卡等，并及时扣押，对涉案的银行存款账户、资金，及时查封。

（三）司法鉴定取证

黑社会性质组织犯罪案件，是指黑社会性质组织成员的各个个案的整合体，这些案件涉及寻衅滋事罪、敲诈勒索罪、故意伤害罪、抢劫罪、行贿罪、非法拘禁罪、绑架罪和故意杀人罪等。这些案件往往涉及司法鉴定取证，通过鉴定对痕迹的人身同一认定、枪支同一认定、DNA同一认定、人身伤害的法医鉴定、反映资金流动的司法会计鉴定等，司法鉴定意见是重要证据形式。

（四）通过讯问取证

黑社会性质组织犯罪案件具有涉及案件多、涉及人员多、涉及罪名多等特点，加强对涉案人员的讯问，对查明该犯罪的组织特征、经济特征、犯罪手段特征及其严重的社会危害性具有关键性作用。涉案的犯罪嫌疑人，特别是组织者、策划者、骨干分子一般反侦查能力强，自恃有"保护伞"，不会轻易供述。因

此，在讯问前，要根据不同的案件、案情、讯问对象制定讯问计划和策略，利用犯罪人之间的互相推诿、逃避打击的心理，用矛盾讯问策略，突破犯罪人心理防线；对于一些拒不交代犯罪的人，适当出示证据，打破其幻想；也可根据讯问对象的具体情况，运用亲情、政策等，教育、感化嫌疑人，促其悔罪，如实供述。

在讯问中，为防止犯罪人之间串供、"保护伞"泄露秘密，阻挠讯问，可以实施主要犯罪人异地关押，彻底切断其与外界的联系，打破其幻想，促使犯罪嫌疑人供述其犯罪事实。此类犯罪涉及人数多，在讯问中，对组织者、骨干分子、积极分子、一般参与人采取不同策略讯问，必要时，要予以全程录音录像，对讯问过程予以固定。

当然，除了上述取证措施外，现场勘查取证、侦查辨认、控制赃物等也是侦查取证的重要措施。

三、黑社会性质组织犯罪案件侦查应注意的问题

（一）成立专门的侦查打击专业队伍，异地交叉打击

黑社会性质组织犯罪案件如上所述具有犯罪手段隐蔽、现在更多呈现"软暴力"的特点，犯罪组织结构严密，具有"保护伞"，一有风吹草动，就迅速知晓，闻风而逃，说情等压力、办案阻力也随之而来。犯罪人往往提前做好检查应对，建立攻守同盟，有的已毁坏账本，转移证据，故很难获取有效证据，难以打击。因此，打击黑社会性质组织犯罪案件必须成立专项打击队伍，对犯罪集团线索进行研判、初查，分析其是否为涉黑集团犯罪，在分析研判的基础上，及时立案，制定侦查计划、侦查步骤。通过指定异地侦查，一举抓捕犯罪集团，异地羁押、审讯，打击涉黑犯罪的嚣张气焰，同时也可查获幕后"保护伞"，从根本上扫除该犯罪集团。

（二）黑社会性质组织犯罪案件证据收集

黑社会性质组织犯罪案件的取证具有分散性和整体性的特点。黑社会性质组织犯罪并不是刑法中规定的具体罪名，它包含刑法中规定的三个具体的法定罪名，即组织、领导、参加黑社会性质组织罪，包庇、纵容黑社会性质组织罪和入境发展黑社会性质组织罪。这些黑社会犯罪往往伴随着故意伤害、杀人、放高利贷、暴力催收、强买强卖、欺行霸市、行贿、敲诈勒索等犯罪行为，侦查人员在侦查涉黑案个案时，必须收集这些具体犯罪案件的证据，做到证据确实充分，指向具体的犯罪行为人或集团。对于黑社会性质组织犯罪，组织性是其明显特征，因此在收集证据时，也必须收集到证据证明各个具体的犯罪是同一伙犯罪主体所

为，各犯罪案件之间存在勾连关系，犯罪的组织、策划是集团主犯通过其控制的组织渠道实施的，是其意志的表示、体现。因此，各个具体犯罪的证据要做到证据确实、充分，整体案件的认定也要形成证据链，证据链将各个具体案件串联起来，将证据的分散性和整体性统一起来，指向同一犯罪集团。科学把握此类犯罪证据的特点，围绕我国现行刑事实体法规定的此类犯罪的构成要件，严格遵循现行刑事程序法，运用正确的方法挖掘、固定、采集、分析、应用犯罪的主体、主观方面、客观方面和量刑方面的证据，以便及时、准确、有效地认定、打击黑社会性质组织犯罪。同时也要根据证据准确研判，防止将黑社会性质组织犯罪案件适用扩大。

主要参考文献

1. 邹明理主编：《侦查学》，法律出版社1996年版。
2. 王传道主编：《刑事侦查学（修订本）》，中国政法大学出版社1999年版。
3. 本教程编写组编著：《刑事侦查学案例教程》，法律出版社1999年版。
4. 任惠华主编：《刑事案件侦查》，法律出版社2000年版。
5. 武汉主编：《刑事侦查学》，群众出版社2000年版。
6. 康树华、张小虎主编：《犯罪学》，北京大学出版社2004年版。
7. 肖成海、郭华、陈碧：《侦查学总论》，群众出版社2009年版。
8. 张鹏莉、陈士渠：《刑事案件侦查》，群众出版社2010年版。
9. 杨宗辉主编：《刑事案件侦查实务》，中国检察出版社2011年版。
10. 程小白、池进主编：《侦查学》，中国人民公安大学出版社2013年版。
11. 马忠红主编：《刑事侦查学》，中国人民公安大学出版社2014年版。
12. 许昆、毕惜茜主编：《预审学》，中国人民公安大学出版社2014年版。
13. 杨辉解、刘权主编：《侦查取证实务指引》，中国人民公安大学出版社2015年版。
14. 刘浩阳编著：《网络犯罪侦查》，清华大学出版社2016年版。
15. 王传道主编：《刑事侦查学》，中国政法大学出版社2017年版。